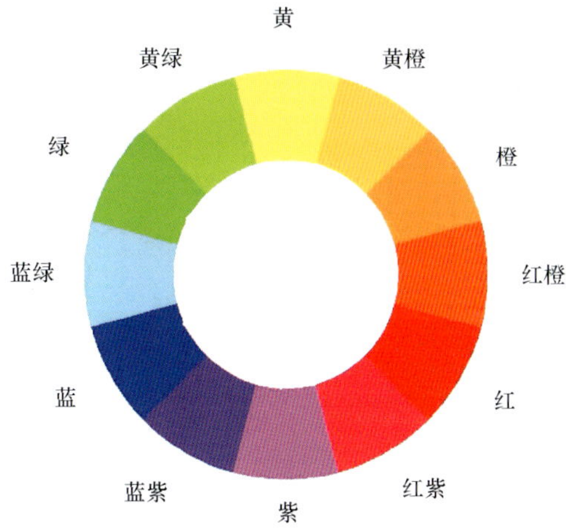

彩图 1　色相图

彩图 2　同一色相配色

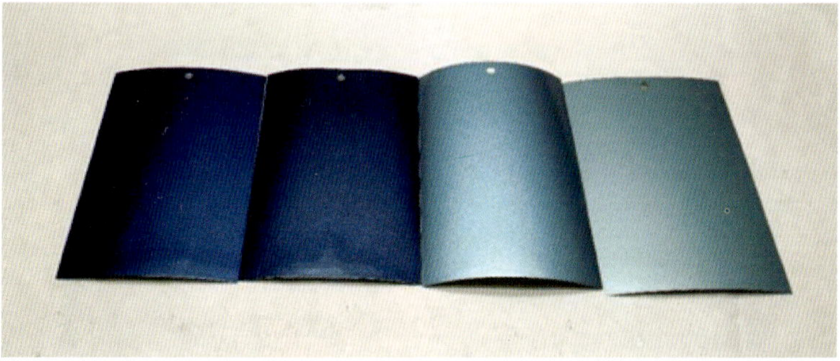
彩图 3　类似色相配色

彩图 4　蓝色彩度

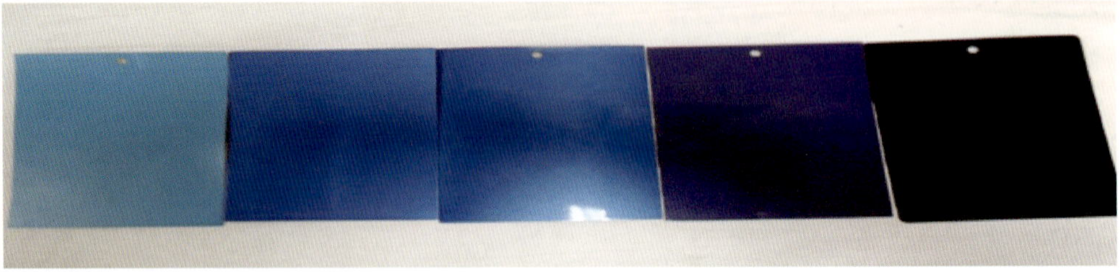

彩图 5　蓝色明度

彩图 6　素色漆全色系

彩图 7　金属漆

彩图 8　金属漆闪光点

彩图 9　自然光和钠灯光下的色彩区别

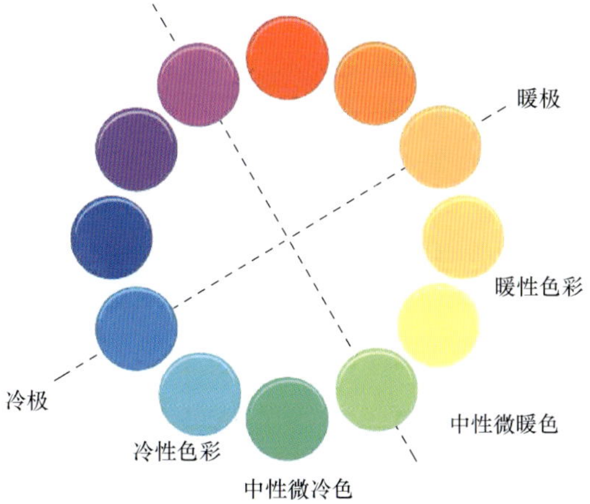

彩图 10　冷暖性色彩

彩图 11　动力感色彩

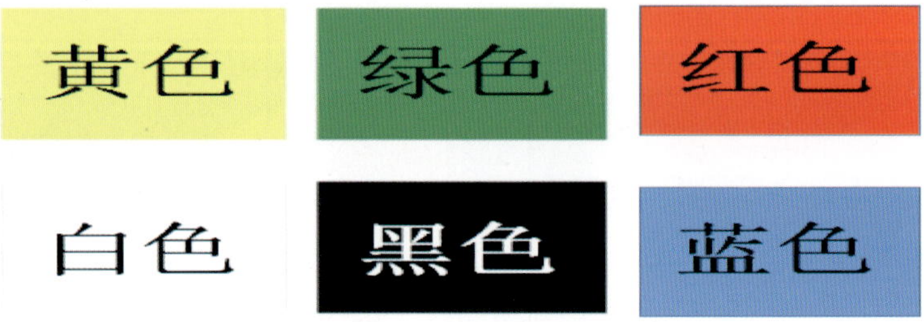

彩图 12　色彩轻重感

彩图 13　汽车色彩的美感

彩图 14　动感赛车

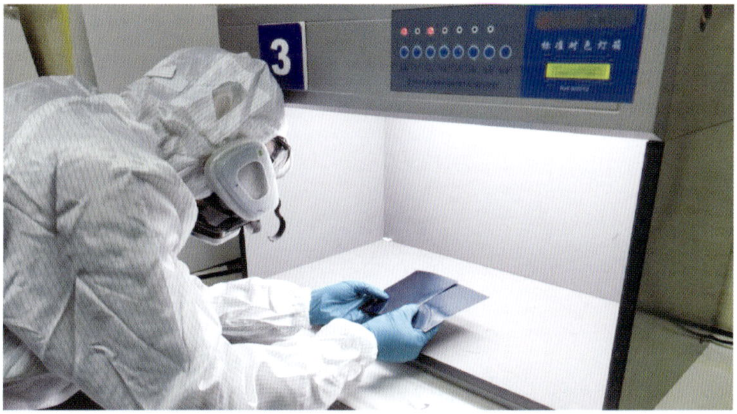

彩图 15　比色

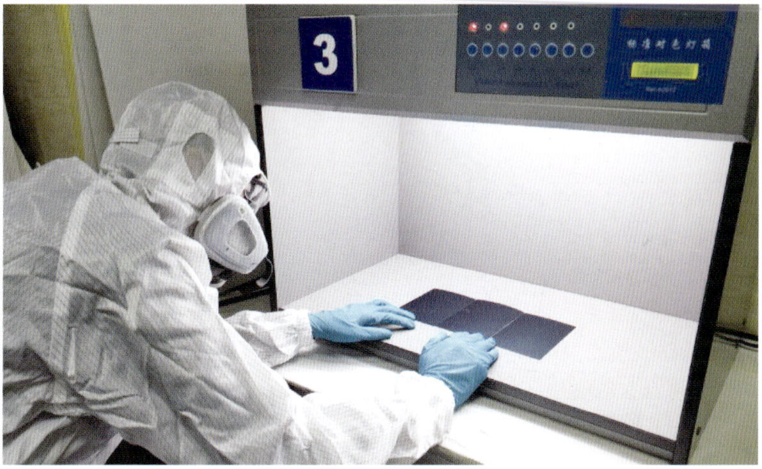

彩图 16　观察比对差异色

志愿者

彩图 17　志愿者标志

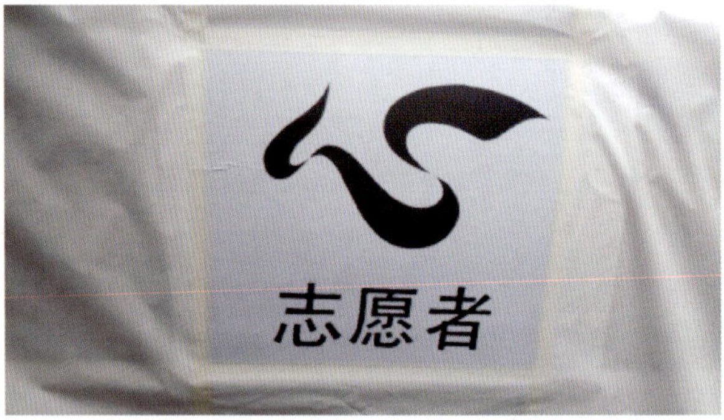

彩图 18　车门板贴护

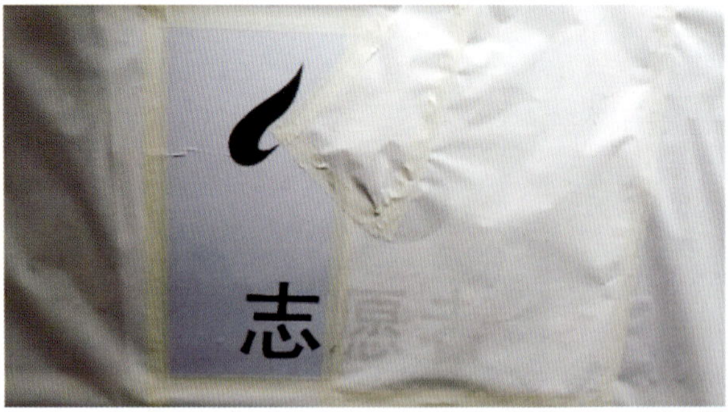

彩图 19　第一色喷涂前遮盖效果

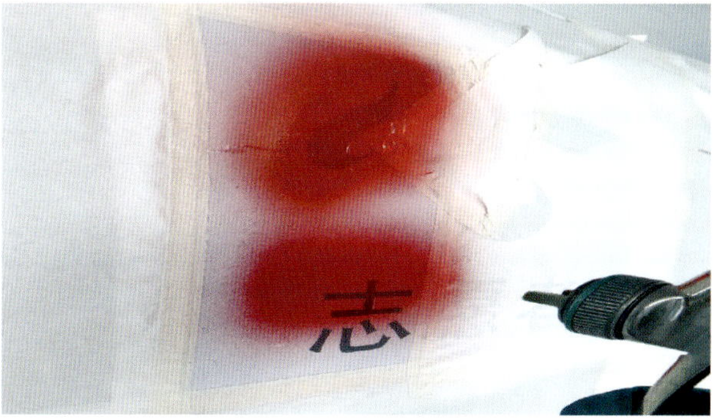

彩图 20　喷涂第一色

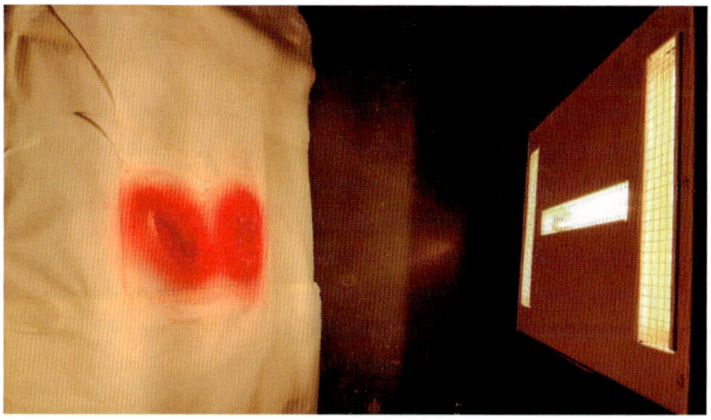

彩图 21　烘烤第一色

彩图 22　第二色喷涂前遮盖效果

彩图 23　喷涂第二色

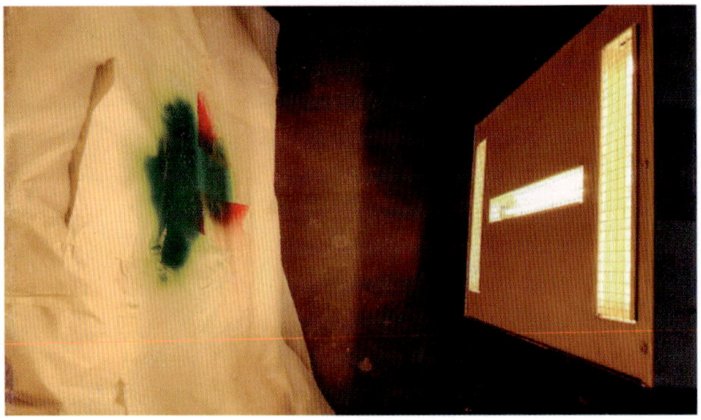
彩图 24　烘烤第二色

彩图 25　第三色喷涂前遮盖效果

彩图 26　喷涂第三色

彩图 27　烘烤第三色

彩图 28　表干后待整理的车门板

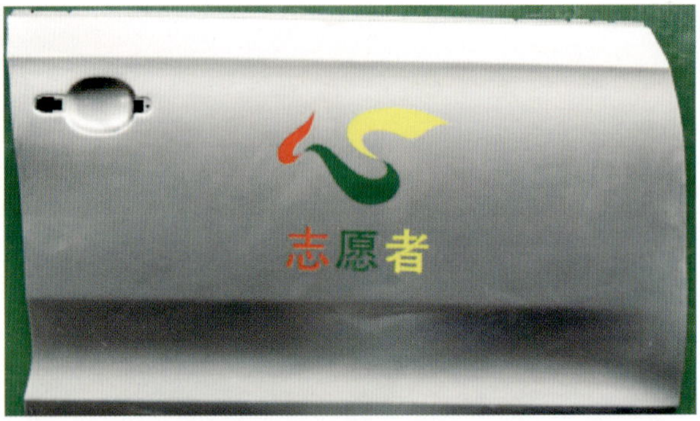

彩图 29　车门板图案效果

彩图 30　各色皱纹漆图样

彩图 31　各色锤纹漆色卡

彩图 32　各色裂纹漆图样

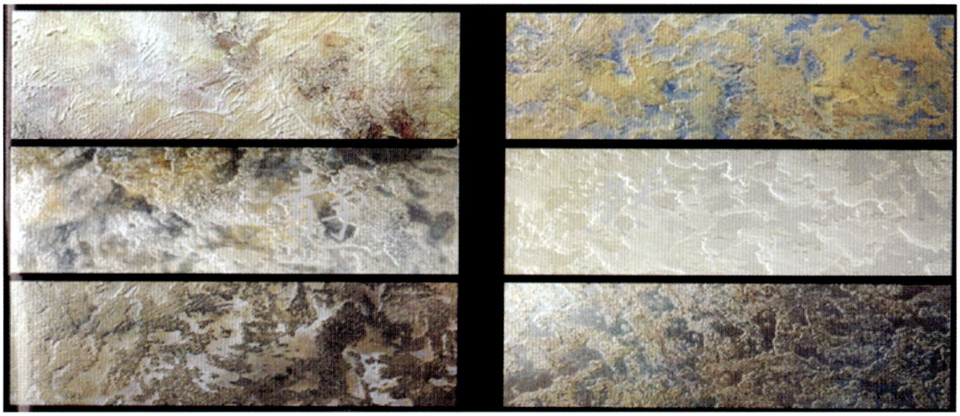

彩图 33　各色石纹漆图样

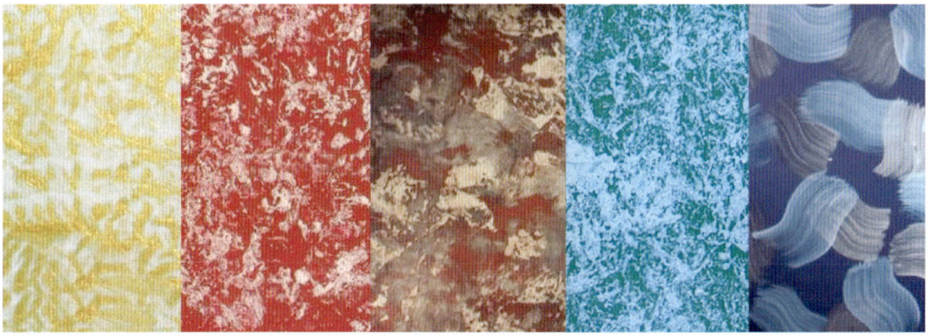

彩图 34　各色彩纹漆图样

彩图 35　5 种色彩的金属漆色母

彩图 36　计算机随机抽取的微调色彩

彩图 37　试题 4. 1. 2 图案样例

1+X 职业技术·职业资格培训教材

QICHE WEIXIUGONG

汽车维修工

(车身涂装修复)(三级)

编审委员会

主　　任　张　岚　魏丽君

委　　员　顾卫东　葛恒双　孙兴旺　张　伟　李　晔　刘汉成

执行委员　李　晔　瞿伟洁　夏　莹

编审人员

主　　编　唐明斌　周　杰

编　　者　沈银娥　徐　冬　李联保　朱　宏

主　　审　徐志勇

中国劳动社会保障出版社

图书在版编目（CIP）数据

汽车维修工：车身涂装修复：三级/人力资源社会保障部教材办公室等组织编写. -- 北京：中国劳动社会保障出版社，2019

1+X 职业技术 · 职业资格培训教材

ISBN 978-7-5167-3815-3

Ⅰ.①汽…　Ⅱ.①人…　Ⅲ.①汽车-车辆修理-技术培训-教材　Ⅳ.①U472.4

中国版本图书馆 CIP 数据核字（2019）第 049004 号

中国劳动社会保障出版社出版发行

（北京市惠新东街 1 号　邮政编码：100029）

*

三河市华骏印务包装有限公司印刷装订　　新华书店经销

787 毫米×1092 毫米　16 开本　14.75 印张　0.75 印张彩插　289 千字

2019 年 4 月第 1 版　　2019 年 4 月第 1 次印刷

定价：43.00 元

读者服务部电话：（010）64929211/84209101/64921644

营销中心电话：（010）64962347

出版社网址：http://www.class.com.cn

内容简介

本教材由人力资源社会保障部教材办公室、中国就业培训技术指导中心上海分中心、上海市职业技能鉴定中心依据上海 1+X 汽车维修工（车身涂装修复）（三级）职业技能鉴定细目组织编写。教材从强化培养操作技能，掌握实用技术的角度出发，较好地体现了当前最新的实用知识与操作技术，对于提高从业人员基本素质，掌握汽车维修工（车身涂装修复）（三级）核心知识与技能有直接的帮助和指导作用。

本教材在编写中根据本职业的工作特点，以能力培养为根本出发点，采用模块化的编写方式。全书共分为 7 章，内容包括：汽车车身结构、涂装安全防护、金属防腐、调色工艺和图案制作、汽车涂装工艺、修理车间管理和涂装工艺规程、涂装新技术展望等。

本教材可作为汽车维修工（车身涂装修复）（三级）职业技能培训与鉴定考核教材，也可供全国中、高等职业技术院校相关专业师生参考使用，以及本职业从业人员培训使用。

前　言

职业培训制度的积极推进，尤其是职业资格证书制度的推行，为广大劳动者系统地学习相关职业的知识和技能，提高就业能力、工作能力和职业转换能力提供了可能，同时也为企业选择适应生产需要的合格劳动者提供了依据。

随着我国科学技术的飞速发展和产业结构的不断调整，各种新兴职业应运而生，传统职业中也愈来愈多、愈来愈快地融进了各种新知识、新技术和新工艺。因此，加快培养合格的、适应现代化建设要求的高技能人才就显得尤为迫切。近年来，上海市在加快高技能人才建设方面进行了有益的探索，积累了丰富而宝贵的经验。为优化人力资源结构，加快高技能人才队伍建设，上海市人力资源和社会保障局在提升职业标准、完善技能鉴定方面做了积极的探索和尝试，推出了 1+X 培训与鉴定模式。1+X 中的 1 代表国家职业标准，X 是为适应经济发展的需要，对职业的部分知识和技能要求进行的扩充和更新。随着经济发展和技术进步，X 将不断被赋予新的内涵，不断得到深化和提升。

上海市 1+X 培训与鉴定模式，得到了国家人力资源社会保障部的支持和肯定。为配合 1+X 培训与鉴定的需要，人力资源社会保障部教材办公室、中国就业培训技术指导中心上海分中心、上海市职业技能鉴定中心联合组织有关方面的专家、技术人员共同编写了职业技术·职业资格培训系列教材。

职业技术·职业资格培训教材严格按照 1+X 鉴定考核细目进行编写，教材内容充分反映了当前从事职业活动所需要的核心知识与技能，较好地体现了适用性、先进性与前瞻性。聘请编写 1+X 鉴定考核细目的专家和相关行业的专家参与教材的编审工作，保证了教材内容的科学性及与鉴定考核细目、题库的紧密衔接。

职业技术·职业资格培训教材突出了适应职业技能培训的特色，使读者通过学习与培训，不仅有助于通过鉴定考核，而且能够有针对性地进行系统学习，真正掌握本职业的核心技术与操作技能，从而实现从懂得了什么到会做什么的飞跃。

职业技术·职业资格培训教材立足于国家职业标准，也可为全国其他省市开展新职业、新技术职业培训和鉴定考核，以及高技能人才培养提供借鉴或参考。

新教材的编写是一项探索性工作，由于时间紧迫，不足之处在所难免，欢迎各使用单位及个人对教材提出宝贵意见和建议，以便教材修订时补充更正。

人力资源社会保障部教材办公室
中国就业培训技术指导中心上海分中心
上海市职业技能鉴定中心

目　录

第 1 章

汽车车身结构

知识要求

第 1 节　轿车车身的结构分类

学习目标

通过本节的学习培训，学员能够：

(1) 了解轿车车身按承载方式分类的方法。

(2) 熟悉轿车车身按外形分类的方法。

(3) 掌握轿车车身材料分类的技巧。

(4) 掌握分辨轿车车身壳体结构的技巧。

车身结构是指构成车身整体的各个部件的布置形式和部件之间装配的方式。目前，大部分车身是指将冲压成型后的各种钣金件以焊接等方法组合起来的一种钢铁制品。同时，其他材料在车身上也有应用，如非金属材料（塑料、橡胶等）。

无论是轿车车身还是客车车身或货车车身，不同生产厂家、不同系列和不同时期的结构和形式存在差异，但本质上其结构拥有的一些共性为我们提供了分类的依据。轿车车身结构主要有以下四种分类方法。

一、按承载方式分类

轿车车身结构按承载方式分类，主要有非承载式和承载式两种类型。

1. 非承载式车身

非承载式车身又称为车架式车身。这种车身的典型特点是：车身下面有足够强度和刚度的独立车架，车身通过弹性支承紧固在车架上，施加于轿车上的力基本都由车架来承受，车身壳体不承载，或只在很小程度上承受由于车架弯曲或扭曲变形所引起的部分载荷。非承载式车身如图 1—1 所示。由于载荷主要由车架承受，因此这种车身的支柱一般较细，风窗玻璃也较大。

非承载式车身具有减振性好、工艺简单、易于改型、安全性好等优点，但同时具有质量大、承载面高、成本较高等缺点。

2. 承载式车身

承载式车身又称为整体式车身，是指在前后轴之间没有起连接作用的车架。承载式车身是承担全部载荷的刚性壳体，其直接承受从地面和动力系统传来的力。承载式车身如图 1—2 所示。

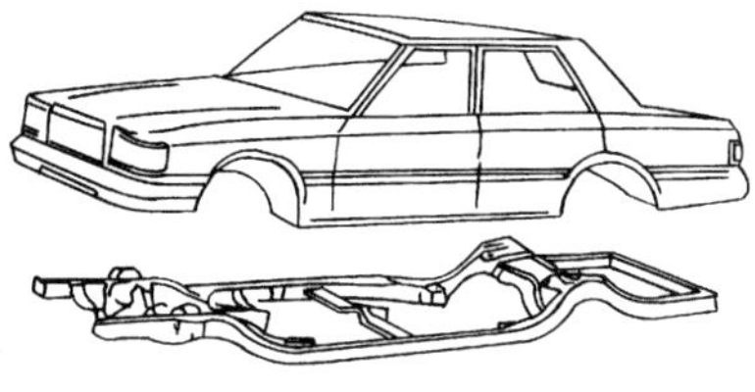

图 1—1　非承载式车身

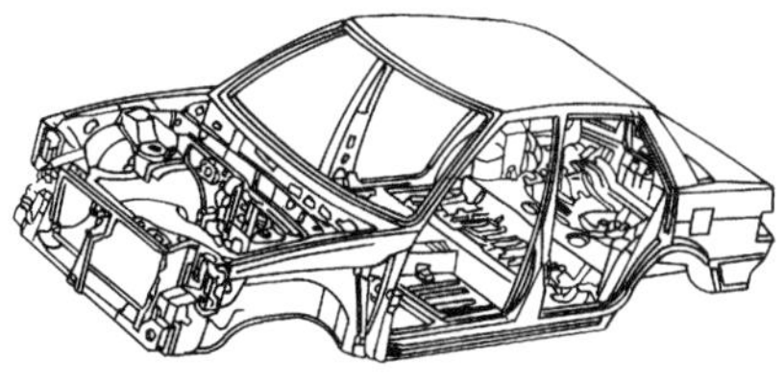

图 1—2　承载式车身

采用承载式车身有利于减轻轿车的自身质量，并使车身结构合理化。经过几十年的发展和完善，承载式车身不论是在安全性还是在稳定性方面都有所提高，具有质量小、高度低、无悬置装置、装配容易等优点，因此大部分轿车采用了这种车身结构。

承载式车身不是像车架式车身那样非使用厚钢板冲压焊接不可，而是采用容易成型的薄钢板冲压。此外，点焊工艺和多工位自动焊接等自动化生产方式的采用，使车身组合后的整体变形小、生产效率高、质量保障性好、结构紧凑。

承载式车身的不足之处：底盘部件与车身结合处在轿车运动载荷的冲击下极易发生疲劳损坏，乘客室也易受轿车底盘振动与噪声的影响，需要有针对性地采取一些减振、消音等技术措施。另外，对于这种整体式构造的车身，由事故所导致的整体变形较为复杂，并且车身整体定位参数的变化会直接影响轿车的行驶性能。车身维修作业中对车身整体参数复原时，不仅难度大，而且需要使用专用设备和特定的检查与测量手段。

目前，除少部分高级轿车为非承载式车身外，几乎所有轿车都采用承载式车身，尤其是目前广泛应用的发动机前置前驱轿车。

二、按外形分类

轿车车身的形状主要由座椅位置和数量、车门数量、顶盖形状、发动机和备胎的布置等因素决定。轿车车身按外形不同，主要分为折背式车身、直背式车身、舱背式车身、短背式车身、变形车身等。

1. 折背式车身

折背式车身是指背部有折角线条的车身，也称为浮桥式、船型车身。折背式车身如图 1—3 所示。

折背式车身的主要特征是：车身由明显的头部、中部和尾部三部分组成，大多数都布置两排座椅，按车门数量可分为两门式和四门式。

2. 直背式车身

直背式车身是指车身的后风窗和行李箱连接处近似平直，也称为快背式、溜背式车身。直背式车身如图 1—4 所示。

直背式车身比折背式车身更趋流线型，有利于降低空气阻力，且加大行李箱的空间。

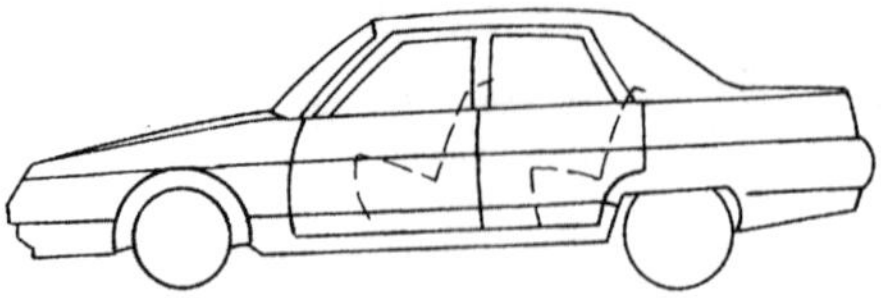

图 1—3　折背式车身

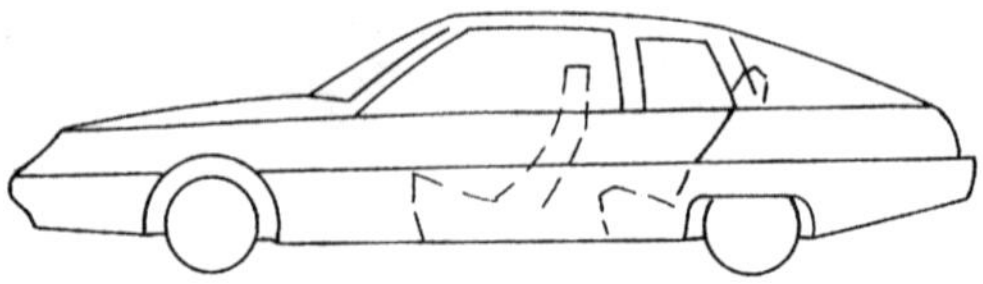

图 1—4　直背式车身

3. 舱背式车身

舱背式车身也称为半快背式车身，其车身顶盖比折背式长，后背角度比直背式小，行李箱盖与后风窗演变为一个整体的背部车门。舱背式车身如图 1—5 所示。

4. 短背式车身

短背式车身也称为鸭尾式车身。这种车身背部很短而使整车长度缩短，从空气动力学角度来讲，可减少偏转力矩，有利于提高车辆的行驶稳定性。短背式车身如图 1—6 所示。

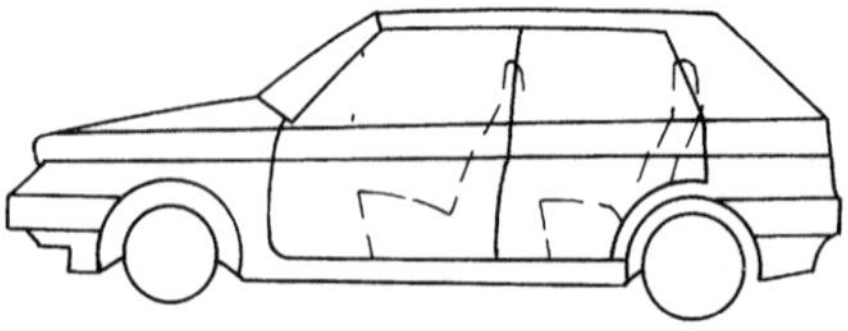

图 1—5　舱背式车身

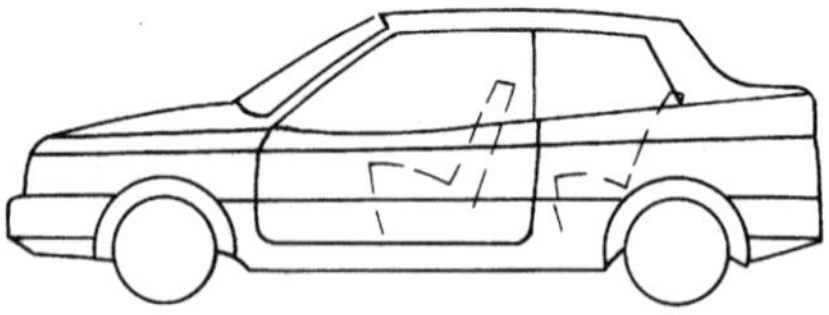

图 1—6　短背式车身

5. 变形车身

轿车有很多种变形车，主要是指车身部分的改变。例如，使折背式车身顶盖向后延伸到车尾的两厢式旅行车，以及使驾驶员座椅前移的一厢式多用途车等。两厢式旅行车如图 1—7 所示，一厢式多用途车如图 1—8 所示。

在车身外形分类中，还有一厢式（见图 1—8）、两厢式（见图 1—7、图 1—9）、三厢式（见图 1—10）的说法。两厢式车身后部设计为较大的内部空间，将乘客室与行李箱布置在同一段，故称之为两厢式轿车。三厢式车身是一种代表性车身。三厢式车身为封闭的刚性结构，有四个以上侧窗、两排以上座椅和两个以上车门。由于发动机室、乘客室、行李箱分段隔开形成相互独立的三段布置，故称之为三厢式轿车。

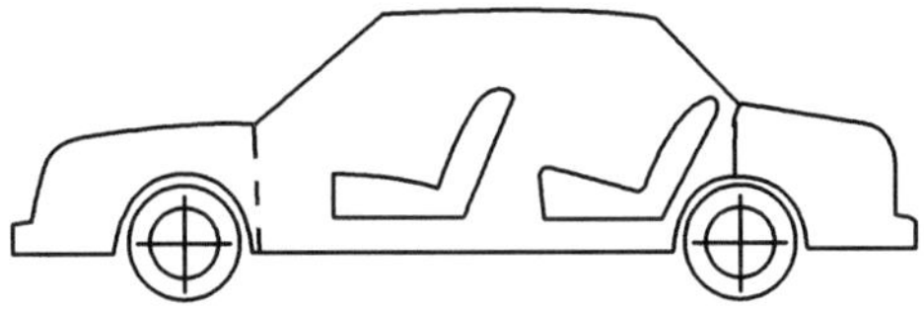

图 1—7　两厢式旅行车

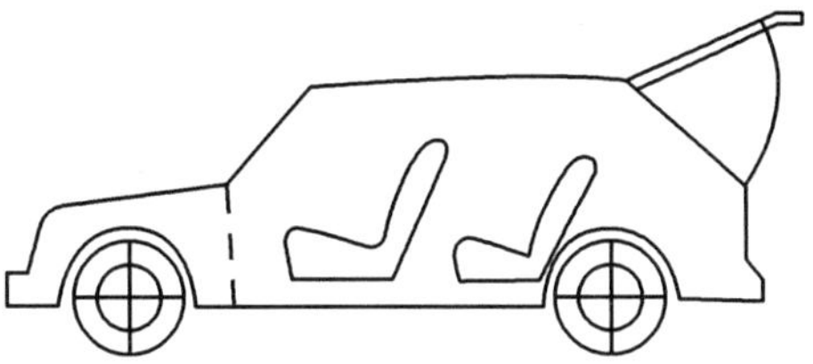

图 1—8　一厢式多用途车

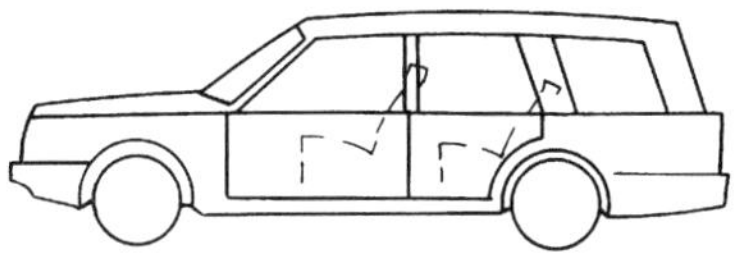

图 1—9　两厢式车身

图 1—10　三厢式车身

三、按材料分类

轿车车身材料大致分为两大类：一类是金属材料，包括钢板、铸铁等重金属材料，铝合金、镁合金、钛合金等合金材料，泡沫金属等特种金属材料；另一类是非金属材料，包括工程塑料、纤维、树脂、玻璃、橡胶、非金属泡沫材料、非金属复合材料等。

随着汽车材料技术的发展，除金属材料、非金属材料外，复合材料和纳米材料也获得了广泛应用。特别是随着人们节能环保意识的增强，汽车制造厂商正逐渐加强研发、应用汽车轻量化技术，车身的质量将越来越轻，同时安全性将越来越好。

目前，普通钢材已不能适应轿车发展的需要，车身开始大量应用不同种类的新材料，如高强度钢、铝合金、塑料等。新材料的大量应用使车身性能发生了非常大的改变，传统的修理方法已经不能很好地修复已损坏的车身。所以，要了解车身按材料的分类，才能有针对性地对新材料车身进行高质量的修复。

1. 钢板车身

（1）镀锌薄钢板车身。从 20 世纪 70 年代开始，轿车车身采用镀锌薄钢板。镀锌薄钢板有良好的抗腐蚀能力，广泛应用在轿车车身上。

（2）低碳钢板车身。低碳钢板具有很好的塑性加工性能，强度和刚度也能满足轿车车身的要求，同时能满足车身拼焊的要求，因此在轿车车身上应用很广。

（3）高强度钢板车身。为了满足汽车制造业追求轻量化的要求，钢铁企业推出高强度汽车钢材系列钢板。高强度钢板是在低碳钢板的基础上采用强化方法得到的，其抗拉强度大幅增强。由于其具有高强度的特性，在厚度减薄的情况下可以保持轿车车身的机械性能要求，从而减轻了轿车质量。

（4）高强度低合金钢板。近年来，高强度低合金钢板在轿车车身材料使用中所占的比例逐渐增加。新设计的整体式车身通常比车架式车身小，车身的前部要求能够承受比过去大得多的载荷，并能够更好地吸收碰撞能量，高强度低合金钢正好可以满足这两方面的要求。

2. 轻金属材料车身

在轻金属材料中，采用最多的轻金属是铝。铝板最先开始用于车身发动机罩外板、前翼子板、顶盖，后来又用于车门、行李箱盖板等。

为了达到轻量化的目的，铝合金在轿车车身上的应用越来越广泛。其他轻金属合金如镁合金、钛合金等也有应用。

3. 塑料车身

所谓塑料车身，一般是指用塑料制造车身覆盖件。塑料车身以钢制骨架为基础，塑料覆盖件由螺栓紧固其上。目前，全塑车身很少应用。

四、按壳体结构分类

车身壳体是车身部件的安装基础，通常是指纵横梁、支柱等主要承力元件，以及与它们相连接的钣金件共同组成的空间结构。轿车车身壳体包括前段车身壳体件、中段车身壳体件和后段车身壳体件。

前段车身壳体件构成一个封闭的箱体结构，为发动机、变速器等动力总成提供承载空间，同时也提供了承载这些大总成的强度。中段车身壳体件构成乘客舱，为乘客提供安全、舒适的乘坐空间，在事故中可以有效地保护乘客安全。后段车身壳体件构成行李箱。

轿车车身具有安置发动机、装载乘客和行李的作用，实现这些作用的车身壳体可分为开式和闭式两种。

1. 开式壳体

开式壳体即不带顶盖的敞式车身。

开式壳体还可分为两种结构：一种由底板、侧壁、前壁和后壁四大部件构成；另一种由底板、前壁和侧壁三大部件构成。

2. 闭式壳体

闭式壳体是由钣金件构成的一个封闭系统。闭式壳体是最普遍的一种车身壳体结构形式，其呈现为由基本结构钣金件所构成的一个封闭的平行六面体。

闭式壳体车身主要包括前壁、带有前风窗框的前隔板总成、带有后风窗框的顶盖、内部纵梁、后隔板、门框下梁、带有后轮罩的侧壁和后壁、底板、前悬架支架、后悬架横梁等。另外，还有可拆卸的前后保险杠、前后翼子板、行李箱盖、发动机罩等。

除此之外，轿车车身还有按豪华程度、座椅排数、车门数、车身用途等分类的多种方法。但从车身维修的角度来说，按车身材料和车身壳体结构的分类方法实际意义更大。

第 2 节　客车车身的结构分类

学习目标

通过本节的学习培训，学员能够：

（1）了解客车车身按用途分类的方法。

（2）熟悉客车车身按承载方式分类的方法。

（3）掌握区别城市客车和长途客车的方法。

客车是指用于载运乘客及其随身行李的商用车。客车由于其载客量大、占地面积小，在我国应用广泛。

由于客车种类繁多，所以客车车身的分类方法也有很多。按用途、承载方式和车身结构分类是常见的客车车身分类方法。

一、按用途分类

不同用途的客车车身差别主要体现在外观和车室布置上，当然车身结构也会相应地存在一些差异。客车车身按用途可分为城市客车、长途客车、旅游客车和专用客车四类。

1. 城市客车车身

城市客车是指为城市内公共交通运输而设计和装备的客车。城市客车设有座椅及乘客站立的区域，由于乘客上下频繁，所以车厢内地板低、过道高、通道宽、座椅少、车门多、车窗大，并有足够的空间供停站时乘客上下车走动使用。

为了缓解城市交通紧张、提高客车的面积利用率，目前城市双层客车应用较多。城市客车正逐步向大型化、低地板化、环保化、高档化、造型现代化等方面发展。

2. 长途客车车身

长途客车又称为公路客车。长途客车是指为城间乘客运输而设计和装备的客车。由于乘客乘坐时间较长，长途客车必须保证每位乘客都有座位，不设供乘客站立的位置。

为了有效利用车厢的面积，座椅布置比较密集，而且尽可能提高座椅的舒适性，座椅质量较好。长途客车车厢地板高，地板一般设计成凹形，这样有利于提高车身的抗扭刚性，地板下方设有存放行李物品的行李箱。长途客车的地板离地面高度一般在 1 m 以上。

为了提高整个车身的刚度，长途客车的车门较少，且多布置在前轴之前。对于高速公路上的快速客运车辆，要求其具有较高的可靠性、行驶安全性、乘坐舒适性和高速行驶性能。另有一类远距离长途客车——卧铺客车，它为乘客提供了舒适的睡眠环境。

3. 旅游客车车身

旅游客车是指为旅游而设计和装备的客车。其设计原则与长途客车基本相近，但在外观、舒适性等方面比长途客车好，车内设施及附件设备也更豪华、高档。

为了观光方便，旅游客车的视野一般较开阔。中高档长途客车和城郊客车均可作为旅游线路客运车辆使用。

4. 专用客车车身

专用客车是指经特殊布置、设计后才能载运乘客的客车。

专用客车与长途客车类似，但可无行李箱。专用客车一般有学校客车、机场摆渡客车、采血车、会议客车等类型。它们根据特定要求，按专门规定的设计标准和用途来制造。

二、按承载方式分类

客车车身按承载方式不同，可分为非承载式、半承载式和承载式三大类。

1. 非承载式车身

非承载式车身是指在底盘车架上组装而成的车身结构。

车架是支承全车的基体，承受着安装在其上面各个总成的各种载荷；车身只在很小程度上承受由车架弯曲和扭转所引起的载荷。车架的振动通过弹性元件传到车身上，由于弹性元件的挠性作用，大部分来自路面的振动和冲击能被减弱或消除，在路况较差的道路上行驶时可以对车身起保护作用。

非承载式车身有较强的底盘车架，车身骨架是通过多个橡胶衬垫或弹簧沿车身总长安装在车架上的。因为车身骨架与车架弹性连接，所以安装在车架上的车身对车架的加固作用不大。

2. 半承载式车身

半承载式车身是一种介于非承载式车身和承载式车身之间的车身结构。半承载式车身与车架刚性连接，车身部分承载。其结构特点是底盘仍保留车架，车身通过焊接、铆接或螺栓与车架刚性连接。

半承载式车身本体与车架采用焊接或螺栓刚性连接，车身骨架侧壁立柱与车架纵梁两侧的外伸横梁连接在一起，加强了部分车身底架而起到一部分车架的作用，故半承载式车身也可以分担一部分弯曲和扭转载荷。例如，发动机和悬架都安装在加固的车身底架上，车身与底架成为一体共同承受载荷。

3. 承载式车身

承载式车身就是无独立车架的整体车身结构。承载式车身由底架、前围、后围、左侧围、右侧围、车顶六大片组成。

承载式车身的特点是：底盘不是传统的冲压成型铆接车架式结构，而是由矩形钢管构成的格栅式结构。承载式车身采用封闭环结构，由于没有车架，故可降低地板和整车高度。载荷由整个车身承受，车身上下部结构形成一个整体，在承受载荷时，整个车身壳体可以达到稳定平衡状态。

承载式车身在具有较大抗扭刚度的格栅式结构底架上配置发动机、前后桥等总成，可以保证各总成正确的相对位置关系。承载式车身除了承担其固有的承载功能外，还要直接承受各种负荷。承载式车身按上下部受力程度不同，又可分为基础承载式和整体承载式两种。大客车承载车身示意图如图1—11 所示。

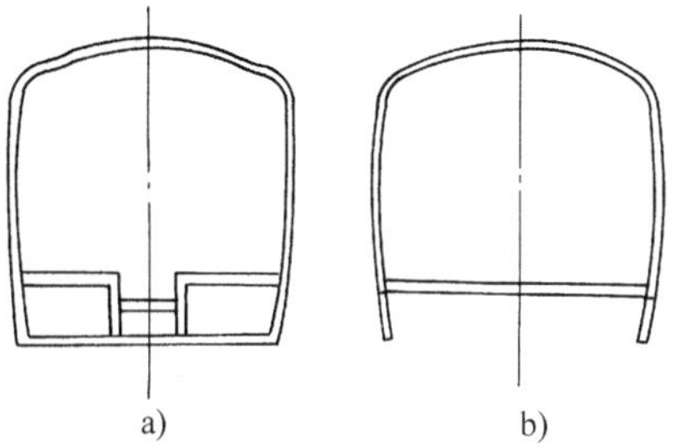

图 1—11　大客车承载车身示意图

a）基础承载式　b）整体承载式

（1）基础承载式车身。基础承载式车身采用空间框架结构，其特点是采用凹形地板（通道平面离地高度约为 1. 2 m，乘客座椅下的平台比通道平面高出 15 m），因此当前后和两侧遭到撞击时，乘客均处于遭受冲击部位的上方，故其安全性较好。大客车基础承载式车身如图1—11a 所示。

基础承载式车身的设计原理是：将车身侧围腰线以下部分（包括窗台梁以下到地板的侧壁骨架和底部结构）设计为车身的主要承载件，而其顶盖和窗柱均设计为非承载件。基础承载式车身底部的纵向和横向构件一般可采用薄钢板来制造，其高度可达 0. 5 m 左右，故可充分利用车身地板下方的空间作为行李箱。

基础承载式车身底部结构的截面高度较大，导致车身地板离地距离较大。因此，基础承载式车身一般只用于长途客车或旅游客车。

（2）整体承载式车身。整体承载式车身的设计原理是：将车身的上下部结构设计为一个统一的整体，整个车身均参与承载。当车身承受载荷时，各构件“以强济弱”，可使整个车身壳体达到稳定平衡状态。大客车整体承载式车身如图 1—11b 所示。

三、按结构分类

客车车身按结构差异分类，可分为骨架式、薄壳式、复合式。

1. 骨架式车身

骨架式车身的骨架是由抗扭刚度很大的异型钢管构成的。结构应力主要由车顶骨架、车底骨架和侧围骨架承担。车身不依靠外蒙皮加强，外蒙皮主要起装饰作用。

2. 薄壳式车身

薄壳式车身又称为应力壳体式结构车身。薄壳式车身是飞机机身薄壳结构的移用，它没有骨架式车身那样的独立骨架，其构成车身整体并取代骨架作用的是板块式构件。结构应力也由这些板块式构件承担，如顶盖、车底、侧板、车身构件等。

3. 复合式车身

复合式车身是一种将骨架式和薄壳式的结构优点集合为一体的复合式结构，即在受力较小的部位采用薄壳式结构，而在受力较大的部位则采用骨架式结构。通常，第二立柱与最末立柱之间为骨架式结构，前围和后围为薄壳结构。

除了以上分类方法外，大客车车身也有按车身材料、发动机布置形式、豪华程度等分类的方法。掌握不同形式车身的特征，采取有针对性的维修工艺，对保证维修质量是极其重要的。

第 3 节　货车车身的结构分类

学习目标

通过本节的学习培训，学员能够：

(1) 了解货车车身按用途分类的方法。

(2) 熟悉货车车身的其他分类方法。

(3) 掌握长头式货车和平头式货车的区别及用途。

货车即载货汽车，也称为卡车，是指一种主要为载运货物而设计和装备的商用车辆。货车种类繁多，形式各异。一般按用途不同，货车分为普通货车、多用途货车、全挂牵引车、越野货车、专用作业车和专用货车六大类。

对比轿车和客车车身，货车车身（驾驶室、货厢、车架）的结构要简单许多。

一、按发动机与驾驶室的相对位置分类

货车车身一般按发动机与驾驶室的相对位置进行分类。货车发动机一般都是前置的，发动机中置和后置的货车一般是由其他车型演变而来，极少见。就发动机前置而言，货车按其与驾驶室的相对位置可分为长头式、短头式和平头式。

1. 长头式货车车身

长头式货车车身发动机布置在驾驶室之前，单独有凸出的发动机罩，如图 1—12 所示。

长头式货车车身的优点是：发动机维修方便，操纵机构简单，在路况较差的情况下通过性较好。其缺点是：轴距和总长相对较大，视野较差。所以，长头式货车车身在轻型货车上很少采用，但在中型和重型货车上采用较广泛。

2. 短头式货车车身

短头式货车车身是将发动机的一小部分伸入到驾驶室中，如图 1—13 所示。

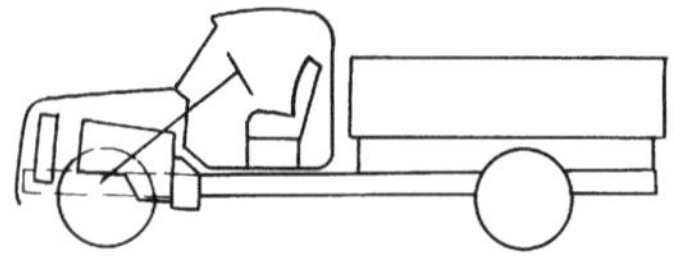

图 1—12　长头式货车车身

图 1—13　短头式货车车身

短头式货车车身的轴距略微缩短，驾驶室内部空间小，发动机维修不及长头式货车方便，但总体特点与长头式货车没有太大的差异。

由于短头式货车车身的发动机位于驾驶室内，经过适当的布置，这种设计既可有效提高车架利用面积和开阔视野，又可充分利用驾驶室的宽度。因此，当所设计的货车长度有限制，又希望其具有较大的车厢有效面积时，可以采用短头式货车车身。

3. 平头式货车车身

平头式货车车身的驾驶室布置在发动机之上，如图 1—14 所示。平头式货车车身的轴距和总长较短，机动性好，视野良好，面积利用系数高。

图 1—14　平头式货车车身

为了避免驾驶室内夏天比较闷热，平头式货车驾驶室必须加强隔热、通风、隔振、密封等措施。由于结构改进使平头式货车车身的优点比较显著，目前平头式货车车身在现代轻型、中型货车上应用较广泛，甚至重型货车上应用的数量也在不断增多。

长头式货车车身在驾驶室空间、舒适性、碰撞安全性等方面优于平头式货车车身。而

平头式货车车身在驾驶室视野、车架利用面积、机动性等方面优于长头式货车车身。

二、按驾驶室与货厢的连接关系分类

1. 分体式货车车身

分体式货车车身是绝大多数货车采用的车身结构。驾驶室、货厢和车架各成一体，驾驶室常以三点支承在车架上。为减少驾驶室振动和车架歪扭变形对驾驶室的影响，其中两点之间往往采用弹簧或橡胶衬垫的浮式连接。分体式货车货厢大多为前栏板固定、侧栏板和后栏板可翻的栏板式货台。栏板通常为钢板冲压件，采用点焊连接的整体式钢结构。

2. 连体式货车车身

连体式货车车身的驾驶室与货厢连为一体，是微型和轻型货车中的一种车身结构。连体式货车车身往往由轿车和小型客车演变而来，其车身一般是由原型演变而来的薄壳式结构。另有一类由轿车和小型客车演变而来的货车，其车身虽为分体式，但驾驶室和货厢在造型上追求一体化的效果，而且驾驶室和货厢也都是薄壳式结构。

练习与检测

一、判断题

1. 轿车非承载式车身通过弹性支撑紧固在车架上，载荷主要由车架承受，所以这种车身的支柱一般较细，风窗玻璃也较大。（ ）

2. 虽然轿车承载式车身碰撞后维修难度较大，但目前应用广泛的离合器前置前驱轿车较多采用这种车身。（ ）

3. 轿车车身的形状主要由座椅位置和数量、车门数量、顶盖形状、发动机和备胎的布置等因素决定。（ ）

4. 全塑料车身目前还很少，而且所谓的塑料车身，一般是指用塑料制造车身覆盖件。（ ）

5. 客车基础承载式车身采用空间框架结构。（ ）

6. 长头式货车车身在中型和重型货车上采用较多。（ ）

二、单项选择题

1. 轿车承载式车身是指在前后轴之间没有起连接作用的车架，车身直接承受从地面和动力系统传来的力，这种车身主要采用（　　）工艺。

A. 气焊　　B. 点焊　　C. 黏结　　D. 铆接

2. 货车车身的结构一般按驾驶室与（　　）的相对位置分类。

A. 座椅　　B. 货厢　　C. 发动机　　D. 底盘

3. 轿车折背式车身是指车身的背部有（　　）线条的车身，其主要特征是车身由明显的头部、中部、尾部三部分组成。

A. 弧形　　B. 平行　　C. 折角　　D. 波浪

4. 轿车（　　）的后风窗和行李箱连接处近乎平直，比折背式车身更趋流线型，有利于降低空气阻力。

A. 直背式车身　　B. 舱背式车身　　C. 短背式车身　　D. 两厢式车身

5. 轿车的轻金属材料车身采用最多的轻金属是（　　）。

A. 镁　　B. 锰　　C. 铝　　D. 铬

6. 轿车车身具有安置（　　）、装载乘客和行李的作用，车身壳体可分为开式和闭式两种。

A. 发动机　　B. 底盘　　C. 轮胎　　D. 车架

三、多项选择题

1. 平头式货车车身的驾驶室布置在发动机之上，使汽车具有轴距短、（　　）的特点。

A. 发动机维修方便　　B. 总长较短

C. 机动性好　　D. 视野良好

E. 面积利用系数高

2. 客车承载式车身由（　　）组成。

A. 底架　　B. 前围　　C. 后围

D. 左、右侧围　　E. 车顶

四、简答题

1. 客车车身按承载方式不同可分为哪几类？

2. 轿车按车身壳体结构一般可分为哪几类？

3. 轿车车身一般用哪些材料制造？

练习与检测答案

一、判断题

1. √　2. ×　3. √　4. √　5. √　6. √

二、单项选择题

1. B　　2. C　　3. C　　4. A　　5. C　　6. A

三、多项选择题

1. BCDE　　2. ABCDE

四、简答题

略

2

第 2 章

涂装安全防护

知识要求

第1节　个人安全防护用品的种类、作用和使用方法

学习目标

通过本节的学习培训，学员能够：

(1) 了解个人安全防护用品的种类和使用注意事项。

(2) 熟悉个人安全防护用品的特性和作用。

(3) 掌握个人安全防护要求和标准流程。

一、安全鞋

1. 定义

安全鞋是安全类鞋和防护类鞋的统称，一般是指在不同工作场合穿的具有保护脚部及腿部，避免可预见伤害的鞋类。

安全鞋有很多种，可以根据工作需要进行选择，汽车喷涂作业者应选择合适的安全鞋（见图2—1）。

图2—1　安全鞋

2. 作用

安全鞋的作用有：防止坚硬的下坠物件砸伤脚面；防止尖锐的物件刺穿鞋底或鞋身；防滑，防摔倒；防止接触化学品；防静电。

在涂料生产车间、仓库和使用涂料的场所都有防静电要求。作业者穿防静电鞋的同时，不应该穿绝缘羊毛材质的厚袜及垫绝缘鞋垫。防静电鞋要求使用场所的地面是防静电地面（如防静电环氧地坪）。防静电鞋的电阻为 $10^5 \sim 10^9\ \Omega$，能够消除人体静电积聚，降低造成火灾或者爆炸的风险。

另外，防静电鞋禁止用作电绝缘鞋。因为防静电和绝缘是两种概念。防静电是需要把

人体积聚的静电通过防静电鞋的导电性释放，而绝缘是需要人体与导体隔绝。电绝缘鞋的作用是将人体与大地隔离开，所以电绝缘鞋的电阻要能达到 10^{11} Ω。

3. 种类

（1）保护足趾安全鞋。其内包头安全性能为 AN1 级，适用于冶金、矿山、林业、港口、装卸、采石、机械、建筑、石油、化工行业等。

（2）防刺穿安全鞋。其适用于矿山、消防、建筑、林业、冷作工、机械行业等。

（3）电绝缘鞋。其适用于电工、电子操作工、电缆安装工、变电安装工等。注意事项：工作环境应能保持鞋面干燥；避免接触锐器、高温和腐蚀性物质，鞋帮和鞋底不能有腐蚀破损。

（4）防静电鞋。其能消除人体静电积聚，适用于易燃作业场所，如加油站操作、液化气灌装等。注意事项：禁止作为电绝缘鞋使用；穿防静电鞋不应同时穿绝缘的羊毛材质厚袜或使用绝缘鞋垫；防静电鞋应同时与防静电服配套使用；防静电鞋一般不超过 200 h 应进行鞋电阻值测试一次，如果电阻不在规定的范围内，则不能作为防静电鞋使用。

4. 选用原则

在汽车涂装工作中，作业者都必须穿安全鞋，其选用原则如下。

（1）安全鞋除了根据作业条件选择适合的类型外，还有一点很重要，即安全鞋应合脚。安全鞋应穿起来使人感到舒适，因此要仔细挑选合适的安全鞋鞋号。

（2）安全鞋要有防滑的设计。不仅要保护作业者的脚免遭伤害，而且要防止作业者滑倒所引起的事故。

（3）使用安全鞋前要认真检查或测试。例如，在电气和酸碱作业中，破损和有裂纹的安全鞋都是有危险的。

（4）不同性能的安全鞋要达到各自防护性能的技术指标。例如，安全鞋应满足足趾不被砸伤、足底不被刺伤、绝缘导电等要求。但要注意，安全鞋不是万能的。

（5）安全鞋使用后要妥善保管。安全鞋使用后要用清水或消毒剂冲洗橡胶底并晾干，以延长使用寿命。

二、工作服

1. 定义

工作服是指工作时穿着的服装，如图 2—2 所示。汽车涂装工作服要求具有抗渗透性好、透气性好、强度高、耐静电特性好等特点，又称为防护服。

工作服材料除满足高强度、高耐磨等穿用要求之外，常因防护目的、防护原理不同而有所差异，从棉、毛、丝、铅等天然材料，橡胶、塑料、树脂、合成纤维等合成材料，到新功能材料和复合材料等。例如，抗油的含氟化合物，抗辐射的聚酰亚胺纤维，抗静电集聚的腈纶铜络合纤维等。工作服必须使用衬里时，衬里的露出面积应不超过全部服装内面面积的 20%。

2. 种类

工作服按照防护功能分类，有健康型防护工作服、安全型防护工作服、保持穿着者卫生的工作服等。

健康型防护工作服有防辐射服、防寒服、隔热服、抗菌服等；安全型防护工作服有化学防护服、阻燃防护服、电弧防护服、防静电服、防刺服等；保持穿着者卫生的工作服有防油服、防尘服、拒水服等。

常用特种工作服有化学防护服、电磁辐射防护服、防尘服等。

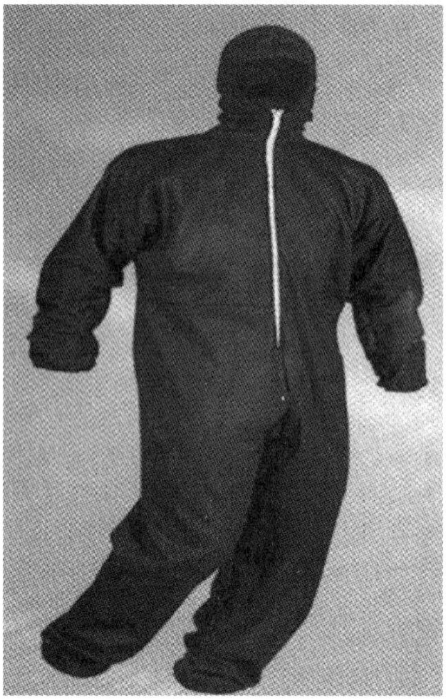

图 2—2　工作服

（1）化学防护服。化学防护服是消防员防护服之一。化学防护服主要是消防员在有危险化学品和腐蚀性物质的火场和事故现场进行灭火和救援时，为保护自身免遭危险化学品或腐蚀性物质侵害而穿的防护服装。

化学防护服可以是密封的，也可以是非密封的，这取决于应用情况和危险等级。化学防护服分为轻型和重型两类。

轻型防护服一般采用尼龙涂覆 PVC（聚氯乙烯）制成，质量较轻，适用于危险场所作业者的全身保护，可以防止一般性质的酸碱侵害，不用配备呼吸器。质量一般在 5 kg 左右。

重型防护服采用多层高性能复合材料制成，具有防撕裂、防扎耐磨、阻燃、耐热、绝缘、防水密封等优异性能，能够全面防护各种有毒有害的液态、气态、烟态、固态化学物质和核污染。重型防护服一般配备呼吸器，防护服质量一般在 6 kg 左右。

（2）电磁辐射防护服。电磁辐射防护服是指能够屏蔽 100 kHz～300 GHz 频率范围电磁波的防护服。电磁辐射防护服主要满足一般行业与家庭对电器电磁波辐射防护的需要，以保障人体健康。

电磁辐射防护服在织物中植入极细导电纤维，保证服装不产生静电，达到防爆、防尘、抑菌、保洁的效果。由于织物中加入了天然矿物，可在人体体温下发射易被人体吸收的远红外线，其发射率在 80% 以上。远红外线照射引起的体内热深层效应能激活人体细胞，使细胞能量增加，促进并改善人体微循环，从而增强人体免疫力。

电磁辐射防护服适用于电磁波辐射量较高区域工作人员的防护，如广播发射系统、电子电工系统等的工作人员。

(3) 防尘服。防尘服主要是指保护作业者免受一般粉尘危害的防护服。而一般粉尘是指对人体皮肤无毒、无放射性危害的粉尘。

防尘服按用途分为A类防尘服（普通型）和B类防尘服（防静电型）等；按款式分为连体式防尘服和分体式防尘服。

3. 特点

(1) 从防护性来考虑。汽车涂装工作服要具有耐火性、耐热性和隔热性，且要具有强韧性，以防止锐利物体的冲击、碰撞等，还要具有能够阻止化学物质伤害皮肤的性能。

(2) 从作业效率来考虑。汽车涂装工作服应给作业者留有活动余地，所以尽量选用伸缩性能良好的材料。

(3) 一般选用连体式工作服。连体式工作服的优点是散热性高、体热容易排出、造价低等，其缺点是安全性差、活动不便等。

4. 使用注意事项

(1) 必须按用途选择工作服。

(2) 选择适合自身的工作服型号。

(3) 在工作服里面应该穿内衣裤，建议穿长袖和长裤。

(4) 穿工作服时要脱掉鞋，坐着将两条腿放入工作服，以防摔倒。

(5) 如果工作服接触了有毒化学品，要先去除工作服上的有毒化学品，然后脱去工作服。勿接触工作服上可能沾有有毒化学品的地方。

(6) 工作服应储存在凉爽、干燥的地方，避免阳光直接照射。特种防护服可直接用原包装储存。

三、手套

手套的种类繁多，除抗化学品类外还有防机械伤害、绝缘、防水、防寒、防热辐射、耐火阻燃等类型。

一般的防酸碱手套与抗化学品手套并非等同。由于不同化学品对于同种手套材质具有不同的渗透能力，所以应选择具有针对性的防护手套。

1. 种类

在汽车涂装作业中，常用的手套有耐溶剂手套、一次性防溶剂手套、棉纱手套等。

（1）耐溶剂手套。耐溶剂手套在有机溶剂中完全呈惰性状态。耐溶剂手套主要防强有机溶剂（如甲苯、二甲苯、丙酮、丁酮）及各种油脂或混合溶剂（如香蕉水）等。

耐溶剂手套的材料采用耐腐蚀的 PU（聚氨酯）特种合成树脂。耐溶剂手套可以反复清洗使用，质地柔软、耐磨性强、耐溶剂性好，易脱戴且使用寿命远远超过丁腈或氯丁橡胶手套。耐溶剂手套如图 2—3 所示。

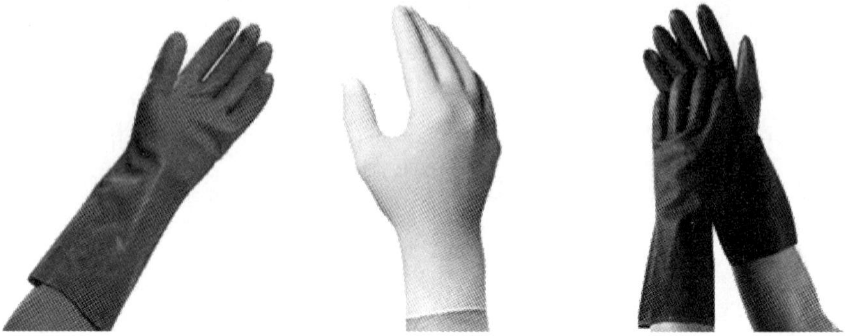

图 2—3　耐溶剂手套

（2）一次性防溶剂手套。涂装用一次性防溶剂手套是用橡胶薄片或薄膜制成的手套，通常有两种，分别是一次性乳胶手套、一次性丁腈手套。其中，一次性丁腈手套（见图 2—4）由于不含乳胶中易使人体产生过敏反应的蛋白质，应用更加广泛，通常在专业场合使用，如手术室、实验室等对卫生条件要求较高的场所。

涂装用一次性防溶剂手套的优点是：有一定的弹性，能够耐受动物油脂类的腐蚀。

（3）棉纱手套。棉纱手套是一种由棉质纤维织机织造而成的手套，如图 2—5 所示。涂装打磨时应佩戴棉纱手套。

棉纱手套的针数决定用途。针数表示织机每英寸（in，1 in = 2. 54 cm）的针数。7 针就是每英寸有 7 针。与 13 针相比，7 针粗。

图 2—4　一次性丁腈手套

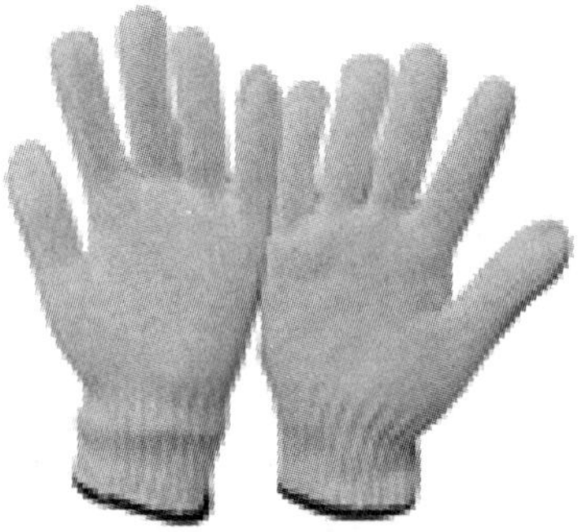

图 2—5　棉纱手套

棉纱手套一般每 10 副为一捆。一捆棉纱手套有 450 g、500 g、550 g、600 g、700 g、800 g 等规格。

棉纱手套织得越密说明抗磨、抗裂性能越好，也就是克数多的手套防护能力比克数少的手套好。

2. 使用注意事项

对于汽车涂装作业者而言，手套是手部防护的必要措施。手套选择得合适与否、使用得正确与否，都会直接影响手部的健康。手套的使用注意事项如下。

（1）首先根据防护功能来选择，应明确防护对象，然后再仔细选择。

（2）耐溶剂手套、一次性防溶剂手套使用前应仔细检查表面是否破损。简易方法是向手套内吹气，用手捏紧套口，观察是否漏气。若漏气则不能使用。

（3）耐溶剂手套用后应冲洗干净、晾干，保存时避免高温。

四、呼吸保护器

1. 种类

呼吸保护器对汽车涂装作业者起到呼吸系统的保护作用。汽车涂装作业过程中磨料的粉尘、腐蚀性溶液和溶剂所挥发的气体、喷漆时的漆雾都会给作业者呼吸系统带来危害。即使在通风良好的作业环境中，作业者仍需要戴呼吸保护器。

呼吸保护器主要有防尘口罩、供气式面罩、活性炭过滤面罩等。

（1）防尘口罩。防尘口罩在腻子施工和打磨、除尘等操作环节中使用。防尘口罩可以防止粉尘、漆雾、烟雾等空气中浮游颗粒物被人吸入，具有保护肺、避免中枢神经受损害、预防哮喘等功能。

防尘口罩有一次性防尘口罩和可更换过滤器的过滤式防尘口罩两类。一次性防尘口罩如图 2—6 所示，可更换过滤器的过滤式防尘口罩如图 2—7 所示。

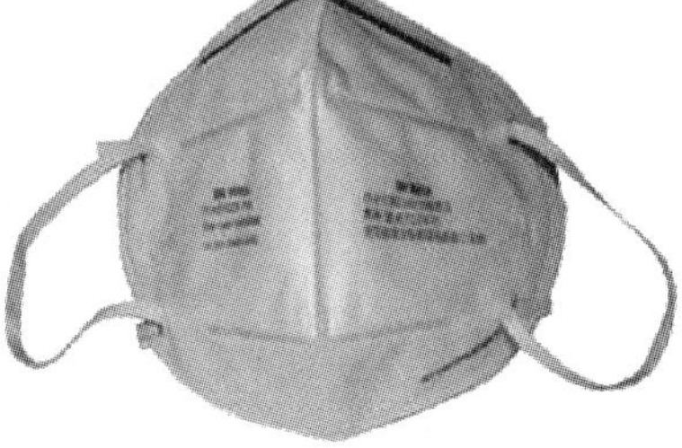

图 2—6　一次性防尘口罩

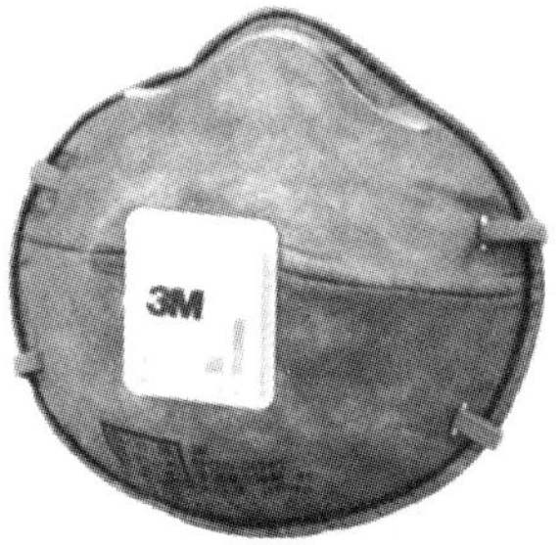

图 2—7　可更换过滤器的过滤式防尘口罩

（2）供气式面罩。供气式面罩适用于在封闭或不通风环境（如烤漆房等）中进行大量和长时间的喷漆作业，可以防止混有有机溶剂的空气通过口鼻吸入人体。

供气式面罩利用压缩空气供气系统通过供气软管向面罩内供应新鲜空气，也可选用单独的小型空气压缩机提供新鲜空气。新鲜空气的入口必须置于清洁、远离喷漆的区域，并且必须加装油水分离器和冷冻干燥机，以确保空气质量。供气式面罩可分为全面罩和半面罩两种。供气式全面罩如图 2—8 所示，供气式半面罩如图 2—9 所示。

图 2—8　供气式全面罩

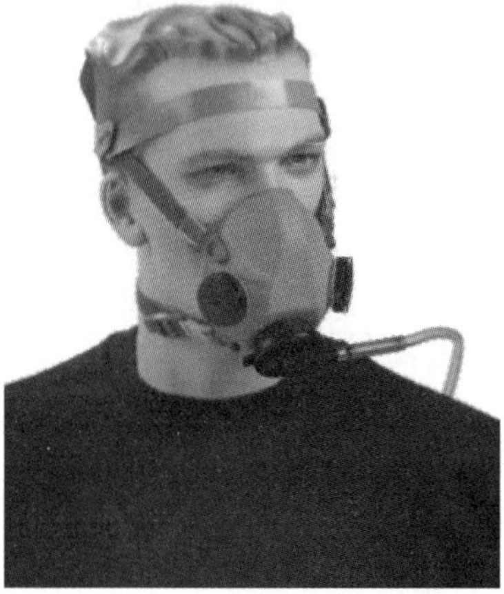

图 2—9　供气式半面罩

供气式全面罩不仅保护作业者的呼吸系统，而且保护了整个头部，特别是眼部，但供气式全面罩在视觉上没有供气式半面罩清楚。供气式半面罩能够给作业者提供新鲜空气及保证良好视线，但缺少对眼部及面部的保护作用。

（3）活性炭过滤面罩。活性炭过滤面罩在喷涂硝基漆和不含氰化物油漆，以及喷涂量较少的情况下使用。

活性炭过滤面罩由一个适应人脸形并具有密封作用的橡皮面具构成。它包括可拆卸的前置活性炭滤芯和呼吸器等。活性炭滤芯可以滤去空气中的溶剂或喷雾。呼吸器还有吸气阀和呼气阀，保证呼吸顺畅。活性炭过滤面罩如图 2—10 所示。

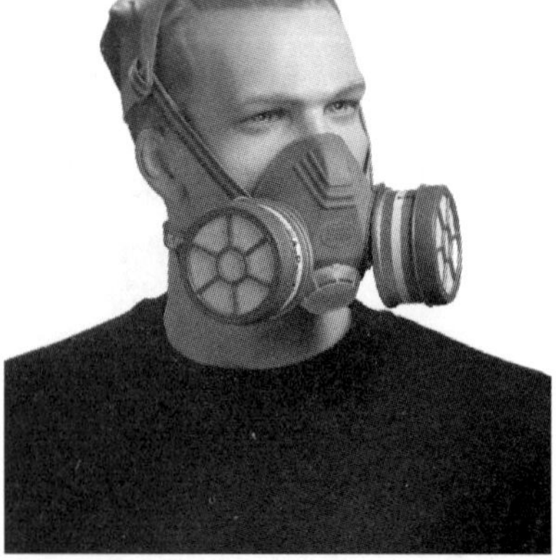

图 2—10　活性炭过滤面罩

2. 使用注意事项

（1）使用前必须明确作业环境中有毒物质的性质、浓度和空气中氧含量。在未确定作业环境条件以前，禁止随意使用呼吸保护器。例如，当有毒物质浓度大于规定使用范围或空气中氧含量低于18%时，不能使用活性炭过滤面罩。

（2）根据劳动强度和作业环境空气中有毒物质的浓度，选用不同类型的呼吸保护器。

（3）使用供气式全面罩前，应检查部件及其连接处的气密性，若发生漏气应查明原因。供气式全面罩必须在气密性良好的情况下才能使用。面罩选择不合适或佩戴不正确，橡胶主体有破损，滤毒罐（盒）破裂，面罩的部件连接松动等，都会直接影响保护效果。

（4）供气式全面罩的眼窗镜片应防止摩擦出现划痕，保持视物清晰。

（5）供气式全面罩和活性炭过滤面罩应专人使用和保管，使用后应清洗和消毒。在清洗和消毒时，应注意温度，不可使橡胶等部件因受温度影响而发生质变受损。

五、护目镜

1. 定义

护目镜又称为劳保眼镜，是一种起安全防护等特殊作用的眼镜。使用的场合不同，需要的护目镜也不同，如医院工作者用手术眼镜、电焊作业者用焊接眼镜、激光雕刻作业者用激光防护眼镜等。

护目镜的作用主要是防护眼睛和面部免受紫外线、红外线、微波等的辐射，免受粉尘、烟尘的侵害，免受金属和砂石碎屑崩伤或化学溶液溅射的损伤。

2. 种类

护目镜分为防护眼镜和防护面罩两大类。防护眼镜有防漆雾眼镜（见图2—11）、防尘眼镜（见图2—12）等。防护面罩如图2—13所示。

图2—11　防漆雾眼镜

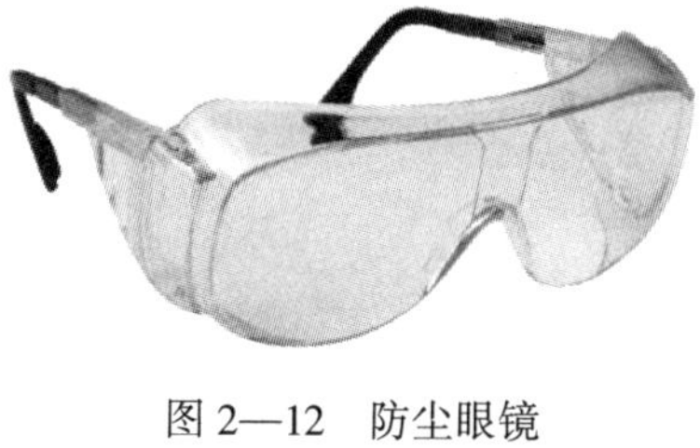

图2—12　防尘眼镜

3. 使用注意事项

（1）护目镜应选用经产品检验机构检验合格的产品。

（2）护目镜的宽窄和大小应适合使用者的脸形。

（3）镜片磨损粗糙、镜架损坏的护目镜会影响作业者的视力，应及时调换。

(4) 护目镜应专人使用，防止传染眼病。

(5) 护目镜应防止重摔重压，同时防止坚硬的物体摩擦镜片或面罩。

图 2—13 防护面罩

六、护耳器

1. 用途

如果采取降低噪声措施在技术上或经济上有困难，那么使用护耳器就是最经济有效的方法。护耳器是保护人的听觉免受强烈噪声损伤的个人安全防护用品。

2. 种类

护耳器可分为耳塞、耳罩和防噪声头盔三类。

(1) 耳塞。耳塞（见图 2—14）可插入外耳道内或插在外耳道的入口，适用于 115 dB 以下的噪声环境。

耳塞有可塑式耳塞和非可塑式耳塞两种。可塑式耳塞用浸蜡棉纱、防声玻璃棉、橡皮泥等材料制成。使用者可按需使之成形，每件使用一次或几次。非可塑式耳塞又称通用型耳塞，用塑料、橡胶等材料制成，有多种规格。

由于耳塞有一定的密封性，使用时会导致耳内空气不流通，对耳朵健康不利。

(2) 耳罩。耳罩是装在弓架上把耳部罩住使噪声衰减的装置，如图 2—15 所示。耳罩的噪声衰减量可达 10~40 dB，适用于噪声较高的环境（如造船厂、金属结构厂的加工车间、发动机试车台等）。

图 2—14 耳塞

图 2—15 耳罩

耳塞和耳罩可单独使用，也可结合使用。结合使用可使噪声衰减量比单独使用提高5~15 dB。

（3）防噪声头盔。防噪声头盔可把头部大部分保护起来。防噪声头盔具有防噪声、防碰撞、防寒、防暴风、防冲击波等功能，适用于靶场、坦克舱内部等高噪声、高冲击波的环境。

3. 使用注意事项

（1）选择护耳器前，应先委托有检测资质的职业病防治机构对工作场所进行噪声评估，以确定噪声水平及噪声的频率特性。

（2）了解产品的减音性能，选择合适的护耳器。

（3）不应盲目选择减音能力最大的护耳器。过大的减音能力可能会带来负面影响，如妨碍佩戴者收听警告信号或与其他人谈话沟通，增加不必要的成本。

（4）如果作业者必须经常在听觉保护区出入，可选择附有绳带的耳塞，方便作业者戴上或取下。

（5）正常情况下，耳罩的减音能力较耳塞的减音能力强。不过，由于佩戴眼镜会令某些耳罩不能紧贴皮肤而产生空隙，从而影响效果。此外，耳罩如果夹得太紧，会令佩戴者感觉不适。

（6）在必须佩戴耳罩才能有效隔声的情况下，由于耳罩可能会妨碍其他个人安全防护用品（如安全帽），可选择整合式安全帽耳罩。

（7）在存在粉尘的工作环境中，应选择一次性的耳塞或可更换软垫的耳罩。

第 2 节　个人安全防护用品的综合运用

学习目标

通过本节的学习培训，学员能够：

（1）了解个人安全防护用品的综合运用方法。

（2）掌握不同作业的个人安全防护用品使用和选择。

一、表面处理作业的个人安全防护用品选用

在进行汽车涂装表面处理作业时，会产生大量的粉尘，伤害作业者的呼吸道、眼睛、

皮肤等。因此，作业者必须穿戴好防静电工作服、工作帽、护目镜、耳塞、防尘口罩、安全鞋、棉纱手套等个人安全防护用品后再进行作业。表面处理作业的个人安全防护如图2—16所示。

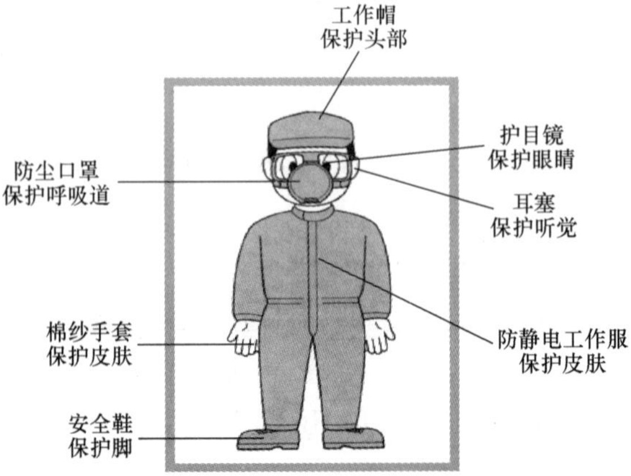

图2—16　表面处理作业的个人安全防护

二、调色作业的个人安全防护用品选用

在进行汽车涂装调色作业时，作业环境中有大量的有害气体和油漆飞溅等不确定因素，对作业者的呼吸道、眼睛、皮肤等有一定伤害。因此，作业者必须穿戴好防静电工作服、工作帽、护目镜、耳塞、防毒面具、安全鞋、耐溶剂手套等个人安全防护用品后再进行作业。调色作业的个人安全防护如图2—17所示。

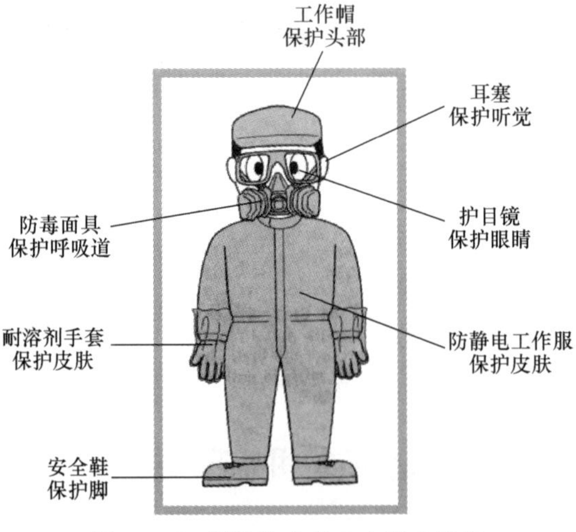

图2—17　调色作业的个人安全防护

三、遮蔽和喷涂作业的个人安全防护用品选用

1. 遮蔽作业的个人安全防护用品选用

在进行汽车涂装遮蔽作业时，作业环境中没有太多的污染物，但环境要求整洁，所以作业者应该穿戴好防静电工作服、工作帽、安全鞋等个人安全防护用品后再进行作业。遮蔽作业的个人安全防护如图 2—18 所示。

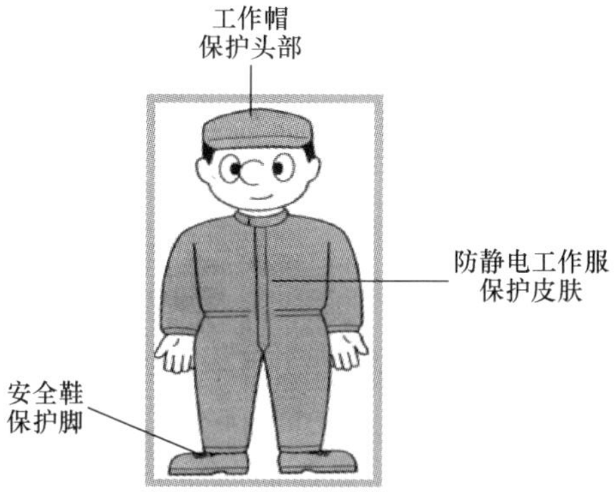

图 2—18　遮蔽作业的个人安全防护

2. 喷涂作业的个人安全防护用品选用

在进行汽车喷涂作业时，作业环境中有大量的有害漆雾等不确定因素，对作业者的呼吸道、眼睛、皮肤等形成一定伤害。因此，作业者应该穿戴好防静电工作服、供气式面罩、安全鞋、耐溶剂手套等个人安全防护用品后再进行作业。喷涂作业的个人安全防护如图 2—19 所示。

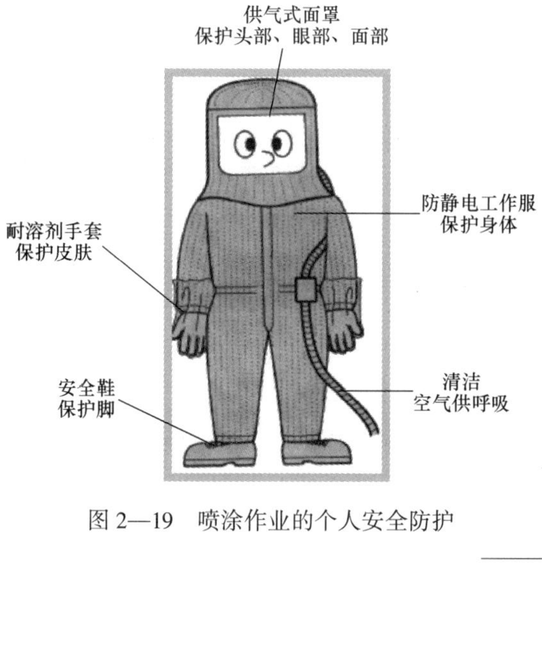

图 2—19　喷涂作业的个人安全防护

技能要求

个人安全防护用品的正确使用及维护

通过学习要求学员：认识汽车涂装修补中各种个人安全防护用品，明确使用场所、使用方法和维护保养知识，提高安全防护的意识和能力。

一、器材准备

棉质工作服、防静电工作服、安全鞋、护目镜、供气式全面罩、活性炭过滤面罩、防毒面具、防尘口罩、棉纱手套、一次性乳胶手套、耐溶剂手套、耳塞、工作帽等，以上个人安全防护用品至少各 1 套。

二、操作要求

1. 根据汽车涂装修补流程，明确各道工序需要的个人安全防护用品选用情况，完成相关表格的填写。

2. 任意选择 3 种个人安全防护用品说出使用场所。

3. 任意选择 3 种个人安全防护用品说出使用方法。

4. 指定 2 种个人安全防护用品说出维护保养方法。

三、操作步骤

1. 任意选择汽车涂装修补流程中的一道工序，进行个人安全防护用品选用和模拟使用。

2. 填写个人安全防护用品的选用表（见表 2—1）。

3. 口述个人安全防护用品的使用场所、使用方法和维护保养方法。

在进行汽车修补涂装施工作业时，不同的作业工序及作业环境需要穿戴合适的个人安全防护用品。请在表 2—1 中，把各工序中选用的个人安全防护用品打“√”。

表 2—1　　个人安全防护用品的选用表

施工作业工序	个人安全防护用品												
	棉质工作服	防静电工作服	安全鞋	护目镜	供气式全面罩	活性炭过滤面罩	防毒面具	防尘口罩	棉纱手套	一次性乳胶手套	耐溶剂手套	耳塞	工作帽
化学除漆													
除油（使用除油剂）													

续表

施工作业工序	个人安全防护用品												
	棉质工作服	防静电工作服	安全鞋	护目镜	供气式全面罩	活性炭过滤面罩	防毒面具	防尘口罩	棉纱手套	一次性乳胶手套	耐溶剂手套	耳塞	工作帽
机械除锈（干磨）													
除锈（酸处理）													
混合、刮涂腻子													
干磨腻子													
调漆													
混合油漆													
喷涂油漆													
清洗喷枪													
抛光													
贴护													
除尘													

四、注意事项

现场5S（整理、整顿、清扫、清洁、素养）管理。

练习与检测

一、判断题

1. 在喷漆作业中，无须穿安全鞋进行操作。（ ）
2. 防静电工作服具有无尘和抗静电性能。（ ）
3. 为防止溶液、底漆及外层涂料对手造成伤害，应佩戴棉纱手套进行操作。（ ）
4. 防尘呼吸保护器可以防止粉尘被人体吸入，可在打磨旧漆层时佩戴。（ ）
5. 护耳器是保护人的听觉免受强烈噪声损伤的个人安全防护用品。（ ）
6. 在调色过程中，为了达到良好的辨色效果，建议不要佩戴任何护目镜。（ ）

二、单项选择题

1. 在我国，安全鞋是根据其（ ）进行分类的。

A. 款式　B. 型号　C. 材质　D. 防护性能

2. 喷漆作业者一般选用（　　）工作服。

A. 分体式　B. 连体式　C. 套头式　D. 可拆卸式

3. 去除旧涂层时，应佩戴（　　）。

A. 棉纱手套　B. 丁腈手套　C. 乳胶手套　D. 橡胶手套

4.（　　）不能够有效防止有机溶剂被人体吸入。

A. 防毒面具　B. 防尘口罩　C. 焊接口罩　D. 供气式面罩

5. 耳塞适用于（　　）dB 以下的噪声环境。

A. 65　B. 100　C. 115　D. 150

6. 调色时，一般使用（　　）

A. 供气式面罩　B. 防尘口罩　C. 焊接口罩　D. 防毒面具

三、多项选择题

1. 工作服使用注意事项有（　　）。

A. 选择适合自身的工作服型号

B. 必须按用途选择工作服

C. 在工作服里面应该穿内衣裤

D. 工作服接触了有毒化学品，要先去除工作服上的有毒化学品，然后脱去工作服

E. 工作服应储存在凉爽、干燥的地方，避免阳光直接照射

2. 防尘口罩的防护对象有（　　）。

A. 颗粒物　B. 粉尘　C. 病毒

D. 有机气体　E. 酮类气体

3. 护目镜的使用注意事项有（　　）。

A. 镜架损坏应及时调换

B. 镜片磨损粗糙应及时调换

C. 护目镜要专人使用，防止传染眼病

D. 护目镜的宽窄和大小要适合使用者的脸形

E. 防止重摔重压，防止坚硬的物体摩擦镜片或面罩

四、简答题

1. 汽车涂装调色作业的个人安全防护用品有哪些？它们的特性及作用是什么？

2. 汽车涂装表面处理作业的个人安全防护用品有哪些？它们的特性及作用是什么？

3. 简述安全鞋的用途及选用原则。

练习与检测答案

一、判断题

1. × 2. √ 3. × 4. √ 5. √ 6. ×

二、单项选择题

1. D 2. B 3. A 4. C 5. C 6. D

三、多项选择题

1. ABCDE 2. AB 3. ABCDE

四、简答题

略

3

第3章

金属防腐

知识要求

第 1 节 金属腐蚀的种类和原理

学习目标

通过本节的学习培训，学员能够：

（1）了解金属腐蚀的环境因素。

（2）熟悉构成原电池的条件。

（3）掌握分辨化学腐蚀和电化学腐蚀的方法。

材料因与环境中某些介质发生反应而造成的本身损坏或恶化都称为腐蚀。金属材料的腐蚀称为金属腐蚀。金属腐蚀分为化学腐蚀和电化学腐蚀。

金属锈蚀是最常见的金属腐蚀形式，如铁生锈就是典型的腐蚀现象。金属腐蚀会给社会造成极大的浪费，所以在研究材料性能的同时，还要研究材料的防腐方法，如铁板镀锌、在铁质材料上涂装防腐涂料等均为常用的防腐方法。

一、腐蚀的环境因素

腐蚀与环境有极大的关系，产生腐蚀的环境因素主要有大气、土壤、化学物质等。

1. 大气

（1）天然大气。天然大气中的主要腐蚀介质是氧气和水。偏远农村的大气环境较好，空气中的化学污染物一般较少，影响腐蚀的因素主要是相对湿度、温度等。许多工业城市大气环境中的污染物相当复杂，影响腐蚀的因素较多。

（2）工业大气。工业大气通常是指被化学物质污染的空气，即化工、冶金、石油等工业生产排放的废气，其中常含有大量 SO_2、H_2S、Cl_2 等对环境和人类健康危害严重的气体。这些气体对材料，尤其是金属材料的腐蚀远比天然大气严重得多。随着大气相对湿度和温度的变化，这些气体对金属材料的腐蚀作用更强。

为了提高大气环境质量，我国开始了大气治理的环保行动，如提倡使用清洁能源汽车、关停小锅炉、对火力发电厂进行 FGD（烟气脱硫）改造等。

（3）酸雨。酸雨是指含有一定数量酸性物质（如硫酸、硝酸、盐酸）的自然降水。

空气中的二氧化硫、氮氧化合物与水和臭氧结合产生酸雨。酸雨的 pH 值（氢离子浓度指数）一般小于 5.6。酸雨容易和金属及其他物质发生化学反应。因此，酸雨对户外金属材料的腐蚀非常严重，也能透过涂膜腐蚀金属。对于汽车来说，酸雨对汽车涂膜使用寿命的影响也很大。其中，酸雨对硝基漆、过氯乙烯漆涂膜的破坏力较大，而对含铅基颜料的涂膜腐蚀作用最大。

（4）特殊气候环境。海洋和近海地区的空气湿度很大，且空气中含盐量也较高。所以，近海地区金属的腐蚀速度远高于内陆地区。

2. 土壤

土壤腐蚀是指金属在土壤中所发生的腐蚀。土壤对材料的腐蚀主要源于土壤中的水、氧气和一些电解质。不同地区的土壤性质不同，如有些地区的土壤偏酸性，有些地区的土壤偏碱性，有些地区的土壤含有特定的化学物质等。所以，它们对材料的腐蚀方式和程度都有所不同。

3. 化学物质

化学物质对材料的腐蚀主要表现在特定的行业中，如化工厂的设备、输送管道等容易被化学品腐蚀；汽车所使用的油料中含有硫化物等杂质，对金属材料也有一定的腐蚀作用。

二、化学腐蚀

1. 化学腐蚀定义

化学腐蚀是指金属在非电化学作用下的腐蚀（氧化）过程，通常是指金属在干燥气体和非电解质溶液中发生化学反应而导致的腐蚀。化学腐蚀的特征是没有微小电流产生。

2. 化学腐蚀类型

（1）金属氧化反应。在高温条件下，金属容易和氧气发生化学反应而形成金属氧化物。例如，铁在高温下被氧化成 FeO 和 Fe_3O_4 等。金属氧化膜一般结构致密，如果没有极端条件，氧化膜反而对金属底材有一定的保护作用。

（2）其他气体的腐蚀作用。在常温常压情况下，氢气对钢铁无腐蚀作用。但在一定的温度和压力条件下，氢被钢铁表面吸附，并以原子状态扩散到钢铁内部重新聚合成分子，产生的应力超过钢铁的强度极限时，可以在钢铁内产生微裂纹，导致钢铁的韧性或塑性下降。氢气对钢铁的这种腐蚀作用称为“氢脆”。气体 Cl_2、HCl、H_2S 及硫蒸气等对金属都有腐蚀作用。

（3）非电解质腐蚀。金属在非电解质溶液中的腐蚀属于化学腐蚀，如金属在酒精中发生的腐蚀作用等。

在非电解质溶液中，金属的表面一般会形成一层膜状腐蚀产物。如果这层覆盖在金属表面的膜是致密的，则金属表面产生类似“钝化”的效应，将使接下来的化学反应逐渐减弱直至终止；如果这层覆盖在金属表面的膜是疏松的，则金属表面化学反应（腐蚀）就会持续进行下去。

3. 化学腐蚀实例

近年来我国石油化工行业发展迅速，石油化工机械设备应用日益广泛的同时，其化学腐蚀问题日益突出。石油化工企业机械设备的化学腐蚀问题会影响机械设备的使用性能。

机械设备的腐蚀程度不同，产生的影响也不同。轻微的腐蚀损坏机械设备的外观，影响机械设备的美观；严重的腐蚀会降低机械设备的使用寿命，甚至引发严重的安全事故，给工作人员的生命安全造成威胁，同时给企业带来严重的经济损失。

例如，化学腐蚀如果发生在管道，将会导致管道出现泄漏现象。这一方面造成了资源的浪费，另一方面也会对环境造成污染。泄漏现象严重时还会引发一些灾难性事件，严重危害人们的生命财产安全。原油中硫化物对管道的腐蚀如图 3—1 所示。

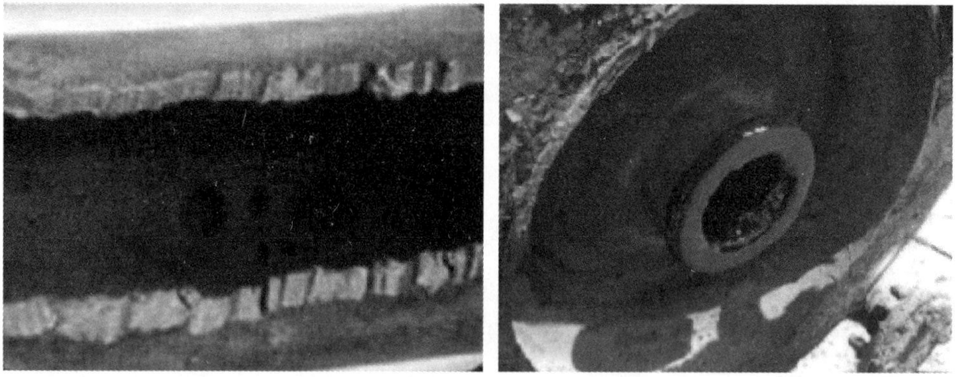

图 3—1　原油中硫化物对管道的腐蚀

三、电化学腐蚀

1. 电化学腐蚀定义

电化学腐蚀是指金属与所接触的介质发生电化学反应而引起的变质和损坏现象。

电化学腐蚀的特征是：在电解质和水的作用下发生，反应时产生腐蚀电流，形成腐蚀电池。

2. 金属电极定义

当金属和电解质溶液接触时，一部分金属离子从金属表面溶入溶液形成水合离子。此时，金属表面已带负电荷，而电解质层因聚集水合离子而带正电荷形成了“双电层”。金属在电解质溶液中形成“双电层”，如图 3—2 所示。

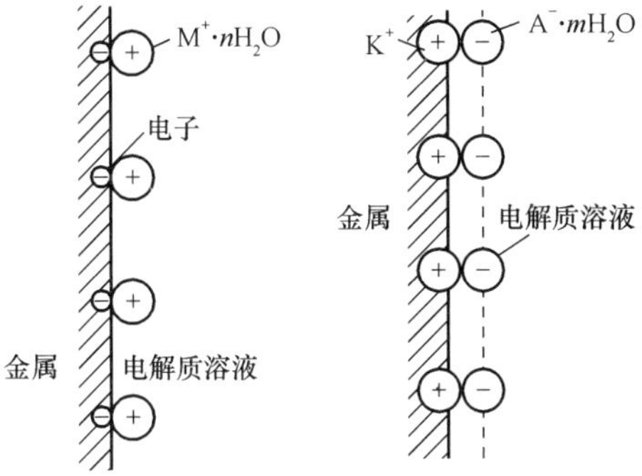

图 3—2　金属在电解质溶液中形成“双电层”

金属形成“双电层”的过程称为电极化过程。金属电极化开始时，金属离子进入电解质溶液的速度较快，而从溶液中向金属表面迁移的速度较慢；随着金属电极化程度的加深，金属离子进入电解质溶液的速度逐渐减慢，而从溶液中向金属表面迁移的速度加快，最终达到两个速度相等的动态平衡状态。在交界面上，金属带正电荷而溶液带负电荷。此时，金属和电解质溶液膜之间存在电位差，称为金属在该电解质溶液中的电极电位。

3. 电化学腐蚀与金属电极电位的关系

金属在其离子浓度为 1 mol/L 的溶液中的平衡电位称为标准电极电位。通常用标准氢电极电位作为基准电极电位，设定为零。测出的其他金属标准电极电位同其比较，若高于标准氢电极电位标定为正电性金属；反之则标定为负电性金属。常见金属 25℃时的标准电极电位见表 3—1。

表 3—1　　常见金属 25℃时的标准电极电位　　V

电极反应	标准电极电位	电极反应	标准电极电位
$K \rightleftharpoons K^+ + e$	-3. 02	$Co \rightleftharpoons Co^{2+} + 2e$	-0. 28
$Ca \rightleftharpoons Ca^{2+} + 2e$	-2. 87	$Pb \rightleftharpoons Pb^{2+} + 2e$	-0. 13
$Na \rightleftharpoons Na^+ + e$	-2. 71	$Fe \rightleftharpoons Fe^{3+} + 3e$	-0. 036
$Mg \rightleftharpoons Mg^{2+} + 2e$	-2. 34	$Fe \rightleftharpoons Fe^{2+} + 2e$	-0. 44
$Al \rightleftharpoons Al^{3+} + 3e$	-1. 67	$Cu \rightleftharpoons Cu^{2+} + 2e$	+0. 35
$Mn \rightleftharpoons Mn^{2+} + 2e$	-1. 05	$Ag \rightleftharpoons Ag^+ + e$	+0. 80
$Zn \rightleftharpoons Zn^{2+} + 2e$	-0. 76	$Hg \rightleftharpoons Hg^{2+} + 2e$	+0. 80

一般在电化学腐蚀条件下，负电性金属容易被腐蚀，而且负值越大越容易被腐蚀。

4. 阳极反应和阴极反应

电化学腐蚀发生时，金属腐蚀表面存在阳极反应和阴极反应。阳极反应是指金属原子失去电子而成为离子状态转移到介质中的过程。阴极反应是指介质中的去极剂吸收来自阳极的电子的过程。

这两类反应是相互独立而又同时进行的，称为共轭反应。阳极和阴极组成短路电池，产生电流。

5. 电化学腐蚀实例

金属在海水、土壤及酸、碱、盐溶液中的腐蚀均属于电化学腐蚀。

汽车车门和发动机缸体受到电化学腐蚀如图 3—3 所示。减缓电化学腐蚀的方法主要是电极保护方法。其中，牺牲阳极是重要的保护方法。例如，镁合金牺牲阳极、锌合金牺牲阳极、铝合金牺牲阳极等。

图 3—3　汽车车门和发动机缸体受到电化学腐蚀

四、原电池

1. 原电池定义

通过化学反应，将化学能转换成电能的装置称为原电池。

原电池中发生氧化还原反应。负极发生氧化反应，有电子流出，失去电子的物质是还原剂。电子通过原电池的负极经导线流向正极，得到电子的物质是氧化剂，发生还原反应。

2. 构成原电池的条件

（1）必须有活泼性不同的两种电极材料（一般情况）。

（2）两极同处在一个电解质溶液中或相互连通的不同电解质溶液中。

（3）阴阳两极有导体相连，形成闭合回路。

（4）自发的氧化还原反应。

3. 金属的电极电位及电极之间的相对性

以 Zn-Cu 原电池（见图 3—4）为例：将金属铜片和锌片浸入 H_2SO_4 溶液中，用导线将锌片和铜片连接起来并在导线中串联一支灵敏电流计，可以看到有电流通过并从铜极流向锌极。因此，锌极是阳极，铜极是阴极，同时在铜极上有氢气析出。

在两极上发生的电极反应分别如下。

锌（阳）极：$Zn \rightleftharpoons Zn^{2+}+2e$

铜（阴）极：$2H^{+}+2e \rightleftharpoons H_2\uparrow$

由原电池的工作原理可知：阳极不断地被消耗，而阴极几乎不变化。因此，尽量让金属成为阴极是防电化学腐蚀的重要手段。

4. 大气中形成腐蚀电池的表现

腐蚀电池是指腐蚀体系中形成的短路原电池。大气中形成腐蚀电池后，金属易遭受腐蚀，尤其是受热部分、高应力部分等。以碳钢在大气中受到腐蚀为例，碳钢中含有微量的渗碳体来调节钢的硬度、刚性和耐磨性。因为铁的标准电极电位较低，所以当大气中的水和氧气对其产生“腐蚀”作用时，铁成为阳极，碳成为阴极，形成腐蚀电池。电流从铁流向碳，铁不断地被腐蚀。碳钢在大气中形成腐蚀电池的原理如图 3—5 所示。

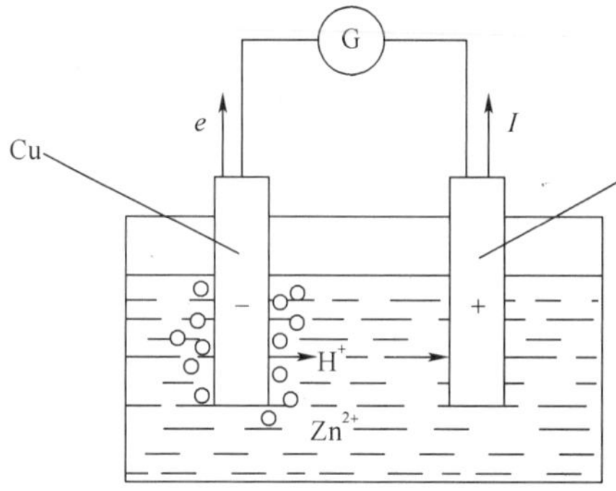

图 3—4　Zn-Cu 原电池

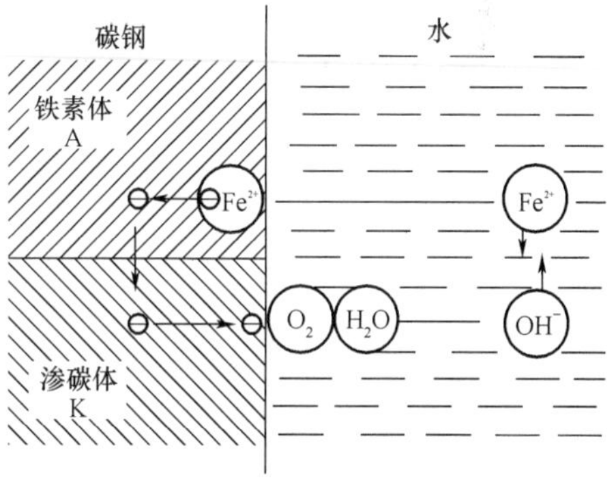

图 3—5　碳钢在大气中形成腐蚀电池的原理

另外，当金属中含有杂质，且金属本身标准电极电位比杂质更负时，在大气中形成腐蚀电池的原理和上述碳钢腐蚀原理相似。

第 2 节　金属防腐方法

学习目标

通过本节的学习培训，学员能够：

(1) 了解影响金属腐蚀的环境因素。

(2) 了解改变腐蚀环境的方法。

(3) 熟悉电化学防腐方法和措施。

(4) 掌握涂层保护的类型。

金属在潮湿空气、腐蚀性气体、电解质溶液等环境中都容易被腐蚀。影响金属腐蚀的环境因素主要有温度和相对湿度、酸碱度、环境介质、材料本身特性。

- 温度和相对湿度。一般情况下，温度和相对湿度的升高会加快化学反应速率。因此，温度和相对湿度对金属腐蚀的影响较为明显。
- 酸碱度。酸碱度是指金属表面接触溶液酸碱强弱的程度，用 pH 值表示。
- 环境介质。环境介质是指金属表面接触的各种环境介质。
- 材料本身特性。材料本身特性是指金属材料本身的化学成分和性质等。

金属防腐方法一般有改变腐蚀环境、电化学防腐、涂层保护等。

一、改变腐蚀环境

改变腐蚀环境的主要目的是改变环境介质以防止金属腐蚀发生。改变腐蚀环境的方法一般有从环境介质中去除腐蚀性物质、添加缓蚀剂等。

1. 从环境介质中去除腐蚀性物质

(1) 除氧。除氧是去除腐蚀性物质的方法之一，一般通过煮沸去除溶液中的氧。除氧是锅炉用水处理的主要技术，可有效控制锅炉系统的腐蚀。

(2) 去湿防尘。去湿防尘是指消除空气中的水蒸气、二氧化硫等腐蚀性物质。

(3) 脱盐。脱盐是原油处理的重要工序，炼制原油前将其中所含的各种盐类（如氯化镁）降到合理水平，以减轻盐类对各种炼油设备的腐蚀。

2. 添加缓蚀剂

改变金属腐蚀环境的方法之一是向电解质溶液中添加缓蚀剂。缓蚀剂是以适当的浓度和形式存在于环境介质中，可以防止或减缓金属腐蚀的一种化学物质或几种化学物质混合物。缓蚀剂作用是减缓金属在腐蚀介质中阳极化或阴极化的过程。一般来说，缓蚀剂对金属表面起防护作用。加入微量或少量缓蚀剂可使金属材料在介质中的腐蚀速度明显降低直至为零，同时还能使金属材料原来的物理、力学等性能保持不变。

缓蚀剂有较强的选择性，且只能在特定条件下发挥作用。合理使用缓蚀剂是防止金属及其合金在环境介质中发生腐蚀的最有效方法。缓蚀剂技术由于具有良好的效果和较高的经济效益，已成为金属防腐技术中应用最广泛的方法之一。

二、电化学防腐

电化学防腐是指根据电化学原理在金属设备上采取措施，制造腐蚀电池中的阴极，从而防止或减轻金属腐蚀的方法。

电化学防腐方法可分为阴极保护和阳极保护。

1. 阴极保护

阴极保护通过降低需要保护金属的电位而达到保护目的。根据保护电流的来源，阴极保护分为护屏保护和外加电源保护两种。

（1）护屏保护。护屏保护是指在被腐蚀体系中附加一个负电性更强的金属作为附加阳极，使被保护的金属变成阴极，从而达到保护目的。

（2）外加电源保护。外加电源保护是指被保护的金属与外加电源的负极相连，使被保护的金属变成阴极，而外加电源的阳极和石墨、不锈钢等相连，从而达到保护目的。

2. 阳极保护

阳极保护是把被保护的主体金属和直流电源的正极相连，外加电流使金属阳极化，阳极金属由活性态变成钝态，从而提高金属的稳定性。使用阳极保护的前提条件是主体金属可以钝化。

电化学防腐的措施之一是合理选用材料。例如，尽量选用电位相同的材料，以避免电化学腐蚀。对于腐蚀介质中的零件，应尽量选用耐腐蚀材料。

三、涂层保护

涂层保护是指在被保护的主体金属表面覆盖耐腐蚀材料，以隔绝金属与腐蚀介质的接触，从而达到防腐目的。

1. 金属保护层

金属保护层是指采用电镀、化学镀、热熔浸镀等方法，在被保护金属表面涂布具有保护作用的金属涂层的方法。被涂布的金属主要有 Cr、Ni、Zn、Cu 等。金属保护层分阳极覆盖保护和阴极覆盖保护两种。

在金属（如铁）上涂布 Zn、Al 等金属涂层后，可使覆盖层金属比主体金属有更负的标准电极电位。当电化学腐蚀发生时，金属涂层将铁与腐蚀介质隔离，而涂层自身被腐蚀，这种方法称为阳极覆盖保护。

若在金属表面涂布标准电极电位更正的金属，涂层金属是阴极，主体金属是阳极，阳极被完全隔绝而不会发生腐蚀，这种方法称为阴极覆盖保护。特别需要注意的是：阴极覆盖保护必须保证整个涂层不是裸露的，否则会发生严重的局部腐蚀。

2. 涂料保护层

涂料保护层是指在金属表面涂布涂料以达到防腐目的的方法。涂料保护层的应用非常广泛。

在汽车涂装中，涂料除了起装饰作用外，另一个重要功能就是作为涂料保护层起防腐作用。

第 3 节　汽 车 防 腐

学习目标

通过本节的学习培训，学员能够：

(1) 了解汽车涂膜的防腐知识。

(2) 熟悉涂料防腐的特点。

(3) 掌握汽车涂装专用防腐材料的选用。

汽车壳体的主体材料是金属，如钢材、镀锌铁板、铝材等。金属材料都有被腐蚀的趋势，如果不采取任何防护措施，金属主体材料将在很短的时间内被腐蚀，导致自身性能发生变化，降低汽车安全性、使用性等。因此，在汽车工业中，防腐是一项非常重要的工艺技术。

本节主要针对汽车壳体的防腐知识进行介绍。

一、外部环境的危害

能够导致金属腐蚀的各种外部环境条件均会导致汽车壳体腐蚀，即使是经过涂装的汽车也难以幸免，因为涂料本身也有被腐蚀的趋势。任何涂料都有一定的使用寿命，超出这个使用寿命后，涂料涂膜会发生粉化、剥落等老化现象。

外部环境因素常常会对汽车涂膜产生不良影响。在酸雨条件下，涂料涂膜比常规环境更易老化；在一些极端条件下，如经常运输化学品车辆的涂膜也易老化；在海洋性气候环境中，车辆的涂膜使用寿命也会缩短。

因此，当汽车涂膜有老化现象时应及时修补，以免造成更严重的腐蚀，即涂装修补可以减缓汽车损伤壳体的腐蚀。

二、汽车表面形状与腐蚀关系

影响汽车车身防腐应用和效果的因素主要有环境温度、排水孔的位置、空气流通能力、气流飞溅引起的泥土与道路盐的沉积、不正确的搭接和缝隙处无法覆盖电泳涂层等。

在汽车产品结构设计中，不仅要考虑汽车金属零部件的力学性能和加工性能，还要考虑金属腐蚀原理和腐蚀形态。合理的结构设计可以有效控制腐蚀的发生，使汽车车身腐蚀程度大大减轻，如汽车表面的低应力部位不易产生腐蚀。因此，在进行汽车产品结构设计时，应尽量避免尖端、空腔、缝隙和容易引起雨水沉积的区域。

汽车使用的金属材料有很多种类，每种材料的耐蚀性都不一样。合理选用汽车材料是提高汽车耐腐蚀能力的有效方法之一。同时，配合适当的防护措施，可以保证汽车外观和使用寿命的要求。例如，目前汽车车身材料较多采用镀锌钢板或锌合金钢板，车身的耐腐蚀能力大大提高。另外，因为标准电极电位差异较大的两种金属材料接触时容易发生电化学反应，所以需要在两种材料之间增加相容的材料。

三、汽车涂装防腐

1. 汽车涂膜腐蚀原理

汽车涂膜一般由底漆、中涂底漆、面漆、罩光清漆等组成。防腐是汽车涂膜的主要功能之一。其中，底漆和中涂底漆的主要功能是提供耐蚀性和填充性，面漆和罩光清漆的主要功能是提供装饰性和耐候性。当汽车受到外部作用时，如汽车发生碰撞、行驶时遭受沙砾的敲打等，都易导致汽车涂膜的剥落。若汽车涂膜中的面漆剥落，中涂底漆或底漆就会裸露。经过一段时间的阳光照射后，中涂底漆或底漆就会因为受到紫外线的作用而老化、剥落，进而汽车车身金属底材裸露而导致腐蚀发生。

汽车非金属底材如保险杠上的涂膜也同样能提供耐候性而延长塑料的使用寿命。汽车涂膜剥落，除影响美观外还容易导致车身腐蚀，所以应马上采取修补措施。

另外，在汽车涂装过程中，由于施工者没有严格按照工艺要求进行操作，造成水分、溶剂等未及时挥发而被包裹在汽车涂膜中，会直接腐蚀汽车底材，或者影响附着力而使汽车涂膜剥落。例如，水磨腻子时最容易导致水分残留在汽车涂膜中，一段时间后汽车底材将从涂膜内部开始腐蚀。

2. 汽车涂装防腐特点

（1）涂料选择多、用途广。汽车涂料具有可供选择的品种多、色彩可调配、功能性强等优点。针对一种汽车材料的防腐，可以有多种汽车涂料品种和工艺设计供选择。而针对不同的车身底材，均可通过涂装工艺达到防腐目的，如钢材、铝材、镀锌铁板、玻璃钢、塑料等车身材料均可采用涂装工艺。

（2）涂装工艺方便、成本低。无论是大型设备、建筑工程还是微型零件等，均有适合的涂装工艺。涂装工艺不需要贵重的大型设备，成本相对较低。

（3）涂膜修复方便。其他防腐方式，如电化学防护或金属、非金属涂层保护等，在受到破坏后往往很难甚至无法修复，但绝大多数涂膜却容易被修复。因此，涂料被广泛地运用于防腐领域中。

无论是原厂涂装还是修补涂装，都是汽车防腐的重要环节。汽车修补涂装在汽车维修行业中有着举足轻重的地位。

3. 原厂配件涂装

电泳是涂装金属工件最有效的方法之一。电泳涂装是将具有导电性的被涂物浸在装满水稀释的、浓度较低的电泳涂料槽中作为阳极（或阴极），在槽中另设置与其对应的阴极（或阳极）。在两极间接通直流电一段时间后，被涂物表面会形成均匀细密、不溶于水的涂膜。原厂电泳底漆防腐如图 3—6 所示。

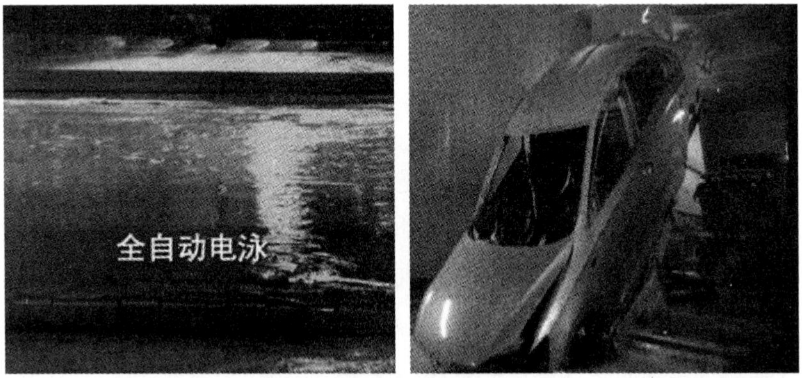

图 3—6　原厂电泳底漆防腐

轿车车身的原厂电泳底漆是非常好的防腐涂料。一些原厂配件，如门皮、机盖等，也是经过电泳底漆涂装后才交付给修理厂使用的。汽车修补涂装中，作业者可以在电泳底漆上直接喷涂中涂底漆和面漆。

客车制造一般没有电泳底漆涂装生产线，所以一定要选择耐蚀性强的底漆才能达到耐久性要求。目前，使用最多的底漆是环氧底漆，其耐蚀性和附着力都非常好。

轿车或客车的修补涂装中，小面积涂装可以直接在裸金属表面刮腻子，然后用中涂底漆封闭，再喷涂面漆；大面积涂装则要避免直接在裸金属底材上刮腻子和使用单组分中涂底漆，而要使用磷化底漆或环氧底漆，然后刮腻子，再用双组分中涂底漆封闭，最后喷面漆。

4. 常用底漆

目前，汽车修补涂装中的常用防腐底漆是环氧底漆，其耐蚀性和附着力都非常好。

环氧底漆的优点是：含有的金属锌粉比例高，具有极佳的阴极保护作用；涂层间结合力强、耐冲击性能好，具有良好的耐油性、耐溶剂性和耐盐雾性。环氧底漆广泛用于冶金产品、集装箱、各类交通车辆、工程机械钢板等的防锈处理，特别适用于钢结构的防锈处理。环氧底漆是理想的金属防锈处理和防腐保养底漆。

四、专用防腐材料

锈蚀直接影响车辆的外观、舒适性、耐久性及安全性。为了防止车辆在使用过程中发生腐蚀现象，车身制造厂会采取很多措施进行防护，如表面涂漆、钢板镀层、电泳、空腔注蜡、涂胶密封、底盘防护等。

正常情况下，车身一般不会出现锈蚀。但是，车辆一旦发生事故，车身在修理过程中需要经过锤击、矫正、研磨、焊接等工序，可能导致其原有的防腐功能失效，这时车身将出现腐蚀、甚至锈穿现象。

专用防腐材料的选用原则是：薄而能流动，良好的附着力，固化后具备一定韧性和刚性等。下面介绍两种专用防腐材料的应用。

1. 防腐膏

防腐膏能有效控制金属表面锈斑的生成。它主要用于汽车底盘、内部钣金件裙边等部位。

防腐膏具有富有弹性、可缓冲碎石撞击，隔音、隔热，黏结力强，抗氧化时间长等优点。汽车底盘使用防腐膏的情况如图 3—7 所示。

2. 密封剂

密封剂主要应用在汽车缝隙处，防止缝隙腐蚀发生。缝隙腐蚀的危害主要有以下三点。

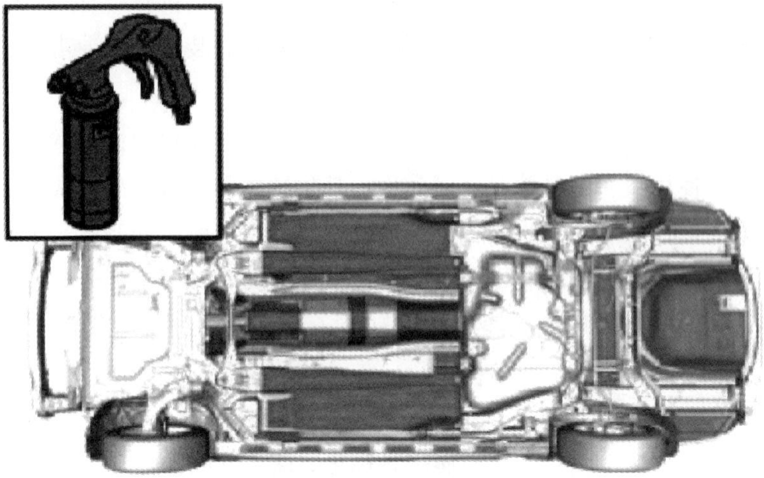

图 3—7　汽车底盘使用防腐膏（底色处是防腐膏使用部位）

（1）降低舒适性。车辆在使用过程中，如果驾驶舱或行李箱内出现漏水、漏风等密封不严现象，可导致车内卫生状况较差、产生异味、噪声大、隔音差或发生共振故障，降低车辆的舒适性。

（2）缩短使用寿命。路面或空气中的盐分、飞溅的污水、其他腐蚀性化学物质进入缝隙，将导致钢板生锈腐蚀，使用寿命缩短。

（3）影响安全性。钢板生锈腐蚀达到一定程度后，将会削弱钢板的强度和车身的整体性，严重影响车辆的安全性。

密封剂能有效防止泥水渗入，在两个相互连接的表面之间防止锈蚀产生。缝隙处使用密封剂如图 3—8 所示。

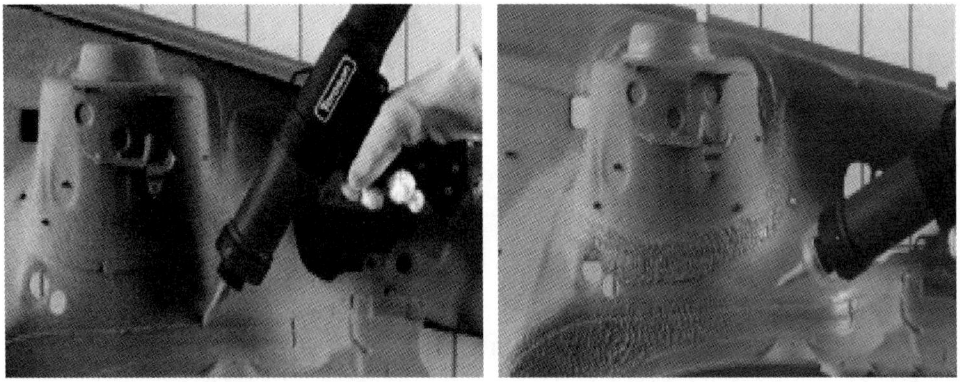

图 3—8　缝隙处使用密封剂

练习与检测

一、判断题

1. 电化学腐蚀的特征是在电解质和水的作用下发生。 （   ）

2. 当金属和电解质接触时在交界面上形成双电层，金属带负电荷而溶液带正电荷形成电位差，这就是电极电位。 （   ）

3. 改变腐蚀环境主要是指不改变腐蚀介质以达到防腐目的。 （   ）

4. 汽车涂装一般有底漆、中涂底漆、面漆等部分，其中底漆和中涂底漆提供耐蚀性和填充性。 （   ）

5. 原厂配件钣材，如门皮、机盖、翼子板等，需要经过电泳底漆涂装后才交付给修理厂使用。 （   ）

6. 选择专用防腐材料应以薄而能流动，固化后具备一定韧性和刚性等为原则。 （   ）

二、单项选择题

1. 工业大气通常是指被化学物质污染的空气，其中的 SO_2、H_2S、（   ）对环境和人类有危害，同时对金属材料的腐蚀也很严重。

A. CO　　B. Cl_2　　C. H_2　　D. N_2

2. 通过化学反应将（   ）转换成电能的装置称为原电池。

A. 机械能　　B. 光能　　C. 化学能　　D. 热能

3. 改变腐蚀环境主要是指（   ）达到防腐目的。

A. 改变腐蚀介质　　B. 改变温度　　C. 通电流　　D. 通过打磨

4. 金属防腐方法一般有改变腐蚀环境、电化学防腐、涂层保护，其中改变腐蚀环境方法之一是通过煮沸去除溶液中的（   ）。

A. 杂质　　B. 氧　　C. 氮　　D. 碱

5. 在铁板上镀锌是阳极覆盖保护，在铁板上镀银是阴极覆盖保护，在铁板上镀（   ）是阴极覆盖保护。

A. 铝　　B. 铅　　C. 镁　　D. 铜

6. 目前使用最多的底漆是（   ）底漆，其耐蚀性和附着力都非常好。

A. 硝基　　B. 环氧　　C. 过氯乙烯　　D. 酚醛

三、多项选择题

1. 构成原电池的条件有（　　）。

A. 活泼性不同的两种电极材料　　B. 有电解质溶液

C. 阴阳两极有导体相连　　D. 有非电解质溶液

E. 形成闭合回路

2. 涂料防腐具有（　　）的特点。

A. 选择多、用途广　　B. 永久性防腐

C. 涂装工艺方便、成本低　　D. 维修方便

E. 涂装设备复杂

3. 防腐膏一般用于（　　）。

A. 车身表面　　B. 底盘　　C. 内部钣金件

D. 外部钣金件　　E. 保险杠

四、简答题

1. 简述金属腐蚀的环境因素。

2. 简述专用防腐材料的选用原则。

3. 什么是原电池？构成原电池的条件有哪些？

练习与检测答案

一、判断题

1. √　2. ×　3. ×　4. √　5. √　6. √

二、单项选择题

1. B　2. C　3. A　4. B　5. D　6. B

三、多项选择题

1. ABCE　2. ACD　3. BC

四、简答题

略

4

第 4 章

调色工艺和图案制作

知识要求

第 1 节　调色工艺实践

学习目标

通过本节的学习培训，学员能够：

（1）了解素色漆和金属漆的调配方法。

（2）熟悉调色设备的使用规范。

（3）掌握调色流程。

一、调色基础知识

由于汽车修补涂料的调色无法实现完全匹配，所以只能在色彩的三属性（色相、明度、彩度）方面尽量接近，以达到可以过渡喷涂的目的。

当不同的色彩放置在一起时，色相、明度、彩度的作用会使色彩的效果产生变化。两种或多种浅色彩放置在一起不会产生对比效果，同样多种深色彩放置在一起也不会产生对比效果。但是，当一种浅色彩和一种深色彩放置在一起时，就会使浅色彩显得更浅，而深色彩显得更深。

调配色彩就是调整色彩的色相、明度和彩度。在实际的调色工作中，通常考虑的是色彩的偏向、色彩的深浅（明度）和色彩的纯净与否（彩度）。色相图如图 4—1、彩图 1 所示。

在所有修补涂料的调色系统里，色彩一般分成四个主要色相——红、黄、绿、蓝，这也是最常见的描述差异色色相偏向的用语。在描述差异色时，还会用紫和橙。

1. 色相偏向与配色

（1）色相偏向。在实际调色工作中，能否正确判断色彩色相偏向很重要。除了色盲者或色弱者外，一般人的眼睛对色彩色相偏向都能分辨得很细微。专业调色人员对色相的概念都很清楚。

在不考虑明度和彩度的情况下，每个色彩都能在色相图中找到相应的位置。在实际调色工作中，色彩色相的变化只可能有两种偏向，就是偏向与它相邻的两个主要色相。例

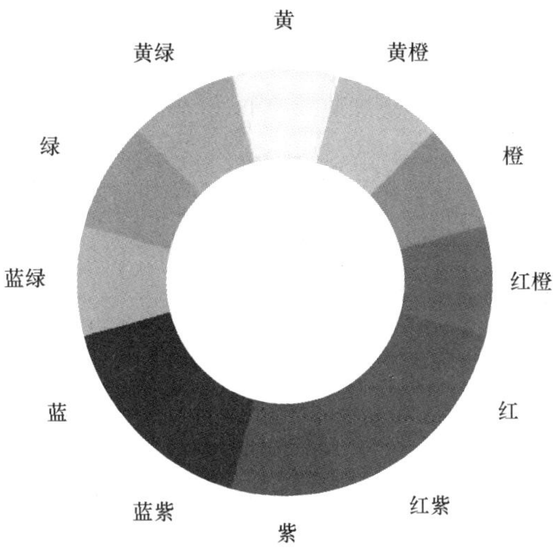

图 4—1　色相图

如，有偏绿或偏红（紫）的蓝色，偏紫或偏橙（黄）的红色；却不会有偏红的绿色，或偏蓝的橙色等。

（2）配色

1）同一色相配色。同一色相配色是指将相同色相的不同色彩搭配在一起，形成的一种配色关系。同一色相色彩，明度和彩度具有共同性，明度略有变化。

不同色相会产生不同的色彩印象。将纯色相全部放在一起，会产生活泼感；婴儿服饰和玩具都以淡色相为主。在对比色相和中差色相配色中，一般采用同一色相的配色手法，因为更容易进行色彩调和。同一色相配色如图 4—2、彩图 2 所示。

图 4—2　同一色相配色

2）类似色相配色。类似色相配色是指将色相图中相邻或接近的两个或两个以上色相搭配在一起，形成的一种配色关系。类似色相配色如图 4—3、彩图 3 所示。

图 4—3　类似色相配色

类似色相配色主要利用色相与色相之间微妙的差异，与同一色相配色相比有变化，不会产生呆滞感。例如，将深色相和暗色相搭配在一起，会产生一种既深又暗的昏暗感；在鲜艳色相或强烈色相中添加明亮色相，便能产生一种鲜艳活泼的色彩印象。

2. 改变色相的方法

改变色相一般采取两种方法：一是尽量选用彩度高的色母，但加入量不需要太多，这样即使色彩在明度和彩度上没有大的变化，也能达到微调的效果；二是改变原配方中相应色母之间的用量比例，使一个用量上升另一个用量下降，这样就能改变其色相。当配方与标准色相差距较大时，常用第二种方法来改变色彩的色相。

3. 调色中明度和彩度的关系

色彩另外两个属性分别是明度和彩度。调色时，正确判断明度和彩度可省时省料。

例如，调出的蓝色金属漆往往不够蓝。调色人员往往不考虑上述问题的原因究竟是蓝色彩度不够，还是蓝色明度太高。蓝色彩度如图 4—4、彩图 4 所示，蓝色明度如图 4—5、彩图 5 所示。调色时注意不要混淆这两个概念，前者是指蓝色（颜料）的色母少了，实际上靠微调是可以补加的；后者是指色彩的明度太高，往往是因为银粉或珍珠色母加入过多或选用不当产生的。

当色彩的明度太高时，由于无法从涂料中拿出单一色母，所以只能相应地加入所有非银粉或珍珠色母，或者重新选择银粉或珍珠色母来调整。

图 4—4　蓝色彩度

图 4—5　蓝色明度

作为一个完整的调色系统，所有的修补涂料系统都有浑浊的色母，它们在各自的色母指南卡上都有注明。调色人员要知道，使用此类色母时，色相改变的同时明度和彩度也会降低。

进行调色作业时，调色人员不要长时间地盯着色彩做比较，否则会产生错觉，造成色相判断失误和色母添加错误。调色人员每间隔一段时间要休息片刻，并以初次观察的感觉为准。

二、素色漆调配

素色漆也称为实色漆或纯色漆。素色漆是指没有添加金属粉末的漆，是最普通的漆。素色漆漆面硬度比较软，高速行驶的汽车被路面弹起的飞石击中时漆面容易剥落。采用素色漆涂装的汽车在清洁时一定不可以直接用干布或湿布擦拭，而应用大量清水先冲掉车漆表面的灰尘、沙砾，这样当抹布接触车体时，才可避免坚硬的沙砾刮伤车漆。

素色漆适用于汽车上所有纤维漆面的修复，能够轻松去除橘皮、光环、浅划痕、涡纹等漆面缺陷，并通过去除长期附着于车漆表面的氧化膜和公路盐碱，恢复车身原有的色彩和光泽度。

1. 素色漆的色母要求和品种

素色漆与金属漆不同，喷涂因素对素色漆色彩变化的影响非常小，因此素色漆调配较容易掌握。最典型的素色漆色彩有白色、黑色、大红色、黄色等。素色漆全色系如图 4—6、彩图 6 所示。

素色漆调色需要一套完整的素色漆色母，色母系统中还要有低遮盖力的色母。素色漆调色往往只需要注意其色相和彩度。素色漆色母的一般要求是高遮盖力、高彩度、高干膜光泽度。

一般而言，素色漆调色时可以使用少量的白色母来降低色彩的彩度，同时会略升高明度，但过多的白色母只会使两者都下降；也可以使用黑色母来降低色彩的彩度，同时略降

图 4—6　素色漆全色系

低明度。黑、白色母少的色彩除了彩度高外，通常明度也高。

2. 素色漆的色母选用原则和调配注意事项

素色漆除了在汽车上使用外，还在广告设计、物品表面装饰等其他方面广泛使用。在各大品牌修补涂料的色彩配方库里，一般都有流行的国际标准色彩配方。因此，素色漆比金属漆有更多的市场。

进行调色作业时，需要添加的色母必须是配方内的色母。使用色母时，首先要检查色母是否在有效期内，其次要保证色母用量充足和使用前色母是干净的，最后才可以进行调色作业。

（1）素色漆的色母选用原则

1）尽量选用彩度高的色母。大多数汽车素色漆是明快、鲜艳的色彩，以红色、蓝色、黄色为主。这些色彩调配时要根据需要尽量少用黑色母，偶尔选用时需要用适量的白色母去调节明度，但可能造成一定程度的色彩浑浊。

2）尽量不选用低强度色母做主色。必须选用时，要尽量搭配使用高遮盖力的色母(鲜艳的红色最常用)。

（2）素色漆的调配注意事项

1）白色漆在使用一段时间后会发黄。如果按照配方调色，可以适当增加配方中黄色母的用量。

2）色母的沉降效果。白色母和某些黄色母密度大，易造成湿涂料与喷涂色板之间的明显色差。因此，如果湿涂料中含有一定量的白色母或某些黄色母，在用调漆尺搅拌湿涂料、目视比较标准板时，要求湿涂料调配得比标准板色彩浅一些。因为在搅拌湿涂料时，密度大的色母来不及沉降，涂料的色彩较浅；而喷涂后的流平时间内则发生了沉降，密度小的色母在表面聚集较多，外观显得“暗”一点。另外，刚喷涂完的漆面和烤干后的漆面状况不同，烤干后的漆面都会偏暗一点。

3）黑色的表面光泽度对判断色差起决定性作用。新喷涂的黑色漆由于表面光泽度太高而容易给人造成漆面过黑的误解，可以先打蜡抛光再进行比较。或者在喷涂前就加入少量白色母使原黑色配方略浑浊。

3. 低强度色母的应用

素色漆调色中选用低强度色母的好处在于微调时容易控制。例如，在白素色漆中加入其他色母时，尽量选用低强度色母即透明色母。人眼对白色的分辨力比对其他色彩强，即使在 1 L 白素色漆里只用一滴其他色母，也能明显地反映出来。

4. 调配单工序素色漆的方法

汽车表面由于长时间在外暴露，风吹日晒或酸雨会导致汽车表面单工序素色漆的色彩褪色。

为了避免单工序素色漆涂膜褪色，单工序素色漆调配时可加入少量的白色或黄色色母进行微调，具体根据单工序素色漆色彩配方确定。

三、金属漆及其调配

金属漆又称为金属闪光漆、银粉漆，是目前市场上流行的一种汽车面漆。金属漆如图 4—7、彩图 7 所示。金属漆具有防腐、防锈、耐水、耐温、反光、干燥快、附着力强等特点。

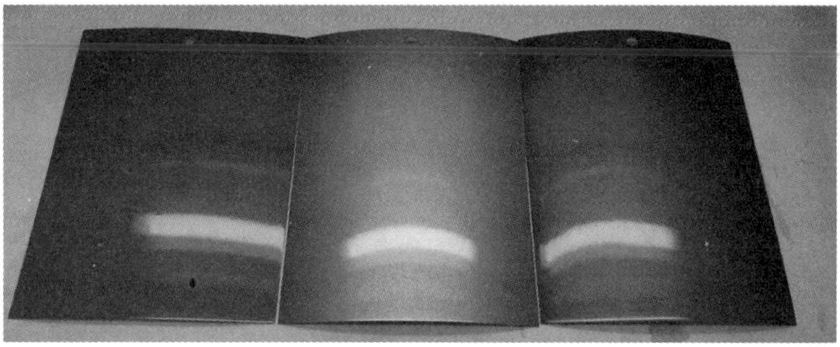

图 4—7　金属漆

1. 金属漆的外观

在漆基中加入细微的铝颗粒，光线射到铝颗粒表面后，又被铝颗粒反射出来。因此，金属漆看上去闪闪发光，给人以愉悦、轻快、新颖的感觉。改变铝颗粒的形状和大小，就可以控制金属漆涂膜的闪光程度。

金属漆色母颗粒较粗，正面反光能力强，而侧视效果较暗。金属漆涂膜比素色漆涂膜硬度高，不容易被刮伤；金属漆涂膜色彩更鲜艳、亮度更高，整体效果更富于变化，能表现车体层次感。金属漆闪光点如图 4—8、彩图 8 所示。

图 4—8　金属漆闪光点

2. 金属漆铝粉颜料的分类和特点

金属漆的主要颜料是铝粉，俗称银粉。把这种特殊颜料加入到油漆里，就得到了金属漆。

（1）金属漆铝粉颜料的分类。根据金属漆铝粉颜料的特点，主要有以下三种分类方法。

1）按颗粒大小分类。金属漆铝粉颜料颗粒大小不同是为了增强调色能力，颗粒的大小在外观上很容易分辨出来。但是，当两种不同颗粒大小的铝粉颜料混合后，人的眼睛就难以分辨了，只能感觉到混合后的颗粒大小介于混合前两种颗粒之间。在实际调色过程中，经常利用这个原理，通过改变颗粒大小不同的铝粉颜料用量比例，控制所调配色彩的明度。注意：同一类型的铝粉颜料，颗粒越大，侧视越暗。

2）按颗粒形状分类。金属漆铝粉颜料的颗粒形状分为不规则形（见图 4—9）和椭圆形（见图 4—10）两类。

不规则形颗粒没有固定的形状，每个颗粒本身有很多棱角。不规则形颗粒对光线有漫反射作用，正面明度相对较低，而侧视明度反而较高。

椭圆形颗粒类似于橄榄球形状。

3）按亮度分类。金属漆铝粉颜料的亮度分为无（平）光银、亮银和闪银三类。正面明度按此顺序依次变亮，侧视明度则按此顺序依次变暗。

图 4—9　不规则形

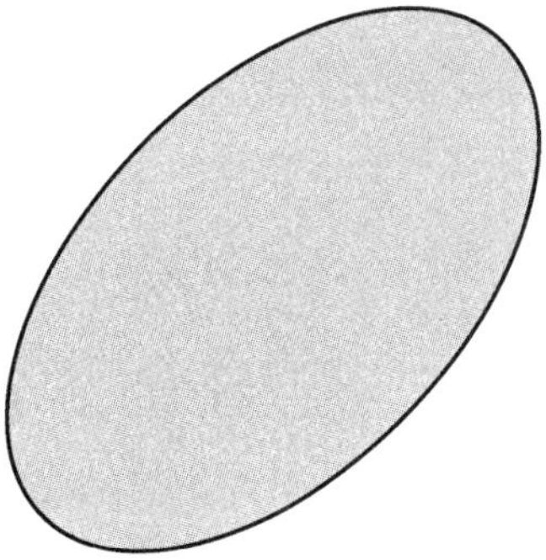

图 4—10　椭圆形

实际调色过程中，一般以亮银和闪银的使用为主，因为它们的彩度高，调出来的色彩纯，操作时主要用它们来提高色彩的明度和彩度。除非特殊情况，否则不要使用过多的无光银，因为使用过多的无光银调出来的色彩正面将变得很灰暗，在稍远处观察就会感到色彩整体发黑。无光银效果可以用亮银和白色母近似地调配出来。在亮银中加入少量白漆，可以使正面变灰而降低明度，但同时使侧视变浅。

（2）金属漆铝粉颜料的特点

1）明暗变化效果。金属漆铝粉颜料是片状的，对光的作用类似于许多小镜子的平面反射。从正面观察，反射效果最强，色相显得闪亮；从侧面观察，光线反射量降低，色相显得较暗。其变幻效果与铝颗粒的大小有关，颗粒越大，反射的光线越多；颗粒越小，变幻效果就越不明显，色相大多显得灰暗。

2）彩色变幻效果。彩色变幻效果主要是靠透明颜料实现的，非透明颜料会阻碍铝颗粒反射光线。把一定色相的透明颜料加入涂料配方中，就会显示出该色相的彩色变幻效果。另外，彩色变幻效果的影响因素还包括铝颗粒的排列方式、施工工艺等。

3. 不同色彩金属漆的调配实例

（1）调配纯银灰色金属漆。调配纯银灰色金属漆时，往往考虑它的明度，通俗的说法就是“够不够白”，其色相和彩度都处于调配的次要地位。

调配纯银灰色金属漆时，关键是要选对颗粒大小和明度，再最后加入一点相应的色母调整色相，纯银灰相对容易调配准确。涂装银灰色金属漆的常见车型有：大众系列宝来和 Polo 的反射银、捷达和桑塔纳的银灰，夏利和别克的亮银，奇瑞的钻石银灰等。

（2）调配红色金属漆。红色金属漆主要由红珍珠色母配合各种红色母调配而成，用量上红珍珠色母占了很大比例。黑色母也是常用的色母，主要调节色彩的明暗、深浅，用量根据实际情况增减。

用红珍珠色母调配红色金属漆时，要求多选用透明的色母，注意要表现出红色的鲜艳和通透性，珍珠感要明显。同时，它的侧视色相普遍容易偏黄，在不严重破坏正面色相的基础上，微调时把侧视色相往蓝或紫方向调配是比较难的。建议在选用以红珍珠色母为基调时，应该小心谨慎。

(3) 调配绿色金属漆。调配绿色金属漆时应注意：当使用绿珍珠或黄珍珠色母时，湿涂料的色彩呈金黄色，实际喷涂后蓝色相才会浮现出来。

另外，绿珍珠色母具有侧视透红的特性，所以调配的绿珍珠色彩大多数在侧视时有明显的偏红色相，调配时可加入微量的青黄色母进行调整。

四、三工序珍珠漆

三工序珍珠漆的涂装是指首先喷涂底色漆，其次喷涂珍珠漆，最后喷涂罩光清漆。

1. 珍珠漆和珍珠色母

根据天然珍珠的原理，在片状云母上加不同厚度的钛白粉（主要成分是二氧化钛）或氧化铁等无机氧化物，然后做成细薄片加入油漆中即制成珍珠漆。这样当光线照在这些人造珍珠片上时，可以产生类似珍珠的彩虹效果，从而使油漆色彩的正侧面视觉效果不同，富于变化。汽车修补涂料中的珍珠漆具有很高的镜面光泽，珠光效果柔和，装饰性好，同时具有随视角变化而变化的闪光效应，从而奠定了它在现代轿车、摩托车表面装饰性涂装中的地位。

珍珠漆中的珍珠色母具有光特性，能使一部分光从颜料表面反射，而余下的光透过。珍珠色母的构造和呈色原理如图 4—11 所示。

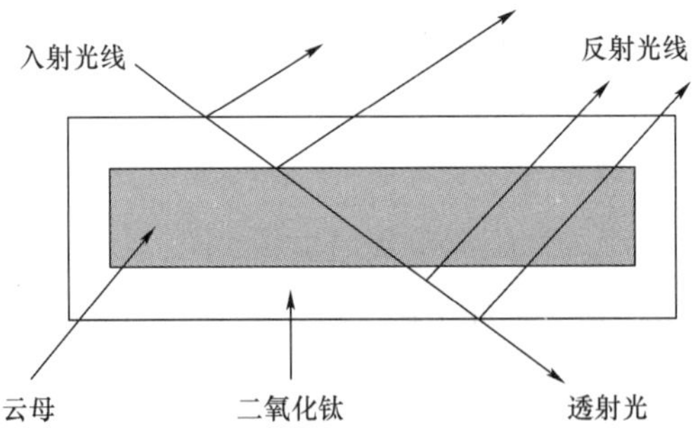

图 4—11　珍珠色母的构造和呈色原理

珍珠色母可分为四种类型，即白云母、干涉云母、着色云母和银云母，每种色母都有不同的色彩。大多数珍珠色母是在云母粉表面镀一层二氧化钛而加工形成的。通过控制二氧化钛镀层的厚度，可得到一系列不同色彩的珍珠色母。例如，白珍珠、黄珍珠、红珍珠、绿珍珠、蓝珍珠等。在二氧化钛镀层外又镀一层氧化铁，便产生红色或金红色，如珍珠铜、珍珠红等。在二氧化钛镀层外又镀一层铝粉，就产生具有金属银色彩的银色云母。

2. 三工序珍珠漆效果的影响因素

三工序珍珠漆效果的主要影响因素有两个：底色漆和珍珠漆喷涂层数。

（1）底色漆。底色漆层由于被珍珠层所覆盖，已经不能显现出原来的色彩。通过两种方法可以获知原来的色彩：一是寻找车身内表面，如驾驶室门框的地毯下或油箱盖背面，这些部位往往会保留原始的底色漆；二是打磨需要修补的部位，直到露出底色漆。如果确实找不到可以参考的底色漆，就需要通过制作底色漆试板来微调底色漆。

（2）珍珠漆喷涂层数。珍珠层的色彩主要由车身正面色彩和珍珠颗粒分布决定，珍珠漆喷涂层数不同，色彩也不同，因此对于所有三工序珍珠漆调配来说，采用“多层喷涂试验”的方法制作试板非常重要。喷涂试板的主要步骤如下。

1）喷涂底色漆层。

2）分层遮蔽底色漆层。

3）分层喷涂珍珠层。

4）每喷一道珍珠层，撕去一层遮蔽纸，可以将试板分为四部分，其珍珠层分别为四层、三层、二层、一层。喷涂珍珠底色漆试板如图 4—12 所示。

5）喷涂双组分罩光清漆。

6）烘烤试板（干燥后再比对色彩）。

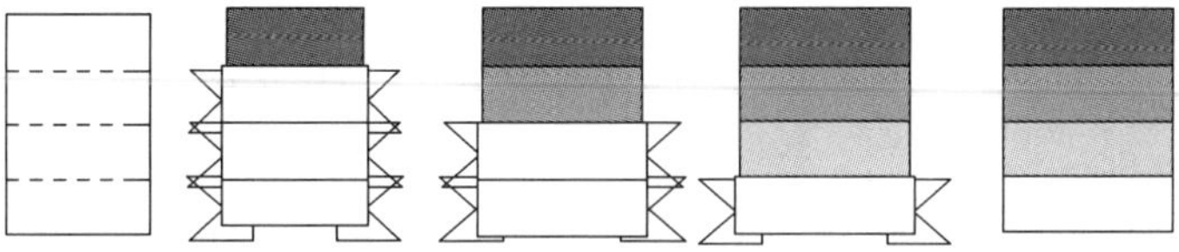

图 4—12　喷涂珍珠底色漆试板

比较试板与车身的色彩，选出最接近的色彩层，决定实际施工时所需要的喷涂层数。

3. 珍珠层薄厚与色彩变化的关系

一般而言，珍珠层喷涂得较薄，底色漆色相就容易在正、侧面透出来；而珍珠层喷涂得较厚，正面的珍珠颗粒则比较明显，侧视反而会逐渐变暗。

五、特殊效果漆

特殊效果漆是指汽车内外装饰件、车门把手、仪表台等表面具有纹理、低光泽度特点的汽车修补涂料。特殊效果漆的色彩以素色为主，常常伴有纹理、亚光。

为达到特殊效果，特殊效果漆中常加入特别的添加剂，如纹理添加剂、消光剂等。特殊效果漆的调配，一般先以涂料厂商提供的色卡样板、配方比例作为参考，之后在此基础上进行微调。由于加入了添加剂（一般达到 50%或以上)，色彩会被冲淡；另外，由于特殊效果漆具有纹理和亚光的特点，所以实际喷涂效果偏灰白。

第 2 节　色彩的影响因素和色彩异构

学习目标

通过本节的学习培训，学员能够：

（1）了解施工条件对金属漆色彩的影响。

（2）熟悉喷涂方式对金属漆效果的影响。

一、色彩的影响因素

1. 施工条件对金属漆色彩的影响

金属漆色彩受到涂膜中铝颗粒排列状态的影响。铝颗粒在涂膜中有三种排列状态，如图 4—13 所示。

第一种状态：涂膜中的铝颗粒平铺于涂膜的上层，色彩较浅、较亮；第二种状态：铝颗粒沉到涂膜的下部，色彩较深、较暗；第三种状态：铝颗粒介于上述两种状态之间。

刚喷完的湿涂膜是第一种状态，色彩较浅。在溶剂挥发、涂膜干燥的过程中，铝颗粒逐渐下沉，颜料颗粒的色彩显现出来，涂膜色彩由浅变深。如果涂膜喷涂过湿，色彩最终就显现出深、暗的效果。

在施工过程中，影响涂膜干燥速度的各种因素最终都会影响涂膜的亮度和色彩。

2. 颜料密度对金属漆色彩的影响

不同颜料的密度是不同的。在涂料流平、闪干过程中，颜料密度会影响颜料颗粒在涂膜中的分布状态，即影响色彩效果。

3. 白色颜料对金属漆色彩的影响

例如，含有大量白色颜料的素色漆在湿涂料状态下，色彩又浅又亮，喷涂烤干后，色彩更加鲜艳，但也会变暗。

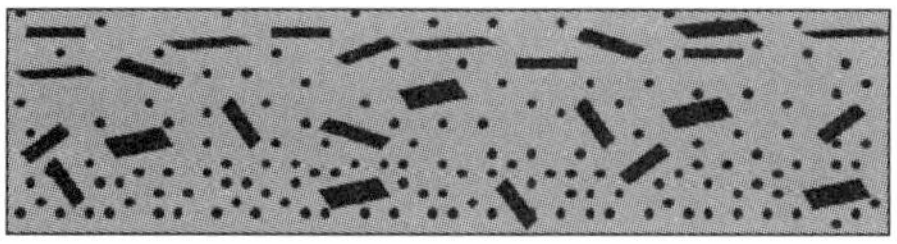

第一种状态

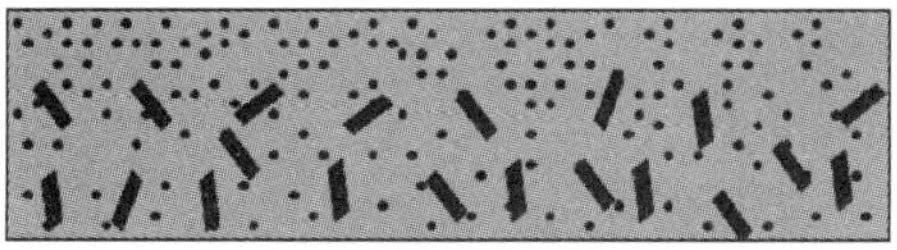

第二种状态

第三种状态

图 4—13　铝颗粒在涂膜中的排列状态

白色颜料因为密度大在涂膜干燥过程中下沉，而其他颜料显现出来，所以色彩的彩度提高了，即鲜艳了。白色颜料明度最高，其他颜料的明度一般不可能高于白色颜料，白色颜料下沉后，明度必然降低。

4. 喷涂方式对金属漆色彩的影响因素

喷涂方式影响色彩变化的因素有出漆量、气压、喷幅、喷涂距离、走枪速度、晾干时间、稀料比例、稀料种类、喷嘴口径等。喷涂方式对金属漆色彩的影响因素如图 4—14 所示。

浅		喷涂方式		深
减少	←	出漆量	→	增多
增大	←	气压	→	减小
开大	←	喷幅	→	关小
远	←	喷涂距离	→	近
快	←	走枪速度	→	慢
延长	←	晾干时间	→	缩短
过稀	←	稀料比例	→	不够稀
快干	←	稀料种类	→	慢干
小	←	喷嘴口径	→	大

图 4—14　喷涂方式对金属漆色彩的影响因素

二、色彩异构

1. 定义

简单地说，所谓异构就是指一个整体包含不同成分的特性，即这个整体由多个不同成分构成。例如，一辆汽车可以由不同国家来分别制造零部件，这些零部件共同构成了这辆汽车，可以说这辆汽车是异构的。

在调配色漆的过程中，色彩异构又称为条件等色。

2. 体现方式

当两种色漆具有相同的光谱反射曲线时，在任何光源下它们在视觉上都是等色的，这种等色称为光谱等色；当两种色漆具有不同的光谱反射曲线时，在某种光源下可能是等色的，但在另一种光源下就不是等色的，这种等色称为条件等色。

在这里，光源起了至关重要的作用，不同颜料具有吸收和反射特定波长色光的能力。调色的实质就是在当时的光源条件下筛选、组合不同的颜料，确定它们的用量比例，从而使混合后的涂料能够在该光源下反射某种波长色光。

调色人员可以用不同组合和比例的色母调配出非常相近的色彩，而且这两种色彩都能够达到修补的要求，即配方不同、色彩相同。调色人员一般是在自然日光下调色的，如果把上述不同配方的色彩置于其他光源下，这两种色彩的差异往往就显现出来了。

判断两种色漆是否色彩异构的常用方法是，在日光（或标准的人造光源）和白炽灯光下对比这两种色彩。如果在这两种光源下色漆色彩都相同，基本可以排除色彩异构。自然光和钠灯光下的色彩区别如图 4—15、彩图 9 所示。

图 4—15　自然光和钠灯光下的色彩区别

3. 影响因素

色彩异构在色彩调配中是相当常见的现象，往往因为色彩偏差不大而被忽略。如果出现了严重的色彩异构现象，基本上都与色母选用不当有关，这时仅在原配方基础上增减色母数量已经不能很好地解决问题了，而一定要改选色母。

如果用色彩异构的涂料修补汽车，在日光源下一般不会察觉色彩的差异，但在其他光源下汽车修补痕迹就会显现出来。

如果修补的汽车有色彩代码，并用色彩代码在涂料供应商提供的资源库里查出配方，在此配方的基础上进行色彩微调时，只要使用配方中的色母微调，就可以避免色彩异构。如果所修补的汽车没有色彩代码，可用色卡与车身色彩相比选择一个色彩代码。注意：尽可能在不同光源下比较色卡与汽车色彩，如在多种光源灯箱内比较色卡与汽车色彩，以尽量避免色彩异构。

第3节　幻彩颜料和计算机调色

学习目标

通过本节的学习培训，学员能够：

(1) 了解幻彩颜料及其应用。

(2) 熟悉计算机调色工作流程。

一、幻彩颜料

1. 特点

幻彩颜料又称闪光干涉颜料，俗称“变色龙”。幻彩颜料是一种由超薄多层干涉膜形成的微米级薄片材料。幻彩颜料色彩是由光波的干涉现象产生的，这种色彩具有极好的镜面效果、明度和彩度。它的特点是不透明、薄、扁平和高反射性。幻彩颜料涂装从不同角度观察，色彩缤纷，其色彩的变换效果非常明显，形成强烈的“变色”效果。

自然界中也可以观察到光干涉现象，如肥皂泡、贝壳、羽翼等的幻彩色彩。幻彩颜料产生色彩变幻的原理和以上自然现象相似，通过对干涉薄膜厚度的精确控制，使每种颜料所产生的色彩变换效果不同，如由绿色向紫色变换、由紫色向橙色变换、由金色向银色变换等。由于幻彩颜料色彩是通过控制干涉膜厚度产生的，也称为“物理色彩”。

幻彩色彩分为吸收色和干涉色，其色彩效果完全通过光波的吸收和干涉形成。幻彩颜料的光干涉现象如图 4—16 所示。

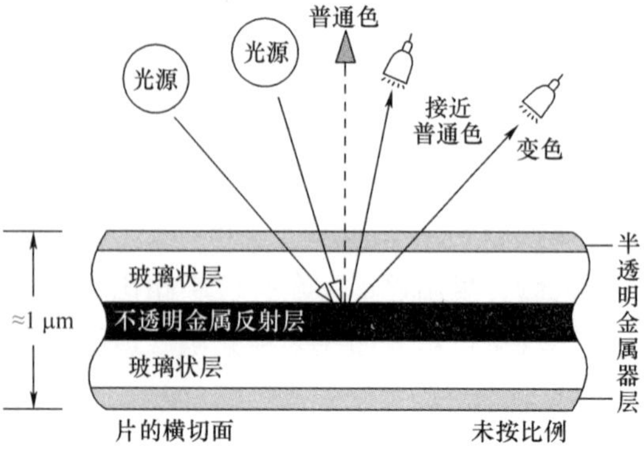

图 4—16　幻彩颜料的光干涉现象

吸收色是指白色光源（常指日光）通过物体后，其中一些特定波长的光波被吸收，而其他波长的光波被反射，人眼看到的色彩即为反射光波的色彩，这是物体本身所具备的内在特性。

干涉色则不同，它不是物体的内在特性，而是通过对某些光线反射的加强而抑制另外一些光线的反射，经过特别处理的表面所反射的色彩随光线入射角度的不同而呈现不同的色彩，这种作用是“吸收光”无法体现的。

2. 组成

幻彩颜料是一种完全反射材料。幻彩颜料和普通的珍珠颜料不同。幻彩颜料既不含云母也不含铝颗粒，它是由具有特殊层状结构的薄片材料组成的，薄片材料中央包裹着不透明的铝涂层。

幻彩颜料的层状薄片材料是无机物，由铝、氟化镁和铬化物组成。幻彩颜料用丙二醇正丙醚作为湿润剂，以减少喷涂时的飞漆。因此，幻彩颜料具有非常好的耐候性和光稳定性，完全可以在户外使用。

3. 与其他颜料搭配使用

幻彩颜料可以和铝粉、炭黑等搭配使用，以产生各种各样的色彩效果，但是这些颜料会降低涂料色彩的明度。最能体现幻彩颜料明度的颜料是透明颜料，因为它们不会影响幻彩颜料表面的光干涉作用进而不影响其色彩明度。

幻彩颜料与其他颜料、各种树脂的相溶性非常好，容易分散，用于涂装时，既可以预分散成浆状，又可以呈粉状供应，待使用时再加入涂料。注意：应使用高速低剪切的分散设备，否则幻彩颜料的结构可能遭到破坏。

4. 应用

幻彩颜料的薄片材料是不透明的，能提供优于其他特殊颜料的遮盖力。

1996 年，福特汽车公司首次将 2000 台 Mustang Cobra 涂装成幻彩色彩，开启幻彩颜料在汽车领域使用的新纪元。如今，许多汽车生产商已将幻彩颜料用于时尚、领先潮流的车型中，并越来越受到年轻车主的欢迎。幻彩颜料汽车模型如图 4—17 所示。

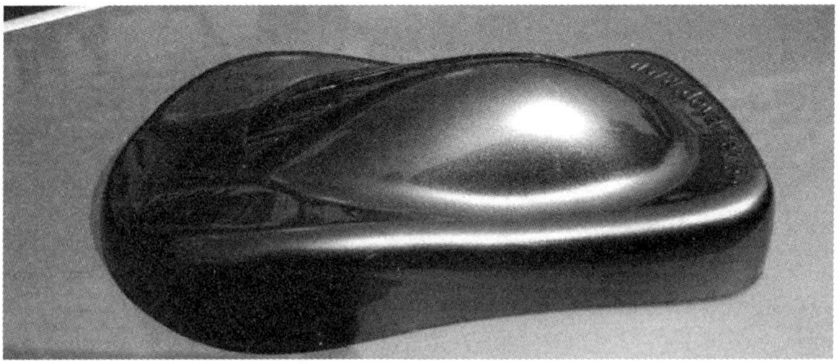

图 4—17　幻彩颜料汽车模型

幻彩颜料非常昂贵，一般在涂料中的添加比例非常低。在面漆涂层中，推荐添加比例为 0.6%~1.5%；在中涂底漆涂层中，推荐添加比例为 2.4%~5.9%；在底漆涂层中，推荐添加比例为 5%~11%。

含有幻彩颜料的涂料和普通涂料施工过程几乎没有区别。在使用时，可以采用传统的空气喷涂、静电喷涂等。

二、计算机调色

1. 方法

随着科学技术的高速发展，尤其是计算机技术的发展，计算机在汽车涂装调色中也逐步得到广泛的应用。计算机调色是近几年发展起来的自动化调色工艺，是一种较先进的调色（调漆）方法。

目前，汽车修补行业尚未采用真正意义上的计算机调色技术，汽车修补涂料市场上大部分调色中心都号称“计算机调漆”，但实际上只是实现计算机查配方而已。

汽车修补行业的特点是用漆量少、手工喷涂灵活性大、色彩配方多、面漆颜料种类多等。所有这些特点都决定了在相当长的一般时间内，计算机调色不可能完全替代人工调色。

2. 程序

（1）查阅汽车车身上的色彩代码（或利用色卡获得代码）。

（2）启动计算机中的调色软件。这里以庞贝捷漆油贸易（上海）有限公司（PPG）提供的调色软件为例。PPG 调色系统开始界面如图 4—18 所示。

图 4—18　PPG 调色系统开始界面

（3）根据显示屏界面提示安装调漆大师并打开调漆系统，输入色彩代码如图 4—19 所示。

（4）显示屏界面提示调色配方，如图 4—20 所示。

（5）根据调色配方进行调色。可将电子秤与计算机连接，如果某一色母添加过量，计算机则会自动重新计算配方中各色母比例，重新生成新的配方。这样可避免由于色母添加过量使调色失败而造成涂料的浪费。

如果无法获得色彩代码，可利用配套的测色仪，将探头放置在待修复车身涂膜上多点测量，计算机就会自动生成配方。

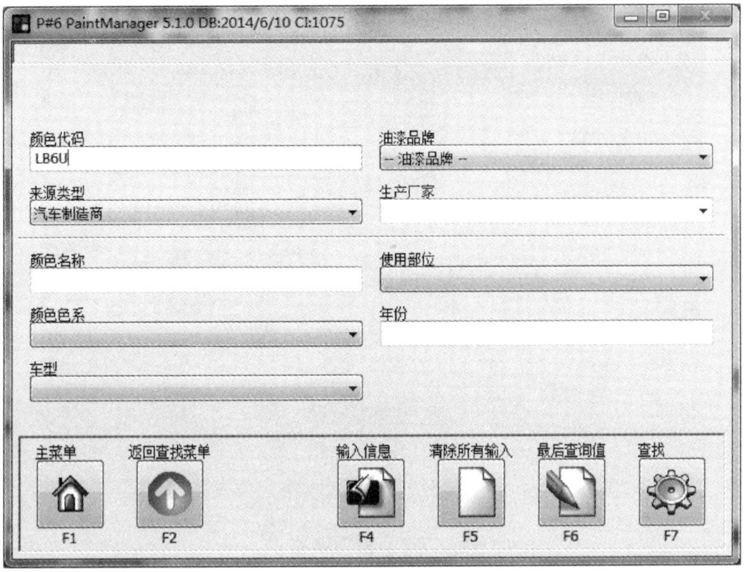

图 4—19　输入色彩代码

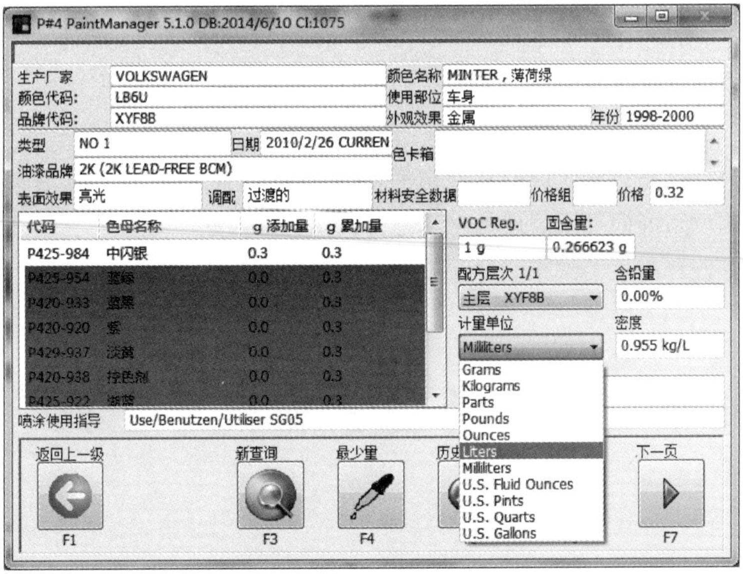

图 4—20　调色配方

根据计算机提供的配方，调色人员按照配方内色母用量进行调配。取色母称量如图 4—21 所示。

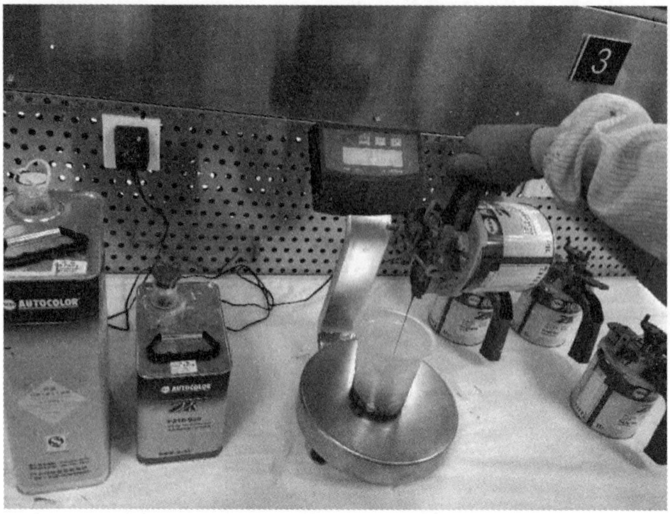

图 4—21　取色母称量

3. 效果

在计算机调色实际工作中，计算机就像一个大型色漆配方资料库。资料库中储存所有色卡配方，将客户所需要的漆号和色彩代码输入计算机中，就可以直接查阅计算好的配方数据。

各类色漆品种数量达数千种，复色漆和单色漆都有数码标记，完全能满足汽车制造业和维修业使用。

目前，各大汽车涂料供应商都有较完善的计算机调色系统，并在各地设有计算机调色中心。计算机调色系统把复杂烦琐的汽车调色工作变得快速、方便、准确，且计算机数据易更新，大大方便和简化了汽车修补涂装的调色工作。

第 4 节　色彩和图案在汽车上的应用

学习目标

通过本节的学习培训，学员能够：

(1) 了解色彩对人的心理影响。

(2) 熟悉汽车图案的制作方法。

一、色彩对人的心理影响

1. 色彩的冷暖性

色彩的冷暖性不是来自物理意义上的真实温度，而是视觉经验，是心理联想形成的感觉，是心理体验产生的共鸣。冷暖性色彩如图 4—22、彩图 10 所示。

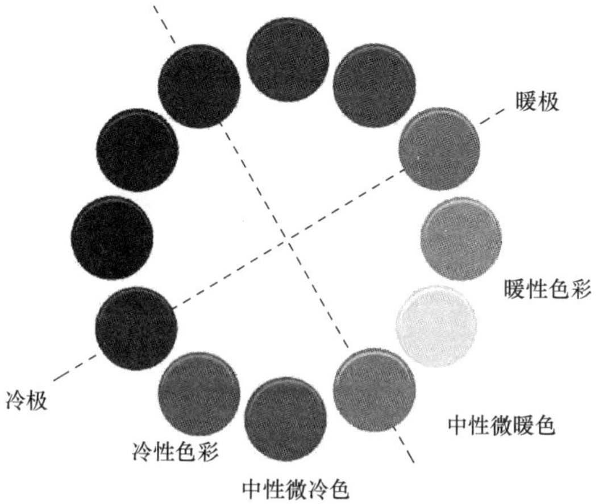

图 4—22　冷暖性色彩

所谓冷性色彩是指波长短的色彩可使人联想到水、蓝天、树荫等，就会产生寒冷的感觉，如青色、蓝色、蓝绿色等。冷性色彩让人感到深远、透明、稀薄、冷静。

所谓暖性色彩是指波长长的色彩可以让人联想到火、太阳或灼热的金属，就会产生温暖的感觉，如红色、橙色、橙黄色等。暖性色彩伴随浓密感、厚重感、迫近感、兴奋感。

中性色彩如绿色、紫色、黑色、白色、灰色等。

色彩产生冷暖感主要是由色相决定的。虽然明度也产生影响，但作用很小。色彩冷暖感的应用，通常根据汽车的类型及使用环境来确定。例如，需要给人以温暖的取暖设备用暖色；在高温、干旱地区使用的汽车宜用冷色；在寒冷或低温地区使用的汽车宜用暖色；驾驶区采用冷色可减轻司机疲劳等。

2. 色彩的动力感和轻重感

（1）动力感。色彩明度、彩度关系对比强烈的配色，能形成强烈的张力感、动力感表现效应。不同的色彩蕴含不同程度的力与能量。

例如，动力感强烈的高彩度色彩交织在一起，色彩间相互排斥形成抗争的内力，使画面具有很强的动力效应，有一股内在、蓬勃的生命气息，充满活力、跃动与攻击性，有着向外扩张的力度。这种高彩度色彩也具有非凡的感染力。动力感色彩如图 4—23、彩图 11 所示。

图 4—23　动力感色彩

（2）轻重感。人对轻重的体验主要是通过触觉，而事实上视觉也参与了对轻重的感觉。色彩的色相、明度、彩度都能影响色彩的轻重感，其中明度影响最大。

明色有轻飘、上升的感觉倾向，暗色有沉重、下降的感觉倾向。相同明度的色彩之间，彩度低的色彩让人感到重，彩度高的色彩让人感到轻。在色相方面，红、橙、黄等暖色给人以重的感觉，青色、蓝色、蓝绿色等冷色则给人以轻的感觉。

如果把同样大小和质量的两个石块分别涂上黑和白两种色彩，人们会毫不犹豫地判断白色的轻、黑色的重。色彩轻重感如图 4—24、彩图 12 所示。

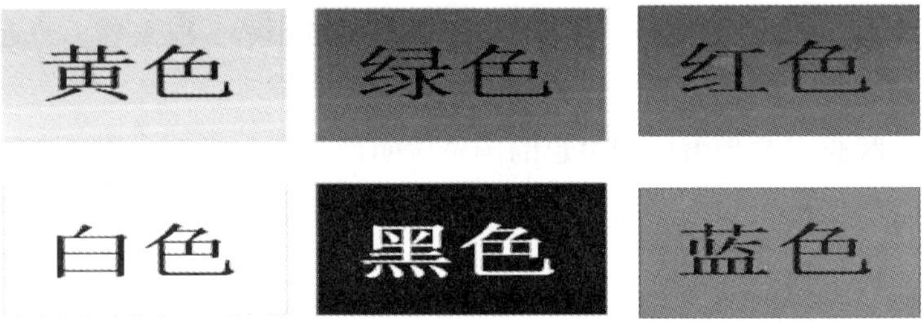

图 4—24　色彩轻重感

3. 环境色彩的效果

环境色彩也称为“环境色”，它主要反映在被摄主体的阴影面。被摄主体的阴影面色彩是暗面固有色与环境色的综合反映。环境色的面积越大，对被摄主体的色彩影响就越大；环境色的面积越小，对被摄主体的色彩影响就越小。

例如，被摄主体紧挨着红色宫墙，就会因为周围环境反射的红色光较多而使被摄主体的色彩偏红。又如，一个人坐在绿色草地上，由于环境色面积大，草坪反射绿色光较多，人就会蒙上一层绿色。在拍摄实践中，如果不喜欢环境色的影响，可以让被摄主体离环境远一些或者使环境变暗一些。如果希望有环境色反映在被摄主体上，可以离环境近一些或让环境亮一些。

4. 色彩的情感效果

色彩作为自然界的客观存在，只是一种物理现象本身，是不体现思想和感情的。由于人们长期生活在一个多彩的世界，积累了许多色彩视觉经验，一旦经验与外来色彩刺激产生一定共鸣，就会左右人们的情绪，产生使人兴奋或消沉的作用，称为色彩的情感效果。

很多人研究色彩与人情感联想的关系，但实际上色彩与人情绪之间的关系往往因人、因事、因地而异。某一种色彩所能获得的情绪感受，是在与特定事件发生联系中或是在某一地域、时间内产生的，而在另外一些情况下则会发生改变甚至于完全相反。色彩使人产生的积极与消极感，主要与色相有关。

5. 不同的色彩偏好

色彩在人们的日常思维中有两种情况：一种是思维与外界的联想而起到条件反射作用；一种是人们在日常生活中高度思考而产生的认识。例如，红色给人以欢乐、庄重、醒目、警告之感；蓝色给人以幽远、宁静、朴素之感；灰色给人以稳重、朴素、冷淡、寂寞之感；金色给人以富丽堂皇、奢侈之感。不同的色彩既是外界事物的象征，又是人们情感活动的反映。

一般来说，对色彩的偏好属于个人行为。调查表明，由于人的民族、地域、经历、习惯、观念、文化艺术素养等不同，人们对色彩的一般偏好常有区别，每个国家、每个民族、每个地区都有自己偏爱或禁忌的色彩，这些偏爱或禁忌也具有相对的稳定性。

中国人喜欢红色。红色夏利轿车的风行，正是我国传统民俗的表现。而美国人则讨厌红色，理由是红色在交通上表示停止，在账面上表示赤字。

在荷兰，橙黄色和蓝色被广泛使用。在巴西，棕黄色是不祥之色。在奥地利、挪威，绿色最为流行，但在日本等地最忌讳绿色。

二、汽车色彩的应用

1. 汽车色彩的美感

汽车色彩是汽车造型的元素之一。汽车色彩包括车身外表的油漆色彩和内饰各种材料的色彩。当车身内部乘坐环境、汽车外表与环境色彩达到协调时，能给乘客及行人以美的感受。汽车色彩的美感如图 4—25、彩图 13 所示。

图 4—25　汽车色彩的美感

在汽车涂装中，色彩的选择要与生活环境的特点相适应，与人们的喜好、情感一致，与风俗习惯、宗教信仰相符合。特别是在客车涂装中，旅游车及公共汽车作为美化城市的一种工业艺术品，应与城市的建筑相衬托，与城市的特点相适应。

2. 汽车色彩搭配的稳重感

色彩搭配的稳重感来源于低明度色彩与同类色相的组合。色彩的位置、面积关系和色彩的明度、彩度关系对色彩的稳重感表现出共同的作用。

一幅画面，如果上半部色彩的明度和彩度都较高，而下半部色彩是低明度、低彩度的，就会使人感到画面具有稳重感；反之，则会有头重脚轻的感觉。

如果汽车车身上部涂成浅色、下部涂成深色，会使人感到上轻下重即稳定。

3. 汽车内部色彩的选用

色彩的冷暖感是一种作用于人心理的感觉。冷性色彩让人感到深远、透明、稀薄、冷静；暖性色彩则伴随浓密感、厚重感、迫近感、兴奋感。

汽车内部色彩宜采用冷色，可以减轻司机疲劳。

三、汽车车身的图案和色带设计

在汽车业诞生与发展的百余年历史中，科技的发展不但使其品种越来越多，而且功能越来越全面，用途也越来越广泛。人们一方面为了更好地区别它们的特点，另一方面为了美化它们或是特殊需要，就在汽车车身上喷涂各种色彩的图案、色带。

1. 汽车车身的图案设计

车身上各种色彩的图案可使人们一眼就能分辨出该车的性能特点。例如，赛车总是五彩缤纷的；军车大多是迷彩的；而客车的图案却是千变万化的，可在原面漆上喷涂各种色彩的图案、标志和广告，如图 4—26 所示。普通汽车车身图案大多由两种以上的色彩组成，但不宜太多，否则有杂乱之感。

图 4—26　客车图案

2. 汽车车身的色带设计

在汽车的制造过程中，两侧的蒙皮大多采用直线轮廓，也是主要的色彩和图案分布区。

在设计车身色带的样式时，要考虑冷与暖、豪华与朴素、长与短、动与静等区别。在色彩的分布带上，平行与斜线要错落有致，色彩以上明下暗，给人以稳定、柔和、明亮的感觉为好。汽车车身的色带设计如图 4—27 所示。

图 4—27　色带设计

弧线可以增加汽车的线条感。最好是直线与弧线恰当结合组成的图案。

大块色彩和较高彩度的色带相结合，可以提高汽车视觉性。在黄昏、清晨或雨雾中，使车辆保持一定的明视性。

两侧的线条应延伸到前围与后围，以增强整车感和统一感，否则整车轮廓会产生突然中断的感觉。

选择优美的色带样式作为汽车图案，能增加汽车的动感，提升汽车的商品价值，给人们以良好的视觉感受，这在赛车涂装中尤为重要。动感赛车如图 4—28、彩图 14 所示。

图 4—28　动感赛车

技能要求

水性银粉漆微调

一、操作要求

1. 色彩调整到与标准色板一致。

2. 喷涂色板上无脏点、流挂等缺陷。

3. 判断水性银粉漆干喷、湿喷对油漆色彩的影响。

二、操作准备

1. 器材准备

（1）标准色板每人 1 块。

（2）喷涂色板（提供几种灰度底色）每人 5 块。

（3）调色设备（工具）：喷漆房 1 间，电子秤 6 台，面漆喷枪、清漆喷枪各 1 把，吹风枪 1 把，烤灯 1 台，涂料和一次性喷枪壶若干，油漆量杯若干，调漆尺 1 把。

2. 个人安全防护

调漆前佩戴个人安全防护用品。

（1）佩戴过滤性防毒口罩。

（2）佩戴护目镜。

（3）穿安全鞋。

（4）穿防静电工作服。

（5）调漆时应佩戴耐溶剂手套。

3. 选择、准备调色设备、工具和耗材

准备好的部分调色器材如图 4—29 所示。

（1）清洁的油漆量杯 5 只。

（2）清洁无污物的调漆尺 1 把。

（3）清洁无损坏的电子秤 1 台。

（4）吹风枪 1 把。

（5）喷枪 2 把。

（6）色母若干。

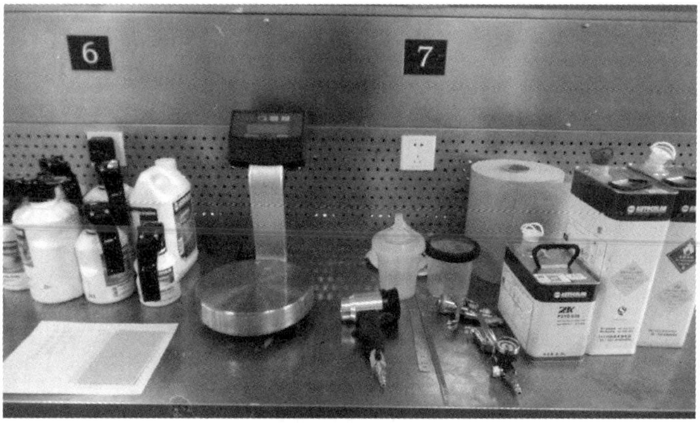

图 4—29　部分调色器材

4. 打开调漆室供排风系统

（1）保证调漆室在调色过程中空气流通。打开调漆室供排风系统如图 4—30 所示。

（2）必须在调色完毕 10 min 以后再关闭供排风系统，以便充分排出空气中的有机溶剂。

三、操作步骤

1. 查询色彩配方

利用计算机查询色彩配方进行微调（使用油漆厂商提供的调漆软件查找），在查询页

图 4—30　打开调漆室供排风系统

面输入色彩代码。查询色彩配方如图 4—31 所示。

图 4—31　查询色彩配方

2. 调配色母

查询色彩配方后调配色母，色母限量 150 g。

（1）色母使用前需要清洁桨盖口。

（2）色母使用前需要充分搅拌。

（3）色母倾倒时，色母桨盖开度尽量小，同时观察电子秤的读数，如图 4—32 所示。当读数还差 3 g 时，让流量变小；当读数还差 0.5 g 时，采取滴加方式。

图 4—32　调配色母

3. 搅拌色母

用调漆尺搅拌色母，如图 4—33 所示。

图 4—33　搅拌色母

4. 喷涂试板

（1）喷涂试板底色漆的技术参数应与喷涂车辆的实际条件相同。喷涂试板如图 4—34 所示。

（2）喷涂试板罩光清漆的技术参数应与喷涂车辆实际条件相同。

（3）试板喷涂后需要闪干 5 ~ 10 min 后再进行烘烤。

（4）按技术要求吹干水性漆。注意：吹干距离 300 ~ 800 mm，空气压力 0. 25 ~ 0. 30 MPa，

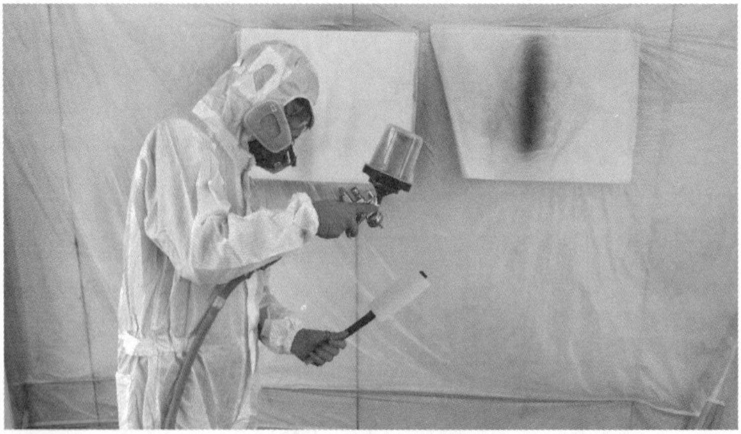

图 4—34　喷涂试板

吹风方向与烤漆房风向一致，烤漆房空气流速适当。

（5）在喷涂时需要佩戴正确的个人安全防护用品。

5. 烘烤试板

（1）烘烤前接通电源，打开烤箱控制开关并调整烘烤定时器。

（2）烘烤时间一般控制为 2~3 min。烘烤试板如图 4—35 所示。

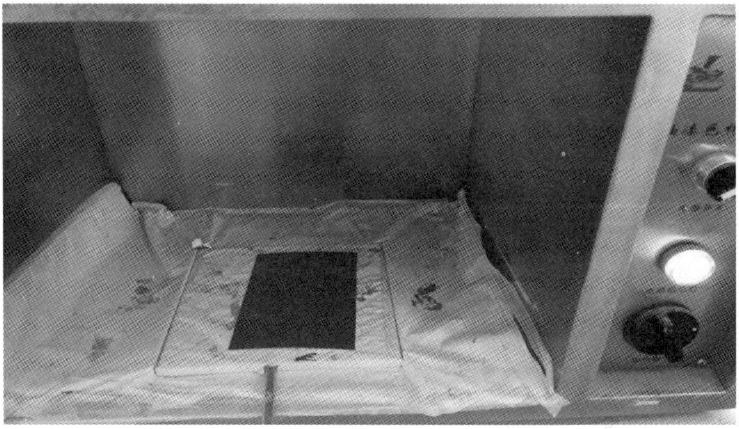

图 4—35　烘烤试板

（3）烘烤结束后，将试板取出放置在通风处冷却。

（4）烘烤过程中注意观察色彩变化。有时刚喷涂时色彩是一致的，但是干燥后可能就不同了。例如，水性素色漆干燥后会变深，水性银粉漆干燥后会变浅。因此，烘烤后比色非常重要。

6. 比色

比色时（见图 4—36、彩图 15）从色彩的彩度、明度、色相三个方面进行对比，注意事项如下。

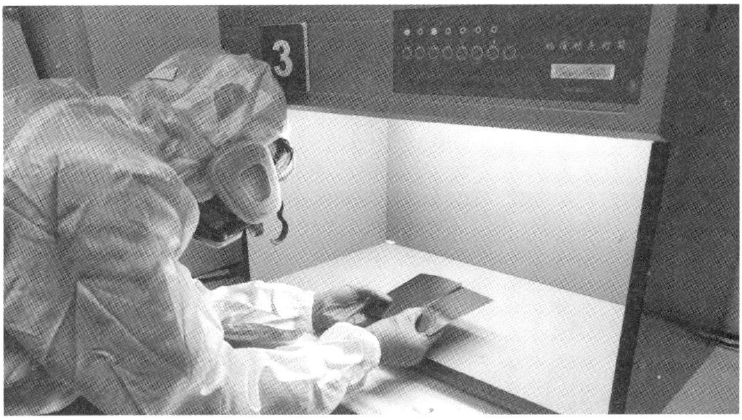

图 4—36　比色

（1）比色时注意光线和背景色的影响。

（2）比色时试板与标准色板彼此尽可能地靠近，它们之间应不留间隙。

（3）观察的角度一般是迎着光线观察和背着光线观察。

（4）观察水性银粉漆，正面、侧面差异很大，可以从 90°、45°、15°来观察，不过水性银粉漆以侧面（45°）为准来观察色彩。

7. 鉴别后添加色母

添加所缺色母，如图 4—37 所示，称量、记录。注意事项如下。

图 4—37　添加所缺色母

(1) 添加色母前参考色母特性表。

(2) 明度调整。可以通过添加控色剂、改变银粉颗粒大小、增加银粉用量、利用基色的特征调整明度。

(3) 色相调整。

(4) 彩度调整。要使色彩变浑浊应加黑色色母，要使色彩变亮应加较亮的银粉颜料。

8. 再次喷涂

喷涂方法步骤与上述“4. 喷涂试板”相同。再次喷涂如图 4—38 所示。

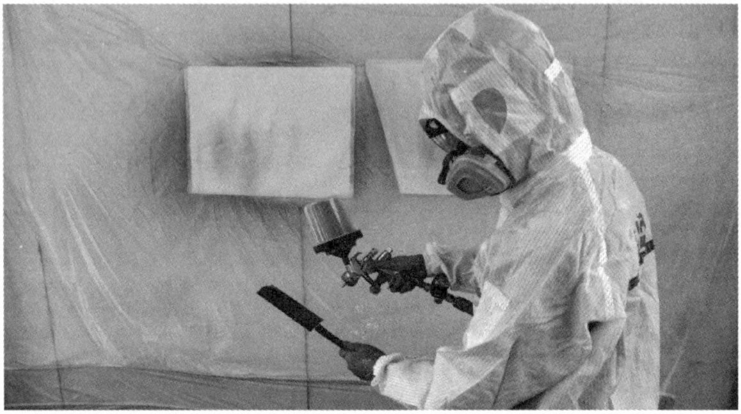

图 4—38　再次喷涂

9. 判断色彩差异

观察比对差异色如图 4—39、彩图 16 所示。

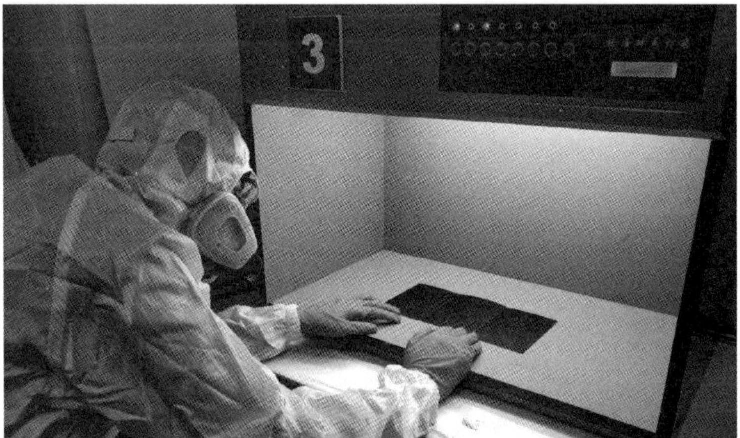

图 4—39　观察比对差异色

（1）比对后如果微调试板与标准色板基本一致，则调色作业完成。

（2）比对后如果仍有差异则需要重新调整，再次重复称量→搅拌→喷涂→烘烤→比色过程，直至色彩基本一致为止。

10. 5S 作业

（1）清洁调漆设备。

（2）关闭调漆设备。

（3）色母上架归位。

（4）整理调漆工位。

（5）清扫调漆场地。

5S 作业后的操作台如图 4—40 所示。

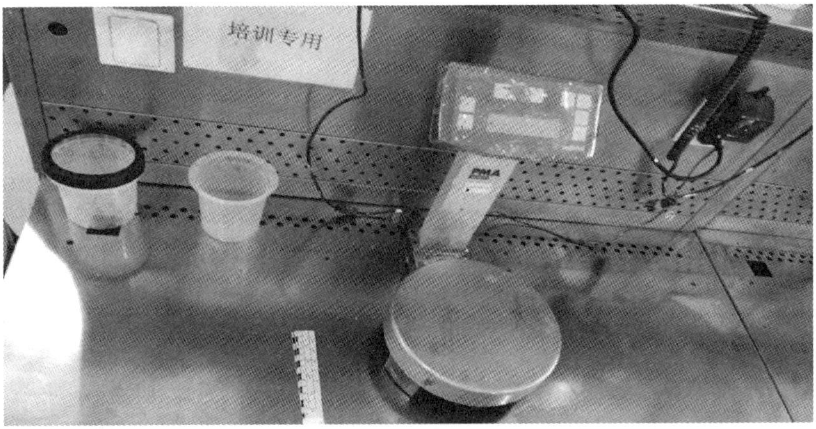

图 4—40　5S 作业后的操作台

四、注意事项

1. 个人防护安全。

2. 设备场地安全。

3. 5S 作业。

三色图案制作——车门板表面图案制作

一、操作要求

1. 制作的图案应与样板图案相同。

2. 图案漆色应覆盖均匀。

3. 各色分界线分明，无模糊不清现象，线条无缺口、粗细不均现象。

4. 图案尺寸准确。

二、操作准备

1. 器材准备

（1）制作图案标准样纸（A3 纸）1 张。

（2）制作图案工件 1 块。

（3）设备（工具）：喷漆房 1 间（带气源），面漆喷枪、清漆喷枪各 1 把，烤灯 1 台，喷涂所需涂料若干，除油剂若干，A3 纸大小即时贴 1 张，刻刀 1 把，胶带 1 卷，铅笔 1 支，橡皮 1 块。

2. 个人安全防护

调漆前佩戴个人安全防护用品，如图 4—41 所示。

（1）佩戴供气式面罩。

（2）穿钢头安全鞋。

（3）穿防静电工作服。

（4）调漆时应佩戴耐溶剂手套。

3. 选择、准备制图设备、工具和耗材。

三、操作步骤

标志型图案是指公司标志、指示牌等图案，一般尺寸较小。志愿者标志如图 4—42、彩图 17 所示。

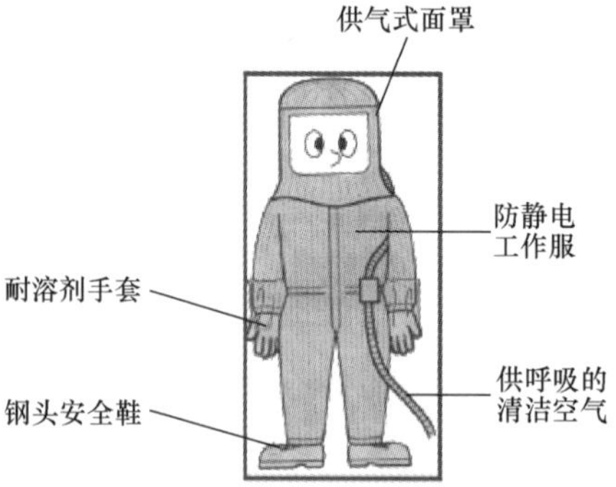

图 4—41　喷涂个人安全防护

图 4—42　志愿者标志

1. 板材准备

（1）用 P320 砂纸或红色菜瓜布将车门板表面打磨均匀并清洁。车门板表面打磨如图 4—43 所示。

图 4—43　车门板表面打磨

（2）将经过表面粗化的车门板表面用除油剂进行清洁，再贴上即时贴。车门板表面除油如图 4—44 所示。

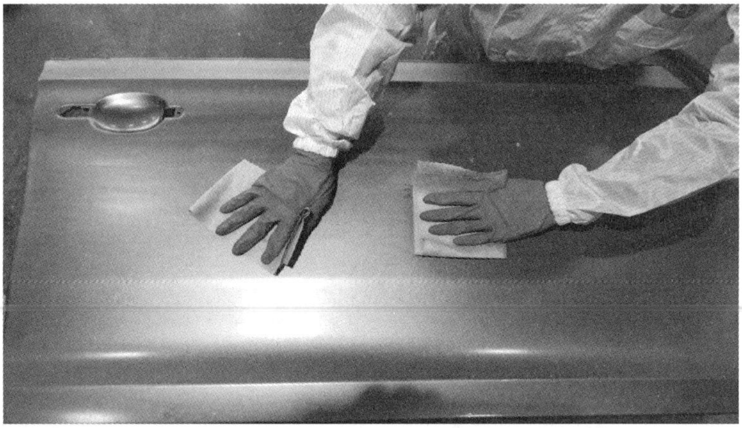

图 4—44　车门板表面除油

2. 图案定位

将图案标准样纸用胶带固定在车门板表面，如图 4—45 所示。

3. 刻制图案轮廓线

注意使用刻刀的力度。用刻刀将图案标准样纸表面的每一根线条全部刻穿至车门板表面，但不能在车门板上留下明显的刀痕。刻制图案如图 4—46 所示。

4. 喷前准备

（1）撕去图案样纸，并将需要喷漆部位的即时贴撕去。

图 4—45　固定样纸

图 4—46　刻制图案

(2) 对车门板进行贴护，如图 4—47、彩图 18 所示。

(3) 对三色的第一色进行喷涂，把无须喷涂的第二色和第三色区域进行遮盖。第一色喷涂前遮盖效果如图 4—48、彩图 19 所示。

(4) 检查图案边口是否有翘边现象，以及图案边口是否有缺口，清理表面等待喷涂。

图 4—47　车门板贴护

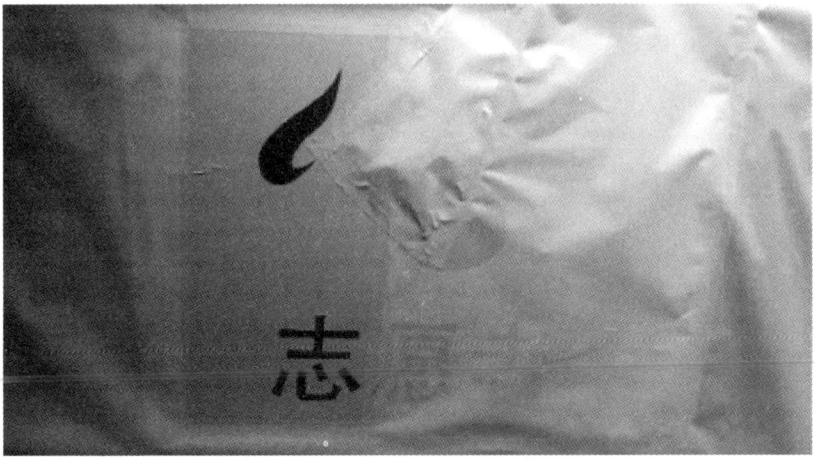

图 4—48　第一色喷涂前遮盖效果

5. 喷涂

（1）按所用涂料技术标准比例配制色漆。

（2）将施工黏度调至 19~21 s（涂-4 黏度计，20℃），并用细筛网过滤所用色漆。

（3）喷涂第一道时，要求薄而均匀，不宜喷得太厚，喷完后间隔 5~10 min。

（4）喷涂第二道时应比第一道喷得厚些，使其达到一定的膜厚效果。

喷涂第一色如图 4—49、彩图 20 所示。

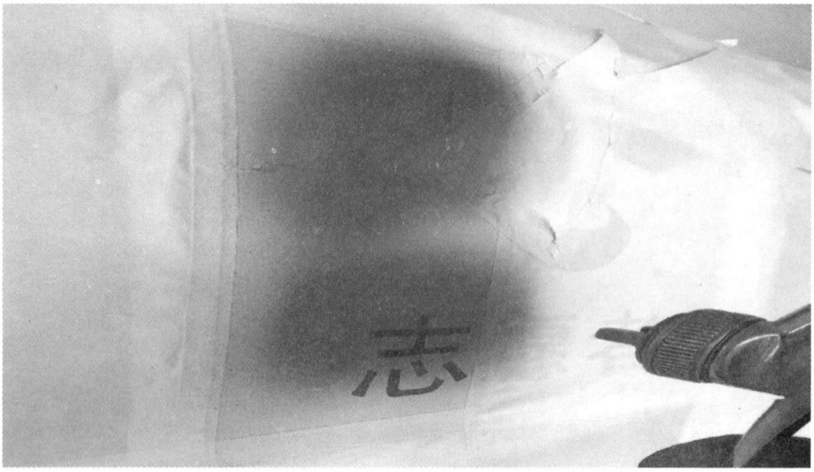

图 4—49　喷涂第一色

6. 烘烤车门板

用烤灯将喷完后的图案烘烤 3 min 左右或自然干燥 10 min 左右，使漆面达到表干状态。烘烤第一色如图 4—50、彩图 21 所示。

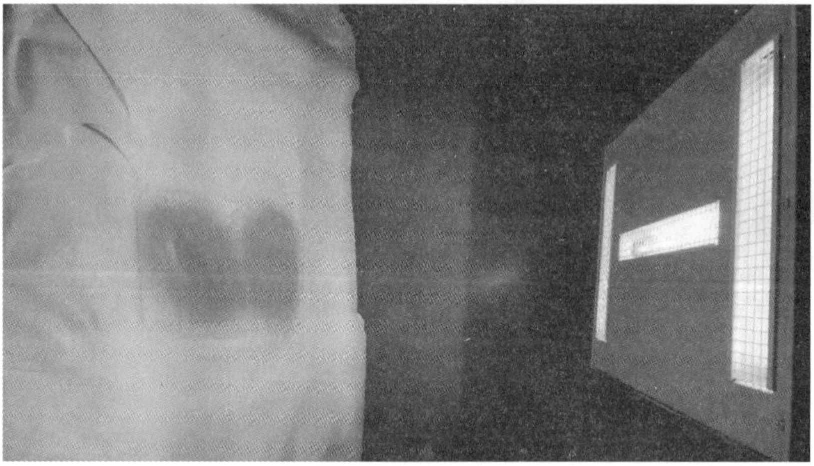

图 4—50　烘烤第一色

7. 第二色喷涂前贴护

撕去第二色上的遮盖纸，然后将无须喷涂区域进行遮盖。第二色喷涂前遮盖效果如图 4—51、彩图 22 所示。

图 4—51　第二色喷涂前遮盖效果

8. 第二色喷涂

具体步骤同“5. 喷涂”。喷涂第二色如图 4—52、彩图 23 所示。

图 4—52　喷涂第二色

9. 第二色烘烤

把所喷涂区域用烤灯烘烤 3 min 左右或自然干燥 10 min 左右。烘烤第二色如图 4—53、彩图 24 所示。

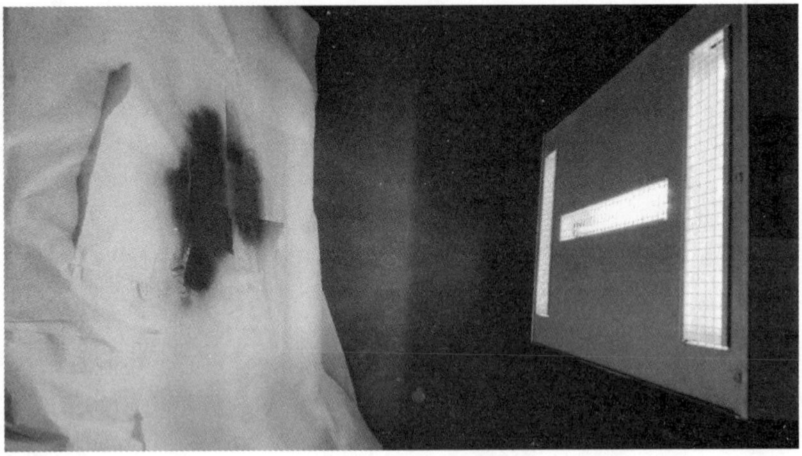

图 4—53　烘烤第二色

10. 第三色贴护

对整板进行遮盖纸贴护，撕去第三色上的遮盖纸，然后将无须喷涂区域进行遮盖。第三色喷涂前遮盖效果如图 4—54、彩图 25 所示。

图 4—54　第三色喷涂前遮盖效果

11. 第三色喷涂

具体步骤同“5. 喷涂”。喷涂第三色如图 4—55、彩图 26 所示。

12. 第三色烘烤

用烤灯将喷完后的图案烘烤 3 min 左右或自然干燥 10 min 左右，使其达到表干状态。烘烤第三色如图 4—56、彩图 27 所示。

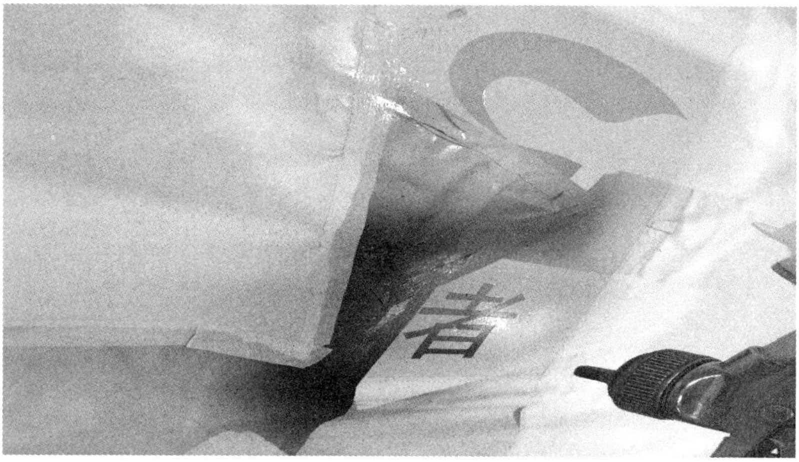
图 4—55　喷涂第三色

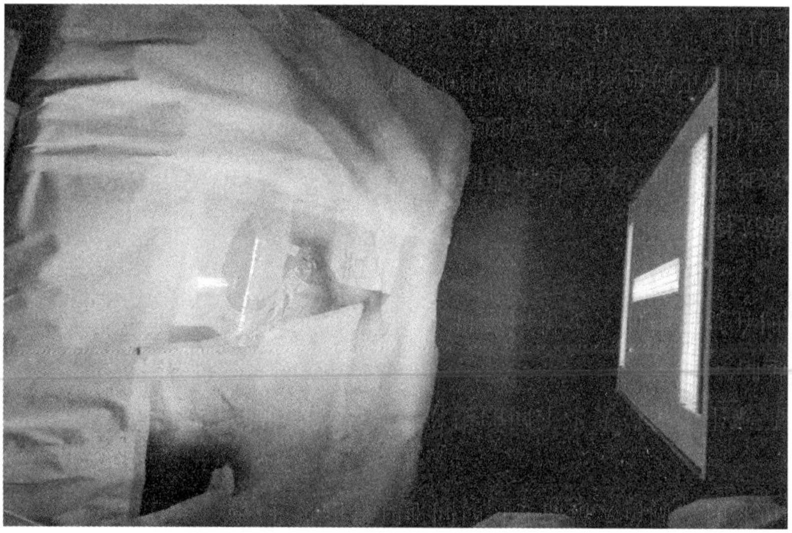
图 4—56　烘烤第三色

13. 喷后整理

表干后待整理的车门板如图 4—57、彩图 28 所示，撕去即时贴。

5S 工位整理、清洁。车门板图案效果如图 4—58、彩图 29 所示。

图 4—57　表干后待整理的车门板

图 4—58　车门板图案效果

14. 评价标准（见表 4—1）

表 4—1　　**三色图案制作任务评价表**

序号	内容及要求	评分（分）	评分标准	自评（分）	组评（分）	师评（分）	得分（分）
1	佩戴个人安全防护用品：供气式面罩，耐溶剂手套，钢头安全鞋，防静电工作服	10	在操作过程中有 1 项防护用品佩戴错误或未佩戴，此项不得分				

续表

序号	内容及要求	评分（分）	评分标准	自评（分）	组评（分）	师评（分）	得分（分）
2	规范操作	5	刻制图案或字体方法正确				
		5	描图描字方法正确				
		5	遮盖方法正确				
		5	喷涂方法正确				
3	图案制作效果	60	完成后图案或字体表面不清晰扣 5 分				
			图案或字体线条弧线不圆滑、宽窄不相等扣 5 分				
			图案或字体线条边口有锯齿痕扣 5 分				
			图案或字体线条直线不平顺、宽窄不相等扣 5 分				
			图案或字体色彩位置不正确扣 10 分				
			图案或字体表面漆色露底扣 5 分				
			图案或字体尺寸不符合比例要求扣 10 分				
			图案或字体以外部位有杂漆扣 5 分				
4	安全文明生产	10	无安全隐患，无违章操作，否则此项不得分				
指导教师总体评价							

四、注意事项

1. 个人防护安全。
2. 设备场地安全。
3. 5S 作业。

练习与检测

一、判断题

1. 在实际调色工作中调出来的蓝色金属漆不够蓝，要从两个方面考虑，一是蓝色母少了，也就是彩度不够；二是银粉或珍珠色母加入过多或选用不当，也就是明度太高。（　　）

2. 一套完整的色母系统中还要求有高遮盖力的色母，这些色母常用于微调色彩。（　　）

3. 我们称使用了银粉的色漆是金属漆或银粉漆，其色彩外观上颗粒较粗，正面反光力弱，侧视效果较亮。（　　）

4. 调配色彩时，调色人员需要长时间地盯着色彩进行比较，使色相判断更正确。（　　）

5. 涂料厂家生产颗粒大小不同的银粉是为了增强调色能力，同一类型的银粉，颗粒越粗，侧视越暗。（　　）

6. 调色时在亮银中加入少量白色母，可以使银粉正面变黄而提高亮度，同时使侧视变浅。（　　）

二、单项选择题

1. 大多数珍珠色母是在云母粉表面镀一层（　　）而加工形成的。

A. 二氧化钛　B. 二氧化碳　C. 三氧化二铁　D. 四氧化三铁

2. 珍珠色母的正面色彩由反射光形成，而侧视色彩则由（　　）形成。

A. 折射光　B. 漫反射光　C. 透射光　D. 束射光

3. 幻彩颜料在面漆涂层中的推荐添加比例为（　　）。

A. 0.6%~1.5%　B. 1.5%~2.5%　C. 2.5%~3.5%　D. 3.5%~4.5%

4. 色彩使人产生的积极与消极感，主要与（　　）有关。

A. 明度　B. 色相　C. 彩度　D. 鲜艳度

5. 汽车修补行业的特点是用漆量少、手工喷涂灵活性大、（　　）、面漆颜料种类多等，这些决定了计算机调色目前不可能完全替代人工调色。

A. 色彩配方多　B. 色彩配方少　C. 技术简单　D. 要求低

三、多项选择题

1. （　　）不是影响三工序珍珠漆色彩的最主要因素。

A. 环境温度　　B. 喷涂气压　　C. 喷涂层数

D. 罩光清漆喷涂　　E. 喷涂距离

2. 特殊效果漆是指汽车内外装饰件、（　　）等表面具有纹理、低光泽度特点的涂料。

A. 车门把手　　B. 车门外表面　　C. 仪表台

D. 机盖　　E. 保险杠

3. 幻彩颜料的特点是（　　）及具有高反射性能。

A. 不透明　　B. 薄　　C. 透明

D. 扁平　　E. 遮盖力差

四、简答题

1. 简述素色漆调配的色母选用原则和注意事项。

2. 简述银粉漆侧面色相深浅的影响因素。

3. 简述色彩变化的影响因素。

4. 简述计算机调色程序。

练习与检测答案

一、判断题

1. √　2. ×　3. ×　4. ×　5. √　6. ×

二、单项选择题

1. A　2. C　3. A　4. B　5. A

三、多项选择题

1. ABDE　2. AC　3. ABD

四、简答题

略

5

第 5 章

汽车涂装工艺

知识要求

第1节　汽车涂装方法

学习目标

通过本节的学习培训，学员能够：

(1) 了解高压无气喷涂的基础知识和设备选用原则。

(2) 熟悉静电喷涂的应用和特点。

(3) 掌握HVLP喷涂系统的工艺特点。

一、HVLP喷涂系统

HVLP（高流量、低压力）喷涂系统又称为高固体系统，该系统使用大量空气在低气压下将涂料雾化成低速的小液滴。HVLP喷涂系统主要包括专用喷枪、供料系统和压缩空气供给系统。它与传统空气喷涂系统的区别在于转化效率非常高。

HVLP喷枪即高流量低气压式喷枪，又称为环保型喷枪。HVLP喷枪如图5—1所示。HVLP喷枪由喷幅调节旋钮、涂料流量调节旋钮、空气压力调节旋钮、空气接头、空气阀门、喷嘴组合（喷嘴、风帽、枪针）等组成。有些HVLP喷枪使用隔热把手。

自20世纪90年代起，随着人们环保意识的加强和相关法律法规的出台，汽车行业开始采用环保涂料，这种涂料在喷涂过程中产生的有害挥发性物质排放量可达到环保要求。汽车涂料正逐渐向高固体化、水性化、低VOC（挥发性有机化合物）排放的方向发展。

图5—1　HVLP喷枪

HVLP喷枪适用于涂膜要求较高的产品，如轿车的银粉漆、珍珠漆、罩光清漆和素色漆，以及纳米涂料等。针对水性涂料特有的性质，还设计有水性涂料专用喷嘴套装，如 ϕ1.25 mm的WSB不锈钢喷嘴等。汽车面漆中银粉漆和珍珠漆在喷涂时可使用HVLP喷枪 ϕ1.3 mm的喷嘴套装，该喷嘴套装不会改变这类涂料的特性，如金属颗粒的有序排列、珍珠颗粒的幻彩效果等。汽车罩光清漆和素色漆在喷涂时需要加大涂膜厚度，因此可选用 ϕ1.4 mm 的喷嘴套装。

1. 供气压力

一般而言，影响涂料雾化的是供气压力，而非容积。喷枪处于最大供气压力时的工作效率最好，但不要超过额定供气压力。HVLP 喷枪的雾化方式与传统喷枪不同。当系统供气压力为 2.0 MPa 时，HVLP 喷枪风帽的雾化压力不超过 0.07 MPa。

HVLP 喷枪可采用中央供气式气源，该气源可同时供多把喷枪使用。

2. 涂料转化率

由于 HVLP 喷枪雾化压力较传统喷枪低，所以其漆雾反弹量及散失量较少，涂料转化率高于 65%。HVLP 喷枪比传统喷枪省漆 10%~30%。由于 HVLP 喷枪的涂料散失量大幅减少，在保护环境的同时，有效保证了施工人员的身体健康。

HVLP 喷枪涂料可装在压力桶或其他常规供料装置内。由于流体的转化效率比单独气体高，所以 HVLP 喷枪的涂料供应系统要求比传统空气喷涂系统低。

3. 涂料雾化方式

HVLP 喷枪雾化方式与传统喷枪不同，它不仅靠喷枪风帽处的空气压力进行涂料的雾化，而且需要配合风帽雾化孔喷射出的空气流来对涂料进行完美雾化。

4. 压缩空气供应

HVLP 喷枪依赖车间的压缩空气供应，车间供气管道必须能提供足够的干净、无油和干燥的压缩空气。

如果车间供气管道系统能满足传统空气喷涂系统，那么也就能满足 HVLP 喷涂系统。

5. 工艺特点

HVLP 喷枪喷雾速度要比传统喷枪慢一些，但涂膜厚度通常比传统喷枪厚一些。HVLP 喷枪是通过达到所需厚度的喷涂次数的减少，提高喷涂工作效率的。HVLP 喷枪在喷涂过程中非常安静，不像传统喷枪喷涂时声音较大。

6. 喷涂操作

HVLP 喷枪和常规喷枪的操作基本相同，但有一些细微的差别。例如，HVLP 喷枪离喷涂平面应该近一些，距离保持在 150~200 mm。距离过大会导致涂层发干且涂膜厚度不够。

二、静电喷涂

静电喷涂是指利用高压静电电场使带负电荷的涂料微粒沿着与电场相反的方向做定向运动，将涂料微粒吸附在工件表面的一种喷涂方法。

静电喷涂设备由喷枪、喷杯、静电喷涂高压电源等组成。静电喷涂分为手工静电喷涂和机械静电喷涂两种。机械静电喷涂设备如图 5—2 所示。

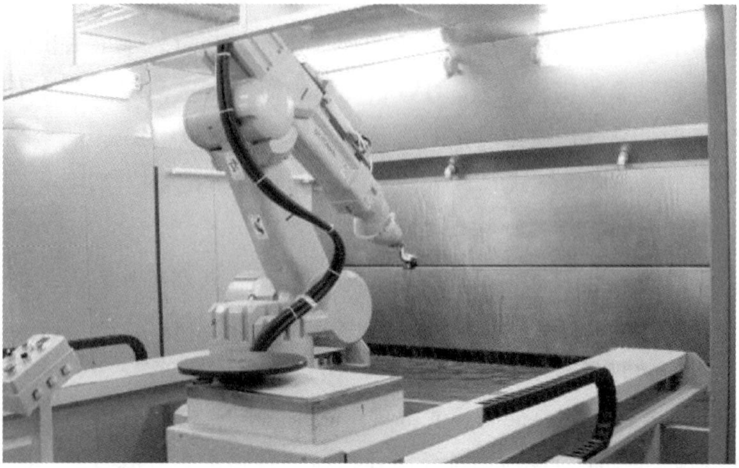

图 5—2　机械静电喷涂设备

1. 原理

静电喷涂的原理是电泳。静电喷涂使雾化了的涂料微粒在直流高压电场中带负电荷，并在静电场的作用下定向地流向带正电荷的工件表面，被中和沉积成一层均匀牢固的薄膜附着在工件表面。

静电喷涂分为空气雾化式静电喷涂和旋杯雾化式静电喷涂两种。旋杯雾化式静电喷涂如图 5—3 所示。

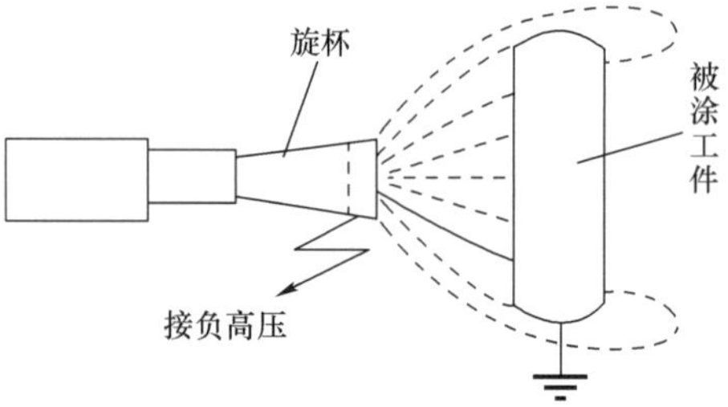

图 5—3　旋杯雾化式静电喷涂

（1）空气雾化式静电喷涂。空气雾化式静电喷涂所用喷枪的原理和普通压缩空气喷枪原理相似，但结构形式截然不同。

空气雾化式静电喷枪除手柄、喷嘴和枪针为金属外，其他部件全部为尼龙制品。负高压接通喷嘴和枪针，涂料在压缩空气作用下呈雾化状态，由喷嘴射出射至喷嘴口与枪针处；电场中雾化了的涂料微粒受到不均匀强电场的分裂作用而进一步雾化，并带电成为“离子漆粒群”；“离子漆粒群”在电场力和压缩空气喷射力的作用下被工件表面吸附中和，这就是空气雾化式静电喷涂的工作过程。

（2）旋杯雾化式静电喷涂。旋杯雾化式静电喷涂利用一个具有锐利边缘的高速旋转金属杯（简称旋杯），在旋杯轴上接通负高压静电，旋杯内的涂料受离心力的作用，在旋杯内壁扩散成均匀的薄膜状态并流甩至旋杯口，流甩至旋杯口的涂料又受到强电场力的分裂作用，进一步雾化为涂料微粒。与此同时，涂料微粒获得电荷成为带负电荷的漆粒，在电场力的作用下涂料微粒群迅速地在工件表面吸附中和，于是涂料便均匀牢固地吸附在工件表面上，这就是旋杯雾化式静电喷涂的工作过程。

2. 应用

近年来，静电喷涂广泛应用于工业生产中并获得良好的效果。静电喷涂是现代喷涂的一项新技术，它大大改善了工人的劳动环境，保证了工人的身体健康。静电喷涂在轿车生产线上的应用如图 5—4 所示。

图 5—4　静电喷涂在轿车生产线上的应用

3. 特点

（1）提高涂料利用率。采用空气喷涂时，涂料利用率仅为 30%～50%，对多孔或网状结构工件来说涂料利用率低于 30%。而采用静电喷涂，涂料微粒受电场力作用而吸附于工件表面，明显减少了涂料飞溅和回弹量，涂料损耗大大减少，涂料利用率提高 1～2 倍，可达 80%以上。

（2）提高劳动生产率。静电喷涂适用于大批量生产，可使多支喷枪同时喷涂，易于实现自动化流水作业，生产效率比空气喷涂提高 1~3 倍。

（3）提高涂装产品质量。由于带电涂料微粒受电场力作用，在工件上放电沉积并依据电力线分布产生环抱效应。工件的边角部分因表面张力作用会使喷涂后的涂层变薄，但采用静电喷涂时，边角部位由于尖端效应，电荷密度高，沉积涂层厚，干涂层仍有足够的厚度。通过对喷枪的配置和喷涂参数的调节，可以获得均匀、平整、光滑、饱满的涂膜，提高涂膜的防护和装饰效果。

（4）改善涂装作业环境。

4. 喷涂设备和涂料的工作状态

（1）进行静电喷涂时，喷枪（或喷盘、喷杯）和涂料接负极，工件接正极并接地。在高压电源的高电压作用下，喷枪（或喷盘、喷杯）的端部与工件之间就形成一个静电场。

涂料微粒受到的电场力与静电场电压和涂料微粒带电量成正比，与喷枪和工件间的距离成反比。

（2）涂料中的成膜物即树脂和颜料等大多数是由高分子有机化合物组成的，多为导电的电介质。溶剂型涂料还含有有机溶剂、助溶剂、固化剂、静电稀释剂和其他各类添加剂等。溶剂型涂料大多是极性物质，电阻率较低，有一定的导电能力，能提高涂料的带电性能。

电介质的分子结构可分为极性分子和非极性分子两种。其中，极性分子组成的电介质在受外加电场作用时，显示出电性。

5. 喷涂室要求

静电喷涂室室内排风主要用于排除喷涂过程中产生的溶剂蒸气，使室内溶剂蒸气在有机溶剂爆炸下限浓度以下，以确保施工安全。

静电喷涂室室内风速很重要。静电喷涂室风速应控制在 0.3~0.7 m/s，风速过大会影响喷涂效果。排风装置中应设置风速调节机构。

6. 电场电压要求

升高电场电压可以提高静电喷涂效率，但过高的电压又不安全。电场电压过低，喷枪与工件之间不能形成电晕放电和电离区，涂料微粒带电性不好，影响喷涂效果。

静电喷涂电场电压一般应在 60~100 kV。

7. 涂料利用率

静电喷涂的喷枪布局和运动速度影响涂料利用率。

喷枪间距离随选用喷枪不同而不同，但不宜低于 800 mm。如果喷枪间距离太近，喷出的涂料微粒同性相斥，涂料飞溅造成浪费；喷枪间距离太远，涂膜不均匀。多支喷枪原则上应该在同一平面上，这个平面应该平行于工件表面。

工件或喷枪的移动速度根据喷枪类型而有所不同。例如，旋杯雾化式静电喷枪移动速度一般是 0.8~2.5 m/min。

8. 涂料黏度和输送量

涂料黏度与喷涂效果间的关系比较复杂。一般而言，黏度越高，分散性越差，雾化不良，涂料颗粒大，在电场中运动速度慢，容易飘落到地面上浪费涂料，且涂膜不平滑。随着静电喷涂设备的发展，对一般的静电喷涂设备而言，25℃条件下黏度为 15~25 s（涂-4黏度计）比较合适。

涂料输送量直接影响静电喷涂效果。涂料输送量不均匀，涂膜也不均匀。输送量过大，涂料分散性变差，涂膜产生橘皮，涂膜变厚，容易产生流挂；输出量过小，涂膜变薄，有的地方甚至漏喷。

9. 安全防护措施

静电喷涂涉及高压电场、溶剂型涂料，所以要特别注意安全。

静电喷涂时在设定的工作电流下，当喷枪与工件间距离发生变化时，其电流的变化值以不超过设定电流值的 10%为宜。

高压静电发生器的高压输出端及高压电缆接入喷枪的电阻应该定期检查。高压电缆的连接端应该设置限流电阻，高压电缆屏蔽线应该牢固连接专用接地线。高压静电发生器应该配备自动无火花放电器，当切断高压时能消除残留在高压静电发生器上的电荷。配套用高压电缆应有屏蔽层，无屏蔽层的应悬挂架空安装，否则与地面接触会漏电。高压静电发生器与其周围的电线和导体要有一定距离，当电场电压为 100 kV 时，最短距离不要低于 800 mm。高压静电发生器电源插座中的接地端应与专用接地线连接，禁止用零线代替接地线。

零件、喷枪支架、高压电缆的屏蔽线和静电喷涂室的管路均应接地，接地电阻值不大于 100 Ω。静电喷涂的电气设备、照明灯具的专用接地线和零线与大地相连时，必须并联。所有带电物体的接地线必须连接牢固，有较好的机械强度，否则松动或断裂处容易产生火花。架空电缆线接入设备处必须接地或多点重复接地。

喷枪与接地装置的距离不得小于喷枪与工件距离的 3 倍。作业者宜穿防静电工作服，不得站在塑料板、橡胶板等绝缘材料上操作配电控制盘，以免人体在静电场内产生感应电流。

三、高压无气喷涂

1. 定义

高压无气喷涂是指将涂料经加压泵加压至 9.8～29.4 MPa，然后通过特制的橄榄形喷嘴小孔喷出。这种高压涂料流冲出喷嘴进入大气时，立即剧烈膨胀并碎裂为极细的雾直接喷射到工件的表面上。

由于涂料是通过高压泵加压至高压的，涂料本身并不与压缩空气混合。这与采用压缩空气雾化涂料的空气喷涂完全不同，因此被称为高压无气喷涂。高压无气喷涂设备如图 5—5 所示。

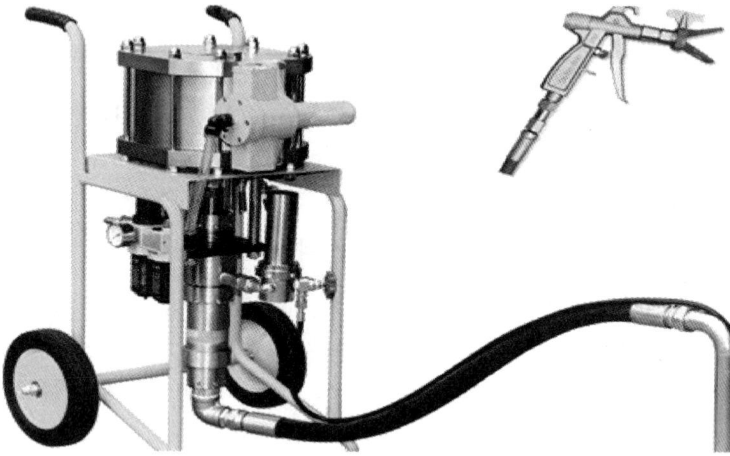

图 5—5　高压无气喷涂设备

2. 优缺点

（1）优点

1）涂装效率高。高压无气喷涂可获得较厚的涂膜，以减少喷涂次数、提高涂装效率。高压无气喷涂效率比空气喷涂高 3 倍，比刷涂高 10 倍以上，特别适宜喷涂大型工件和大面积工件。

2）涂膜质量好。高压无气喷涂的漆雾中不含压缩空气，避免了压缩空气中水、油、灰尘等进入涂膜，提高了涂膜的质量。

3）对环境的污染减少了。高压无气喷涂不采用空气雾化，漆雾飞溅少；涂料中不需要加稀释剂或加入量极少，大大减少了 VOC 的排放，有利于环境保护。

4）对涂料黏度的适应性广。高压无气喷涂可用于喷涂黏度较低的普通涂料，也可喷涂高黏度涂料和厚浆型涂料，尤其对后者更为适用。

（2）缺点

1）不适用于喷涂小型工件。高压无气喷涂因喷涂时漆雾飞溅和无效喷涂造成涂料的损耗远远大于空气喷涂。高压无气喷涂与刷涂相比要多消耗20%~30%的涂料。

2）不能调节涂料喷出量和喷幅宽度。高压无气喷涂喷枪没有涂料喷出量和喷幅宽度调节机构，喷涂作业中不能调节涂料喷出量和喷幅宽度，只能更换喷嘴才能实现调节，给喷涂作业带来一定的不便。

3）喷涂气压高。需要特别注意：高压无气喷涂喷出的漆雾压力很高、速度很快，容易刺穿作业者的皮肤造成人身伤害。

4）设备成本高。高压无气喷涂与空气喷涂相比设备成本较高。

3. 涂装前准备

在涂装施工前将涂装必备的物品准备齐全，做好涂料调配及喷涂设备调试等工作。

（1）涂料调配

1）确认涂料。根据涂装要求，确认涂料的品种及质量，发现问题及时调整。

2）调整涂料黏度。将涂料充分搅拌均匀，测量涂料的黏度。若涂料黏度过高，应加入适量稀释剂调至合适的黏度。

（2）喷涂设备安装与调试

1）安装。将喷涂设备各部件和辅助配件正确安装、连接。

2）调试。喷涂设备安装、连接完毕，进入待喷涂状态。喷涂前要检查动力源运转是否正常；喷涂设备吸入涂料，检查高压涂料缸增压是否正常，输料软管有无泄漏，配件间连接是否紧密，喷枪及滤网有无堵塞等情况。如果发现故障应及时排除。

3）涂装环境条件控制。测量喷涂环境温度及湿度，符合涂装条件即可进行涂装作业。室外涂装还应考虑天气因素，从喷涂到表面干燥需要一段时间，应避开雨天和风速高、风沙大的天气。

4. 设备选用原则

高压无气喷涂设备按照以下原则酌情选用。

（1）根据涂料特性选用。首先要考虑涂料的黏度。高黏度、难雾化的涂料要选用压力比高或有加热系统的设备。双组分涂料、水性涂料、富锌涂料等特殊涂料要选用专用型号的设备。

（2）根据被涂工件状况及生产批量选用。这是选择设备考虑的主要因素。被涂工件小或批量小，一般选涂料喷出量较小的型号；工件大或批量大，如船舶、桥梁、汽车涂装自动流水线等，可选用涂料喷出量大的型号。通常涂料喷出量小于2 L/min为小型设备，涂料喷出量在2~10 L/min为中型设备，涂料喷出量大于10 L/min为大型设备。

（3）根据具备的动力源选用。一般的喷涂作业场所都有压缩空气源，可选择气动无气喷涂设备。若无压缩空气源只有电源，应选用电动无气喷涂设备。若既无气源又无电源，则可选用发动机驱动的无气喷涂设备。

5. 在汽车上的应用情况

高压无气喷涂一般适用于 PVC（聚氯乙烯）密封材料的喷涂，以及门板内腔防腐蜡的喷涂。例如，车身四门两盖的折边密封、底部焊缝密封、底部防石击和防腐等均采用 PVC 密封材料，喷涂时需要采用高压无气喷涂。车身在行驶过程中，不可避免地受到地面道路上沙砾、瓦砾、防滑盐、污泥等的影响，而高压无气喷涂的 PVC 涂膜可以抵抗这些外来物体的冲击碰撞。

汽车涂装工艺中，优质的 PVC 密封材料、高质量的 PVC 密封应用和严格的现场工艺参数控制是保证 PVC 涂膜密封、防腐、防振、隔热功能的关键因素，缺一不可。

（1）细密封应用。汽车的车身四门、发动机盖、行李箱盖、后围尾灯部位等处的 PVC 密封，一般称为细密封。PVC 细密封目前大都采用单组分材料。

（2）粗密封和底部防护应用。汽车发动机室内、车身底板、备胎、前后纵梁等处的 PVC 密封，一般称为粗密封和底部防护。粗密封和底部防护既可用单组分材料，也可用双组分材料。

高压无气喷涂除在车身 PVC 密封和底部防护中大显身手之外，还被广泛用于车身四门内腔的喷蜡防腐。由于门板容易受到雨水、防滑盐的侵蚀，所以在电泳防腐的基础上要对门板内腔进行水性蜡的喷涂保护。水性蜡本身固有的材料特性，决定喷蜡工艺只能采用高压无气喷涂。

6. 常见缺陷的解决

（1）PVC 材料内混入空气。高压无气喷涂应用于 PVC 喷涂工序中，要求材料中不能混入空气。一旦有空气进入 PVC 材料，喷涂时会发出空爆声；喷涂后的 PVC 材料内会出现状如“烤麸”的气孔，达不到密封要求。

处理该缺陷的流程一般是将有气孔的 PVC 从车身上清除，将喷枪中混有空气的 PVC 材料排放到废料桶中。过一段时间后再次操作，看是否有空爆声，并用油画笔检验是否有气孔，如果还有气孔存在需要鉴定这一批次的 PVC 材料是否有质量问题。

PVC 材料中的空气既有可能来自材料的生产过程，也有可能在加料时不慎进入。所以，加料岗位必须制定严格的操作规程，以降低及排放 PVC 材料中的空气。如果确认整个管路 PVC 材料有问题，则只能全部排料，停止生产。

（2）PVC 起泡。PVC 起泡是指 PVC 层经中涂底漆喷涂、面漆喷涂、烘烤后出现气泡问题。由于 PVC 材料预胶化后虽然材料表干，但 PVC 树脂的交联还远未完成。在较为湿热的环境中，湿气会由涂膜表面和边缘处逐渐向深处渗透，吸潮后的材料经过烘烤，水分蒸发便形成气泡。此外，如果水分渗透到材料和板材结合面，还会对附着力有所影响。

预胶化 PVC 材料如果不经过烘烤，放置 4 天后就会有产生气泡的风险。因此，如果遇到长假（超过 3 天），车间应将所有涂胶的车身全部喷涂中涂底漆后烘烤，避免 PVC 材料产生气泡。

（3）PVC 开裂。PVC 开裂是涂装生产过程中经常发生的问题。PVC 开裂经常出现在四门两盖的细密封胶条上，其中竖状开裂居多。造成 PVC 开裂的原因有很多，PVC 材料断裂伸长率、PVC 涂覆厚度、折边胶水量、折边咬合力等因素均会有所影响。

一般 PVC 密封胶断裂伸长率在 100%~140%。如果 PVC 材料的断裂伸长率不够，就会导致 PVC 开裂。断裂伸长率低于 100%的 PVC 密封胶容易开裂，厚度偏低的 PVC 密封胶也容易开裂。

7. 改进型高压喷涂

改进型高压喷涂主要分为空气辅助高压喷涂和加热高压喷涂。

（1）空气辅助高压喷涂。空气辅助高压喷涂是在高压无气喷涂基础上改进的一种喷涂技术。空气辅助高压喷涂喷枪上有空气通道，枪端安装空气帽，上面有雾化空气孔和调节雾形的气孔。

空气辅助高压喷涂与高压无气喷涂相比，具有以下几个优点。

1）涂料压力低。施加到涂料上的压力仅为 4~6 MPa，比 10 MPa 以上常规高压无气喷涂的压力低得多，可以延长设备使用寿命。

2）雾化效果好。高压无气喷涂的飞漆粒径约为 120 μm，空气喷涂的飞漆粒径约为 80 μm，空气辅助高压喷涂的飞漆粒径约为 70 μm，飞漆颗粒小，涂膜外观装饰性好。

3）飞漆沉积率高。由于空气的环抱作用，飞漆沉积率由高压无气喷涂的 80%提高到 85%。

4）雾形可以调节。可以根据工件的大小和形状调节喷幅，施工方便。

（2）加热高压喷涂。加热高压喷涂通过加热系统升高温度来精确地控制涂料黏度，可以减少稀释剂用量甚至不加稀释剂。

一般情况下涂料加热到 60~70℃，也有加热到 30~40℃的。当涂料从喷枪射出后，加热后的溶剂加速挥发，涂料中的树脂冷却，使涂料黏度上升。加热高压喷涂不会产生流挂，也可减少灰尘黏附，涂料雾化性、涂膜平整度都比较好。

四、粉末涂装

1. 定义

粉末涂装就是把粉末涂料喷涂到产品表面，在静电作用下粉末会慢慢地吸附在产品的表面从而形成保护层。

这层粉末涂装层对产品主要起到保护作用，从而增强产品的耐腐蚀、耐老化功能。

2. 固体成分

粉末涂料以粉末形态进行涂装并形成涂膜，固体成分可达 100%，涂膜厚度可达 50~300 μm。由于不使用溶剂，所以粉末涂装可以减少环境污染、节省资源，并具有可回收等特点。

3. 在汽车上的应用

粉末涂料涂装应用在汽车生产上主要有两条工艺路线，即车身粉末涂装工艺路线和零部件粉末涂装工艺路线。

（1）车身粉末涂装工艺路线。具体如下：前处理→电泳→烘干→焊缝密封→粉末中涂底漆喷涂→烘干（160~180℃，15 min）→检查及中涂底漆打磨→除尘→粉末面漆喷涂→烘干（150~160℃，8~10 min）→强冷→粉末罩光清漆喷涂→烘干（180~200℃，20 min）→检查精修→下线。

其中，对素色涂料来说，可取消粉末罩光清漆喷涂工序；对车身质量要求一般的情况下，可取消粉末中涂底漆喷涂工序。

（2）零部件粉末涂装工艺路线。具体如下：前处理→电泳→烘干→焊缝密封→粉末面漆喷涂→烘干（180~200℃，20 min）→检查精修→下线。

粉末涂料具有环保、成本低、管理方便、运行能耗较低等优势，适用于喷涂色彩单一的汽车零部件。汽车保险杠粉末涂装流水线如图 5—6 所示。

图 5—6　汽车保险杠粉末涂装流水线

4. 优缺点

（1）优点

1）健康环保。省去了为达到涂料性能而添加的各种液态化工有害成分，如成膜、分散、润湿、流平、防腐、防霉等助剂。

2）运输和储存方便。普通涂料中含 20%～50%的水或者溶剂，粉末涂料中既没有水也没有其他溶剂，完全是固体，运输方便、安全。另外，含水或者其他溶剂的涂料在运输和储存温度低于 0℃时，往往会冻坏，而粉末涂料不存在此问题。

3）无须加防腐剂。传统液态涂料容易被细菌污染。因此，传统液态涂料为了防止变质要加防腐剂。粉末涂料无细菌污染问题，无须加防腐剂。

4）涂料残留气味小。与一般传统涂料的气味残留相比，粉末涂料很快就可以散去，可以说是涂料残留气味即涂即消。

常用的环氧粉末涂料具有耐化学药品、所得涂膜坚韧、与金属附着力较好的优点。

（2）缺点。粉末涂料涂装后，工件边角上容易产生粉末不均匀现象；固化后，涂膜缺陷难掩盖；固化条件高。

第 2 节　美术漆的涂装

学习目标

通过本节的学习培训，学员能够：

（1）了解美术漆的基本种类。

（2）熟悉美术漆的施工方法。

一、皱纹漆

1. 定义

皱纹漆是由氨基树脂与醇酸树脂、颜料，用二甲苯与丁醇稀释后加入非浮型铝粉浆调配而成的一种美术漆。皱纹漆表面有涂膜皱缩所留下的花纹，具有坚韧耐久、色彩和谐、花纹美观等特点。各色皱纹漆图样如图 5—7、彩图 30 所示。

皱纹漆适合作为医疗器械、仪器、仪表等各种金属制品表面的装饰涂料。

图 5—7　各色皱纹漆图样

2. 组成

皱纹漆必须是油性漆。大部分皱纹漆在制造时，都用熬制得半生不熟的桐油作为干性油。皱纹漆中大多含有大量的催干剂，钴和锰催干剂的质量分数占 0.2%～1.2%，铅催干剂的质量分数最高可达 4%（若条件不允许使用铅催干剂，可考虑用钴催干剂替代）。

皱纹漆中桐油聚合度和催干剂含量是造成涂膜起皱的主要因素。依照皱纹漆中桐油聚合度和催干剂含量的不同，皱纹漆分为粗纹、中纹、细纹三类。

皱纹漆中颜料含量和种类，也是皱纹漆起皱不可忽视的影响因素。一般来说，皱纹漆中含颜料较多时皱纹粗，含颜料较少时皱纹细。皱纹漆必须经过烘烤以后才能起皱，烘烤环境中有污染气体存在时起皱的倾向更大。有些皱纹漆则需要涂膜特别厚才能起皱。

3. 施工方法

皱纹漆是一种单道漆，即皱纹漆在涂装施工时只涂一道，而不像一般涂料要涂两道或三道。

皱纹漆在施工时必须用喷枪喷涂，不可用漆刷施工。在喷涂皱纹漆时宜采用纵横交替喷涂法喷一道，以使涂膜尽可能达到厚薄均匀的要求。

皱纹漆涂装施工步骤如下。

（1）在喷涂皱纹漆前，工件上的底漆必须彻底干燥。

（2）将涂有底漆的工件在 60℃下烘烤 1 h 或 80℃下烘烤 30 min。

（3）从烘箱中取出后，趁工件尚热时喷涂皱纹漆。喷涂皱纹漆时，用量应控制在 100～140 g/m^2。用量小则皱纹小，甚至难以起皱；用量过大则易产生流挂。

（4）喷好的工件放置 10 min 后再进烘箱烘烤，以免受温度影响而造成流挂现象。

注意：喷涂好皱纹漆的工件在进烘箱烘烤前，应将烘箱预热到需要温度。待皱纹漆显露后，应采用低温烘烤至涂膜干透，涂膜起皱并干透后应及时把工件从烘箱中取出，以免烘烤过度引起涂膜发脆和变色。

施工中发现皱纹漆因烘烤过度而有部分变色情况时，可以用同样色彩的硝基漆喷上一层，把变色部分遮盖起来。如果局部无皱纹漆或在烘烤时涂膜受伤脱落，可用毛笔蘸皱纹漆在局部补漆，再经烘烤即可。

4. 色彩和皱纹

皱纹漆色彩一般有黑色、灰色、蓝色等。白色、天蓝色等淡色皱纹漆不太多见，原因是桐油易泛黄，再加上大量使用钴和锰催干剂后，在高温下烘烤时泛黄是不可避免的。

有些白色或银色的皱纹漆，实际上是在皱纹漆烘得花纹后再涂一道硝基漆形成的。

二、锤纹漆

1. 定义

锤纹漆涂于工件表面后形成的涂膜，具有似铁锤敲打铁皮所留下的锤纹似花样，所以称之为锤纹漆。锤纹漆是一种烘漆。各色锤纹漆色卡如图 5—8、彩图 31 所示。

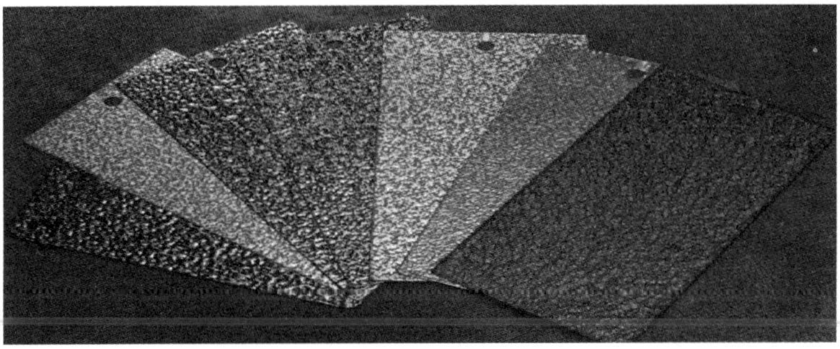

图 5—8　各色锤纹漆色卡

锤纹漆按照黏结剂即树脂种类的不同分为自干型和烘干型两类。常用的自干型锤纹漆有硝基锤纹漆、过氯乙烯锤纹漆等；烘干型锤纹漆有氨基锤纹漆、丙烯酸锤纹漆、双组分聚氨酯锤纹漆等。

2. 形成锤纹的原理

锤纹漆之所以在施工后呈现锤纹，关键在于锤纹漆中的颜料。锤纹漆颜料含铝粉，铝粉即金属铝的薄箔。

制造涂料用的铝粉上往往有一层薄蜡，这样可使铝粉的叶展性更好而不易沉淀。但在制造锤纹漆时希望铝粉不要有丝毫的叶展性，这样才能保证铝粉沉入涂膜下面形成锤纹。在制造锤纹漆时为了破坏铝粉的叶展性，必须把铝粉表面的蜡洗净。方法是将甲苯和铝粉同时在回流装置下加热，使蜡质在热的甲苯内溶解后脱离铝粉，而形成无叶展性的铝粉。经过脱蜡处理的铝粉，再配以适当的涂料即制成锤纹漆。

3. 施工方法

锤纹漆施工方法有一般喷涂法、溶解花纹喷涂法和洒硅法三种。

（1）一般喷涂法。一般喷涂法就是将漆液稀释到适宜黏度之后，喷涂到工件表面使之显现花纹，形成锤纹漆膜。一般喷涂法又分为一道喷涂法和二道喷涂法。

一道喷涂法是指在准备好的工件上只喷一道锤纹漆。这种施工方法的要领是必须使用固体含量较高的漆料，否则锤纹显得太单薄，美观性差。

二道喷涂法是指在工件上先后共喷涂两道锤纹漆。头道主要起打底作用，第二道形成锤纹，这样可使获得的锤纹漆膜更丰满柔和。

对于有特殊装饰要求的工件来说，必要时可以喷三道或四道。不论喷几道锤纹漆，出现锤纹的关键均在于末道喷涂。通常将二道喷涂或末道喷涂称为“点花”或“溅漆”，即指在这一道喷涂时要将涂料一点一点地溅到工件上。

对自干型锤纹漆来说，此施工方法效果较好。

（2）溶解花纹喷涂法。溶解花纹喷涂法是指先将锤纹漆像普通漆那样喷涂到工件上，喷第二道漆仅使涂膜厚薄均匀、不要求起锤纹；静置 10~20 min 后使涂膜接近表干时，再喷洒锤纹漆稀释剂，像二道喷涂法中“溅漆”一样使稀释剂散落在原先喷好的涂膜上；这些散落的稀释剂将涂膜溶化，接着又使其挥发，使涂膜形成锤纹。

对氨基等烘干型锤纹漆来说，此施工方法效果较好，得到的锤纹比一般喷涂法得到的大而清晰。

（3）洒硅法。洒硅法是指利用硅液滴对锤纹漆的强烈排斥作用，使涂膜中形成了以硅液滴为圆心而逐渐凹下的锤纹涡；与此同时，由于涂膜中溶剂挥发使铝粉下沉，形成了有金属光泽的锤纹。

洒硅法是先在工件上均匀、厚实地喷一道锤纹漆，待涂膜表干后再薄薄地喷洒一道硅水（硅水是指一种将高黏度硅油溶解于汽油和二甲苯的溶液）；洒硅后先喷一道锤纹漆，使涂膜出现一些均匀的“硅圈”后再喷一道锤纹漆，就能呈现完整的锤纹。

4. 注意事项

（1）稀释剂用量一定要合理。稀释剂用量过多则漆点小，涂膜在喷涂后虽然会出现锤纹，但由于大量稀释剂的存在，铝粉继续扩散导致锤纹很快会萎缩变平、变暗。稀释剂用量过少时漆点大，铝粉难以沉降和旋转形成浅碟形，涂料中的颜料也难以飘聚成色圈，涂膜干固过早而使锤纹不完整、不清晰。

稀释剂用量要根据施工时气温而定，气温高时可增加用量；反之则少用些。一般稀释剂的用量为 10%～30%。硝基锤纹漆的稀释剂用量在 100%以上，漆液的黏度以 30～50 s 为宜。

（2）喷枪的选择和调节正确。使用 PQ-1 型喷枪时喷嘴口径应加大到 3 mm 左右，使用 PQ-2 型喷枪时喷嘴口径应大于 1.5 mm，才能保证漆点大，形成的锤纹明显。

（3）喷涂的距离和速度恰当。喷自干型涂料时，喷枪喷嘴与工件的距离应保持在 150～200 mm；喷烘干型涂料时，喷枪喷嘴与工件的距离应保持在 300～400 mm。

喷枪移动速度较慢，一般以每秒移动 200～300 mm 为宜。喷涂硝基涂料时，喷幅重叠 2/3 左右；喷涂氨基涂料时，喷幅重叠仅 1/3 即可。

（4）喷涂时开枪与收枪的位置合适。喷涂锤纹漆时，一般应在离工件面一个喷幅左右的距离开枪与收枪。开枪和收枪不允许任意起落，以保证锤纹均匀美观。

喷涂时要防止一个面未喷完涂料罐内已无涂料，即要根据工件面积大小确定涂料用量并保证涂料罐内有足够的涂料。在“点花”时必须一次喷完，不能中途停枪。

（5）喷涂走枪的次序原则。喷涂施工时，要注意走枪的次序。对于多棱面工件，在喷涂锤纹漆时要避免相邻表面之间相互沾染，以免影响锤纹的美观性。

喷涂走枪遵循的原则是由上到下、先次后主。由上到下走枪，能减少施工中对已喷好涂膜的污染；主要表面的装饰要求较高，先次后主可保证主要表面锤纹正常。

（6）工件放置位置合理。为避免锤纹流挂，工件应尽可能地水平放置，或工件表面放置在不大于 45°位置，然后逐面进行喷涂。

（7）气压合适。压缩空气气压不宜超过 0.3 MPa，否则漆点变细，导致锤纹小，甚至不出现锤纹。

（8）施工环境通风要求。喷涂锤纹漆时，不宜在大风或开风扇的条件下施工，以免涂料被风吹得杂乱无章而洒到工件上，也可避免风速使溶剂挥发过快而导致锤纹不完整。

三、裂纹漆

1. 定义

裂纹漆由硝化棉、颜料、体质颜料、有机溶剂、辅助剂等研磨调制而成，可形成各种色彩的裂纹效果。裂纹漆具有硝基漆的一些基本特性，属于挥发性自干油漆，无须加固化剂，干燥速度快。各色裂纹漆图样如图 5—9、彩图 32 所示。

裂纹漆必须在同一特性的一层或多层硝基漆表面喷涂，才能完全融合并展现裂纹漆的裂纹特性。由于裂纹漆硝基含量高，溶剂的挥发性大，所以它的收缩性大、柔韧性小，喷涂后内部应力产生较高的拉扯强度，形成良好、均匀的裂纹图案，增强涂膜表面的美观性、装饰性。

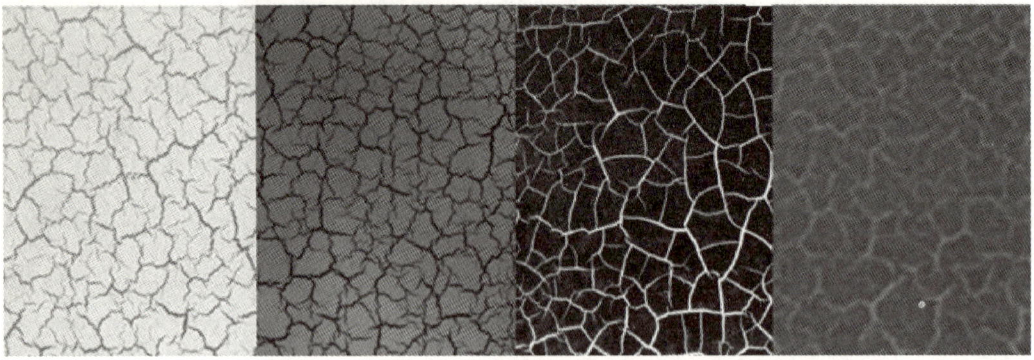

图 5—9　各色裂纹漆图样

2. 涂膜组成

裂纹漆是硝基漆的一个特殊品种，裂纹漆不可单独使用。

一般施工工件经打底后，先喷上各色硝基漆调配的底色漆；待底色漆干后用水砂纸砂磨平整，即可均匀地喷涂一道裂纹漆。在喷涂时，不得回枪或补枪。为了增加裂纹漆耐久性和光亮度，应在裂纹漆干后用水砂纸砂磨平整后再喷涂一道硝基漆，这样就完成了裂纹漆的涂装。

3. 施工方法和注意事项

（1）施工方法。在经处理并涂覆底漆的工件上，先喷涂 1~2 道浅色硝基漆作为底漆；如果是木材质工件则需要涂一层虫胶。待底漆干透后用水砂纸砂磨平整，清除尘土杂物后就可喷涂深色的裂纹漆。裂纹漆用硝基稀释剂稀释过滤后再进行喷涂。裂纹漆干后喷涂一道硝基罩光清漆，经干燥、水磨、清洗后晾干，再喷涂 2~3 道硝基罩光清漆即得到牢固、耐用、美观的裂纹涂膜。

喷涂时压缩空气压力必须大于 0.4 MPa。喷涂必须均匀，涂膜的厚薄是决定裂纹大小的关键。若需要较大的裂纹，则喷涂时涂膜宜厚且必须均匀；若欲使裂纹细些，则涂膜可薄些。

裂纹漆在 20℃ 条件下施工时，10~20 min 即可显示出美丽的裂纹图案，裂纹漆表干不超过 1 h。

（2）注意事项

1）裂纹漆只能用喷涂法施工，且在自然条件下干燥。

2）裂纹漆可用 X-1 或 X-2 稀释剂调整黏度，罩光用硝基罩光清漆。

3）底漆可选用各色硝基漆调配而成。

4）底漆中不可含有金粉或银粉，因为裂纹漆在这两种涂膜上面不会顺利裂开。但在已喷好裂纹漆的基础上将金粉漆或银粉漆用毛笔填入裂纹中，将呈现金色或银色的裂纹，干燥后用硝基清漆罩光，可达到令人满意的效果。

5）罩光时，罩光清漆与色漆配合喷涂于表面也可以产生特别的装饰效果。

四、石纹漆

1. 定义

石纹漆是指大理石石纹漆，使用一般涂料通过特殊的工艺涂装产生石纹花样。

天然的大理石色彩有两种：一种是由黑、白、灰三色交错成纹的；另一种是彩色的，如淡绿、中绿、墨绿交错成纹，浅黄、棕黄、棕红交错成纹，肉红、紫红交错成纹等。各色石纹漆图样如图 5—10、彩图 33 所示。

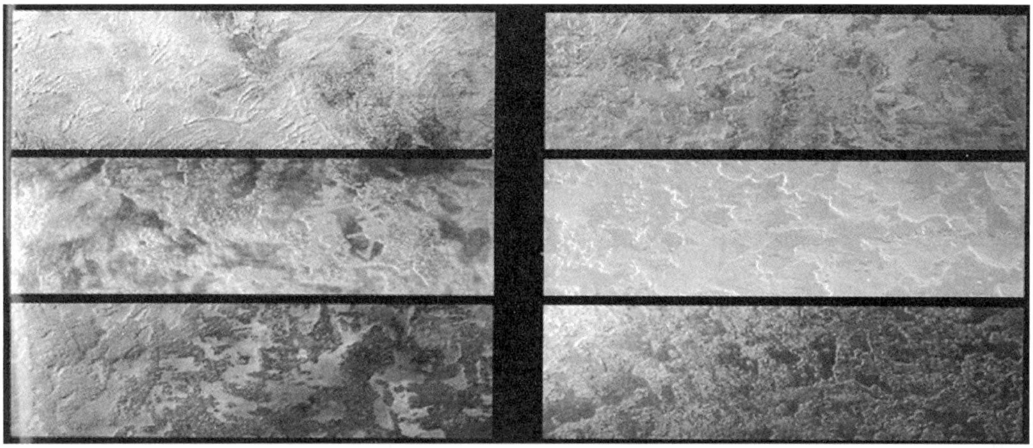

图 5—10　各色石纹漆图样

2. 涂膜组成

石纹漆主要由各种色彩的天然彩石粉末配制而成。

石纹漆装饰后的建筑物，具有天然真实的自然色泽，给人以高雅、和谐、庄重之美感，适合于各类建筑物的室内外装修和装饰。特别是在曲面建筑物上用石纹漆进行装饰时，可以产生生动逼真、回归自然的装饰效果。形状不太复杂的工件表面，如墙面、日用家具、金属制件等均可涂覆石纹漆。

3. 施工方法和注意事项

（1）施工方法。石纹漆的喷涂必须在平整光滑的浅色底漆上进行。石纹漆有刷涂和喷涂两种施工方法。下面以油性调和漆和硝基漆为例进行介绍。

1）刷涂方法适用于油性调和漆。刷涂时需要准备 2 把漆刷和 2 支油画笔，具体有两种刷涂方法。

①一种刷涂法是先用白色油性调和漆刷满工件表面，随即在工件表面局部涂上灰色油性调和漆，并来回多次轻轻刷涂成纹，这个过程犹如绘画。待涂膜形成灰白相间的石纹雏形后，再在灰色油性调和漆上用油画笔描上大小规则不一的黑色线纹，即形成黑、白、灰色交错的大理石纹。

②另一种刷涂法是在工件表面不规则地局部涂白色油性调和漆，然后在不规则的空隙处涂灰色油性调和漆，使之交错成纹后再用少许黑色油性调和漆修饰灰色油性调和漆，形成黑、白、灰色交错的石纹。

不论采用何种刷涂方法，刷涂大理石纹仅仅是模仿天然的大理石纹进行描绘而已，所以施工者对天然大理石应有较深刻的观察，才能得到真实、清晰、美丽的刷涂效果。在刷涂大理石石纹时，涂料的黏度以刷涂时轻便自如为准，过分稀薄则光泽度不佳，过分稠厚则成纹呆板。

2）喷涂方法适用于硝基漆。施工时，必须用仿丝棉作为辅助工具。

工件表面涂上光滑、平整的白色硝基漆后，将仿丝棉撕拉成不规则、疏密不匀的薄片铺在上面；然后用喷枪向工件表面喷灰色硝基漆，并洒喷少量的黑色硝基漆。在喷涂时，喷枪应始终与工件表面垂直，且喷距可适当加大；喷涂后揭去仿丝棉，即呈现石纹。

采用硝基漆施工的，待涂膜干后用 P220～P280 水砂纸轻磨至光滑，擦净、晾干后，再喷涂 2～3 道硝基罩光清漆，即完成涂装。

（2）注意事项

1）喷涂石纹漆时，除底色外色彩不宜过多，加喷两个色彩调和已足够。大理石色彩不能臆造。

2）大理石石纹是无定型的，但又有其自然美。为此，在铺仿丝棉时要疏密合理，一般使底色要显露 40%～50%，仿丝棉的厚薄相间要调整合理，才能接近天然纹彩。

3）喷涂时漆液可略稀，以免漆点粗糙难以流平。喷涂完毕后，应将取下的仿丝棉绷在框架上，一般仿丝棉用 6～8 次后应更换新的。

五、彩纹漆

1. 定义

彩纹漆是一种具有可塑性质感、色彩，花纹变化多样的新型装饰涂料。

彩纹漆具有独特的表现技巧、广阔的空间艺术感、丰富多彩的纹理与自然奔放的色彩特点，可创造出与周边景观自然协调的装饰艺术效果。各色彩纹漆图样如图 5—11、彩图 34 所示。

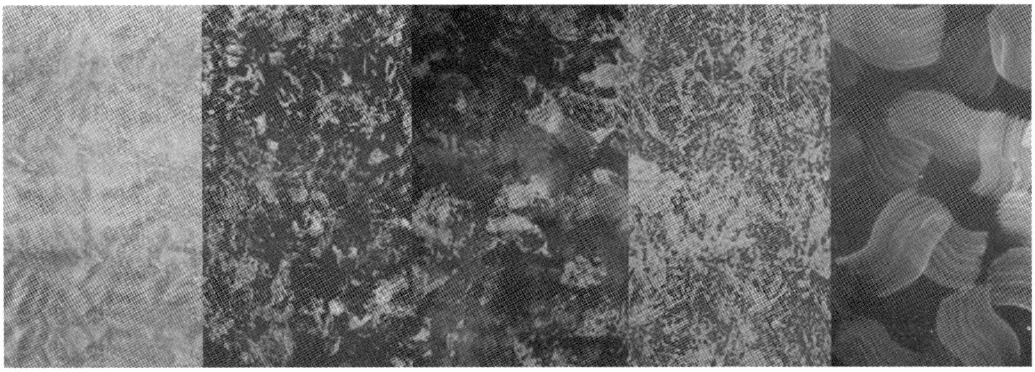

图 5—11　各色彩纹漆图样

2. 组成

彩纹漆涂料是由各色油性调和漆或长油度醇酸磁漆组成的。

3. 施工方法和注意事项

（1）施工方法。彩纹漆涂装采用水面浮漆浸渍法。即用棒将密度较小的多种色漆滴在水面上，并使各种色彩的涂料相互连接地浮在水面上，然后将工件浸入水中，吹去多余的涂料后立即取出，工件表面的涂膜干燥后便形成美观的彩纹。

（2）注意事项

1）基层必须平整（一般高度差不大于 2 mm）、干燥、无浮灰、无油污。基层含水率小于 10%，pH 值小于 10。

2）稀释剂使用自来水，稀释率小于 30%。

3）用钢棉砂纸打磨抛光。

4）材料单耗为 0.7~0.8 kg/m^2。花纹不同，使用量会有所改变。

5）使用完工具，请立即用清水清洗。

6）施工时，温度要保持在 5℃以上。

7）相对湿度在 80%以上时不宜施工。

8）不要和其他品牌的涂料混合使用。

9）彩纹漆在 5~30℃的室内储存，保质期为 6 个月。应储存在儿童不易碰到的地方。

第 3 节　轿车整车涂装

学习目标

通过本节的学习培训，学员能够：

(1) 了解轿车整车涂装的基本流程。

(2) 熟悉轿车整车涂装的基本原理和方法。

(3) 掌握轿车整车涂装的手工操作技能。

在汽车制造过程中，轿车车身涂装是汽车涂装中工序最多、涂层质量要求最高、工艺最复杂的典型多层涂装代表。

轿车车身涂装可适应不同地区的使用条件，确保使用年限，满足耐腐蚀性、耐候性、耐酸雨、抗划伤性、耐化学药品性、耐机油和汽油性，以及外观装饰性、机械强度等性能要求。轿车车身涂装都采用多层涂装工艺，即三涂层或以上体系。

一、轿车车身涂装工艺组成

1. 表面预处理

涂装是使轿车耐腐蚀并具有装饰性最经济有效的方法。表面预处理的质量直接影响涂层使用寿命和装饰效果。轿车表面预处理如图 5—12 所示。

图 5—12　轿车表面预处理

（1）表面预处理的目的。表面预处理的目的是去除被涂物构成之外的所有异物，提供适合于涂装要求的良好基底，保证涂层具有良好的防腐性能和装饰性能。

（2）表面预处理对涂装质量的影响。要保证涂层充分发挥保护和装饰作用，除涂料本身质量影响外，表面预处理是一个重要的环节，直接关系到涂料的使用寿命。表面预处理在整个涂装过程中的影响程度见表 5—1。

表 5—1　　表面预处理在整个涂装过程中的影响程度

影响因素	影响程度
表面预处理	49. 5%
涂料种类	4. 9%
涂层厚度	19. 1%
其他因素	26. 5%

（3）表面预处理的作用

1）保证和提供涂层的防护性能。

2）增强涂层对物体表面的附着力。

3）提供合适的表面粗糙度。

4）增强涂层与底材的配套性、相溶性。

2. 漆前磷化处理工艺

为了提高钢材表面的耐腐蚀性和涂层的附着力，涂装前要对钢材进行磷化处理。磷化处理方法为浸渍法。磷化膜单位面积质量 1 ~ 3 g/m^2，膜厚 1 ~ 2 μm，结晶粒度 1 ~ 10 μm。

在处理前车身表面应进行彻底的清洗，以除去表面的油污和尘上（表面预处理工序）。

3. 阴极电泳涂底漆工艺

现代轿车的底漆大多采用阴极电泳涂装。使用的涂料是以改性环氧树脂和防锈颜料为主要成分的水分散性涂料。底漆涂层厚度一般为 20 ~ 30 μm，在三涂层体系中涂层厚度为 20 ~ 25 μm。

阴极电泳涂装法能形成附着性好、耐腐蚀性优良的底漆层。

4. PVC 涂料工艺

（1）PVC 涂料的作用。PVC 涂料的作用是提高轿车车身的密封性（不漏水、不漏气），提高轿车的舒适性和车缝间隙的耐腐蚀性，装饰边角等。

车身的所有焊缝和内外缝隙在涂装过程中涂密封涂料（俗称密封胶）进行密封。车身底板表面、轮罩、挡泥板内表面，喷涂 1 ~ 2 mm 厚的耐磨、具有抗石击能力的底涂层。

（2）PVC 密封胶的主要组成、作用和施工。PVC 密封胶是采用以聚氯乙烯（PVC）为主要基料和增塑剂制成的一种无溶剂涂料，其不挥发成分达 95%～99%。密封胶干后具有良好的弹性和附着性，受振荡不会开裂或脱落。每辆轿车的 PVC 密封胶平均使用量在 20 kg 左右。

PVC 密封胶施工分为粗密封和细密封。粗密封是指对车身内腔的所有缝隙进行密封，即沿缝隙压涂或喷涂（喷幅为 20～40 mm）PVC 密封胶，对外观要求较低。细密封是指对外观要求高的车身外表缝隙压涂 PVC 密封胶，随后对压涂后的密封胶条外观进行修饰。

（3）储存。PVC 涂料对温度和湿度比较敏感，应按要求在规定的环境中进行储存，确保施工效果和成型后的质量。

更换胶桶时，尽量缩短打开桶盖后材料暴露在空气中的时间，防止材料过度接触空气而吸收空气中的水蒸气。

（4）PVC 涂装工艺流程。粗密封工艺孔密封→粗密封→底部保护→底部喷胶→补喷→清洁→细密封→铺阻尼垫→凝胶→烘干→冷却。

PVC 涂料采用高压无气喷涂法。大量流水线生产采用机械手自动喷涂，随后手工补涂。PVC 手工补涂如图 5—13 所示。

图 5—13　PVC 手工补涂

底部喷胶工序采用机械手自动喷涂车身底盘 PVC 密封胶（见图 5—14）。该机械手通过摄像头进行车身定位，并通过差值计算使机械手与车身进行无干涉精确喷涂。复杂的底盘焊缝胶使用机械手喷涂，可减少人工劳动强度的同时提高涂胶质量。手工补涂可以不留死角。

5. 中涂底漆工艺

喷涂中涂底漆采用经典涂装或空气喷涂法，涂布耐候性良好（抗紫外线性强）、外观装饰性好、含体质颜料少的中涂底漆涂料。形成与底漆附着性良好、耐崩裂性和耐候性优

图 5—14　机械手底部喷涂

良的涂层。

（1）涂料类型：聚氨酯水性中涂底漆或粉末中涂底漆。

（2）涂装工艺：自动静电喷涂。

（3）涂层厚度：第一道 40～50 μm，第二道 30～35 μm。

6. 面漆工艺

喷涂面漆采用静电涂装或空气喷涂法，涂布以耐候性树脂、着色颜料为主体的涂料，形成耐候性、鲜艳性、光泽度较好的涂层。

金属闪光面漆涂装采用底色层加罩光层的涂装工艺（即双涂层面漆工艺）：先涂一道底色层，再在其上采用“湿碰湿”工艺涂一层罩光层。

涂层厚度范围如下。

- 素色漆 40～50 μm。
- 金属漆底色层 15～20 μm。
- 金属漆罩光层 25～30 μm。

素色漆涂装也可采用底色层加罩光层的涂装工艺（即双涂层面漆工艺），以提高素色漆的外观装饰性，适应水性面漆与其他类型罩光清漆配套施工的需要。

现代化的全自动中涂底漆或面漆喷涂生产线，采用经典喷涂机与机械手喷涂机相结合的方式实现。机械手喷涂面漆如图 5—15 所示，手工补涂边角部位如图 5—16 所示。

7. 烘烤

全桥式烘道利用热空气向上的原理充分保证了炉温的均匀性和稳定性，还可减少环境污染。全桥式烘道如图 5—17 所示。

8. 涂装后处理工艺

（1）空腔注蜡。轿车车身在面漆检查合格后总装之前，在所有空腔结构涂装薄弱之处

图 5—15　机械手喷涂面漆

图 5—16　手工补涂边角部位

图 5—17　全桥式烘道

喷涂或灌注防锈蜡，创造一个良好的隔水面，以隔离积水和潮气，可显著提高整车的耐腐蚀性。空腔注蜡有手工喷涂和机械自动灌注两种方式。

注蜡之前，车身需要预热至 90℃，蜡需要加热至 120℃以上。蜡融化后灌入车身空腔内，多余部分溢出去。

（2）抛光。抛光使面漆涂层具有柔和、稳定的光泽度，使面漆更加平滑，这是提高涂层装饰性的一种手段。

一般在装饰性要求较高的高级产品涂装工艺中采用抛光。为达到漆面清晰如镜的效果，抛光后要打蜡。抛光对涂层也起保护作用。

9. 涂装检查

涂装检查是整理报交的重要工作。涂装检查包括涂装前表面质量检查、中间检查、最终检查。

（1）涂装前表面质量检查。涂装前表面质量直接影响涂装质量，本阶段重点检查内容如下。

1）检查车身表面质量。必要时进行返工，严重缺陷返回上道工序。

2）检查涂装前处理剂的浓度、温度、喷嘴喷射量等，并做好记录。

3）检查处理过的车身表面状态是否符合涂装要求。表面应无油脂、污垢、锈斑、盐碱等残留物，磷化膜应均匀。

4）检查易锈蚀的金属件。金属件进入涂装车间后应尽快处理完，并做到优先处理。应尽量缩短表面处理与涂漆之间的过渡时间。

5）表面处理后的整个涂装工艺过程中，严禁用裸手触摸车身，以防留下汗水、油污，引起涂层起泡。

6）严格控制涂装前每道工艺中最后一道水洗水质。质量要求高的涂层应用去离子水，防止水中的水溶性盐积聚在车身上，引起涂层起泡。

（2）中间检查。中间检查是指涂装过程中对底漆、中涂底漆等涂装质量的检查，本阶段重点检查内容如下。

1）检查各涂层干燥程度和硬度。

2）检查各涂层表面状态。

3）检查打磨后车身状态。

（3）最终检查。最终检查是指涂装完毕后成品的质量检查，本阶段重点检查内容如下。

1）检查面漆的色彩、光泽度和表面状态。色彩和光泽度应符合标准样板的要求，面漆表面不应有流挂、颗粒、灰尘、针孔或缩孔、光色不均等问题。

2）检查面漆的干燥程度、硬度和厚度。面漆涂层应干燥、均匀，并达到工艺文件规定的硬度和厚度。

二、轿车车身三涂层涂装工艺

1. 工艺过程

（1）检查工序。检查进入涂装车间的白车身质量，应无锈、表面平整，手工预擦洗车身污物、胶水等（或高压水冲洗）。

（2）预处理工序。预脱脂→主脱脂→喷水洗→浸水洗→浸表调→磷化→喷水洗→浸水洗→浸钝化→去离子水喷水洗→去离子水浸水洗→清洁去离子水喷洗。

（3）电泳工序。阴极电泳涂装→超滤水循环喷洗→超滤水浸洗→超滤水循环喷洗→清洁超滤水喷洗→去离子水浸洗→去离子水循环喷洗→清洁去离子水喷洗→倒水（175~180℃）烘干→冷却→技术检查。

（4）PVC 工序。所有缝隙涂密封胶→车身底板下表面涂 PVC 涂料→车身内贴或铺设防振垫片，擦净车身外表面→（120~140℃）烘干 10~15 min。

（5）中涂工序。车身表面打磨（电泳打磨）→喷双组分底漆（金属露底处）→车身清洁→车身内腔喷漆（手工）→车身外表面喷漆（静电自动喷涂）→检查和补喷（手工）→挥发→（140℃）烘干 20 min→冷却→技术检查。

（6）面漆工序。车身表面打磨（中涂打磨）→喷双组分修补底漆（金属露底处）→清洁→车身内腔喷面漆（手工）→喷第一道金属底漆或底色漆（静电自动喷涂）→挥发→喷第二道金属底漆或底色漆（空气喷枪自动喷涂）→检查和补喷（手工）→热空气吹干→内腔喷罩光清漆→外表面喷罩光清漆（静电自动喷涂）→检查和补喷（手工）→挥发→（130~140℃）烘干 20 min→冷却。

（7）整理报交工序。质量检查→除粗粒→更换零件→涂黑漆→点补→完工报交。

（8）强度聚酯板安装工序。强度聚酯板安装→注蜡前准备打孔→车身预热→空腔注蜡→滴蜡→刷蜡。

2. 车身各类涂层厚度标准

- 阴极电泳底漆 17~22 μm。
- 中涂底漆 30~40 μm。
- 单色底漆 12~30 μm。
- 罩光清漆 30~60 μm。
- 金属底漆 12~30 μm。

三、轿车车身涂装配套工艺

轿车车身涂装配套工艺见表 5—2。

表 5—2　　轿车车身涂装配套工艺

涂层	涂料类型	涂装工艺	各种配套涂层的 VOC 释放量对比
底漆层	环氧系阴极电泳涂料	阴极电泳涂装法	传统涂料（即底漆为阴极电泳涂料）的 VOC 释放量为 76 g/m^2 以上
中涂底漆层	聚氨酯水性中涂底漆或粉末中涂底漆	自动静电喷涂	各层为水性涂料，仅罩光层仍用传统的有机溶剂型罩光清漆，VOC 释放量为 36 g/m^2
面漆底色层	水性丙烯酸底色漆	水性静电喷涂	从底到面均用水性涂料，VOC 释放量为 27 g/m^2
罩光清漆层	丙烯酸粉末罩光清漆或水性罩光清漆	自动静电喷涂	各层为水性涂料，仅罩光层用粉末罩光清漆，VOC 释放量为 20 g/m^2

第 4 节　汽车涂装常见缺陷的产生原因和解决方法

学习目标

通过本节的学习培训，学员能够：

（1）了解汽车涂装过程中常见缺陷的基本种类。

（2）熟悉汽车涂装缺陷的基本解决方法。

（3）掌握解决汽车涂装常见缺陷的技能。

漆面涂装过程中，常见的缺陷包括酸溶剂侵蚀、局部修补区域羽状边开裂、金属漆修补区域银粉发花、缩孔（鱼眼）、橘皮、咬底、抛光痕迹、流挂、溶剂泡等。常见缺陷的产生原因和解决方法见表 5—3。

表 5—3　　常见缺陷的产生原因和解决方法

缺陷名称	缺陷描述	产生原因	解决方法
酸溶剂侵蚀	涂膜表面出现粗糙、褪色、局部脱落或破裂的区域，涂膜表面可以看到侵蚀物质的痕迹	1. 制动液、过氧化物（腻子的固化剂）、蓄电池溶液等腐蚀性物质洒落在涂膜上 2. 酸雨 3. 对新涂膜使用了洗涤剂 4. 涂膜固化不好	重新喷涂面层涂料

续表

缺陷名称	缺陷描述	产生原因	解决方法
局部修补区域羽状边开裂	在喷涂面漆后的很短时间内，涂膜的羽状边开裂就会显现出来	1. 使用稀释剂过量或劣质的稀释剂 2. 打磨时使用了过粗的砂纸且喷漆前没有适当处理，溶剂渗入砂纸打磨痕迹并侵蚀涂膜 3. 在内涂膜上喷涂的面漆太厚或太湿，油漆中的溶剂没有足够的时间向外挥发 4. 旧涂膜或以前修补的缺陷显现出来，或使用了过多的腻子	1. 打磨羽状边至光滑平稳过渡 2. 正确使用稀释剂 3. 不要采用压缩空气吹干涂膜的方法 4. 出现羽状边开裂时，应打磨涂膜表面后重新喷涂
金属漆修补区域银粉发花	颜料在涂膜中不均匀分布，在涂膜上呈现蜂窝状或条形的花斑	1. 施工走枪不均匀 2. 喷涂过湿 3. 使用劣质稀释剂，特别是稀释剂过于慢干将不利于银粉的定向 4. 喷涂气压不正确	1. 走枪方式和气压选择正确（气压稍大、喷幅稍大、走枪快不易发花） 2. 稍微干喷 3. 使用正确的稀释剂
缩孔（鱼眼）	涂膜表面出现直径为1 cm的火山口状空洞或凹痕，大凹痕单独出现而小凹痕成片出现，在凹痕的中心处一般可发现有小的杂质颗粒存在	1. 涂料表面张力发生变化 2. 涂装环境中或基材表面上存在含硅有机化合物 3. 有其他污染源，如油脂、洗涤剂、尘土、蜡等 4. 底漆中含有不匹配的成分 5. 涂装室内水蒸气饱和	1. 打磨至表面光滑清洁为止 2. 重新喷涂面层涂料
橘皮	涂膜表面不平整，会呈现疙瘩状、类似橘子皮的外观	1. 喷涂时喷枪离基材表面太远 2. 涂膜太厚或太薄 3. 涂料混合不均匀，黏度不合适，稀释剂型号不对或质量太差 4. 各涂膜间的流平时间不足 5. 环境温度或基材表面温度不适当	1. 打磨至表面光滑清洁为止 2. 重新喷涂面层涂料
咬底	涂膜表面隆起或起皱，严重程度不同，常见于羽状边缘周围	在热塑性丙烯酸漆或自干型合成树脂漆上喷涂了硝基磁漆或热固性漆，使面漆与底漆发生了化学反应	1. 打磨至表面光滑清洁为止 2. 重新喷涂面层涂料
抛光痕迹	涂膜表面可以看到细微的条纹或划痕，有时缺陷部位会露出底材	1. 涂膜未充分固化时就进行抛光处理 2. 抛光机的压力太大或转速太快 3. 使用的研磨膏太粗或有碱性，抛光布轮太脏、太粗糙	1. 打磨至表面光滑清洁为止，不能打穿面层涂料 2. 抛光

续表

缺陷名称	缺陷描述	产生原因	解决方法
流挂	涂膜局部变厚，形状如同波浪线、浅滩或圆形的山脊，通常出现在倾斜角度大或竖直的表面上	1. 涂膜太厚，压缩空气的压力太低，喷枪雾面太窄，喷枪移动速度太慢，喷枪离基材表面太近 2. 使用的稀释剂型号不对或质量太差 3. 涂料的黏度不合适 4. 空气或基材表面温度太低 5. 底漆层表面有杂质	1. 打磨至表面光滑清洁为止，不能打穿面层涂料 2. 抛光
溶剂泡	在刚刚喷涂的涂膜表面呈现出很多直径在1 mm以下的顶部裂开的小气泡	1. 使用的稀释剂质量太差，挥发速度太快 2. 涂膜太厚，或各道涂料的流平时间不足 3. 压缩空气的压力太低 4. 干燥温度太高，加热热源离涂膜太近或过早加热	1. 打磨至表面光滑清洁为止 2. 重新喷涂中间层和面层涂料

第5节　三工序涂装和修补技巧

学习目标

通过本节的学习培训，学员能够：

(1) 了解三工序涂装的基本种类。

(2) 熟悉三工序涂装的流程。

(4) 掌握三工序涂装的修补技巧。

一、三工序涂装

1. 定义

在汽车修补涂装领域，三工序通常指三工序珍珠漆和着色罩光清漆。

三工序珍珠漆是汽车涂装中的高档用漆，适用于各种高档轿车、豪华大客车的涂装，其表面具有丝绸和软缎般细腻、柔和的珍珠光泽，涂膜丰满而有质感，有多层次的珍珠般反射效果。三工序珍珠漆包括底色涂层、珍珠涂层和罩光清漆涂层。

着色罩光清漆是有色彩而又通透的涂膜，能使底色漆的色彩效果更丰富、更生动。着色罩光清漆在汽车涂装中运用不多，但在摩托车涂装中运用广泛。着色罩光清漆包括底色涂层、着色罩光清漆涂层和罩光清漆涂层。

2. 对中间层质量的要求

两种三工序涂装的共性在于中间层（即珍珠涂层或着色罩光清漆层）都是有色彩或珍珠效果但不具备遮盖力的涂层，涂层数目会影响最终色彩。

因此，无论在色彩调配还是在修补过程中都应该运用“多层喷涂试验”方法来确定最终色彩及效果。

3. 流程

以丙烯酸聚氨酯体系为例，三工序珍珠漆在喷涂施工时分为三个阶段操作，即第一工序喷涂底色漆、第二工序喷涂珍珠漆、第三工序喷涂罩光清漆。

（1）底色漆的施工工艺。三工序珍珠漆的底色漆以纯底色漆居多，施工方法与纯底色漆相同，只需要喷涂 2~3 层即可。

（2）珍珠漆的施工工艺。喷涂珍珠漆为三工序中的第二道工序。它提供了更深层次的珍珠反射效果，但不具备遮盖力，施工时喷涂于底色漆之上。喷涂时一定要使用供应商提供的配套稀释剂，避免起花。喷涂气压 0.35~0.4 MPa，涂料黏度 15~17 s（涂-4 黏度计，20℃），喷涂 2~3 层，每层应留有一定的间隔时间，以防涂层流挂。

（3）罩光清漆的施工工艺。三工序珍珠漆的最后一道工序是喷涂罩光清漆。喷涂时应等底层干燥后才能施工，若间隔时间太短会导致底层珍珠漆起花。在喷涂罩光清漆前，表面不得打磨，否则会留有明显的砂纸痕。罩光清漆的喷涂和双工序的罩光清漆相同。

4. 施工注意事项

（1）底层质量控制。施工对底层要求较高，而且珍珠层遮盖力较差，因此中涂底漆打磨时应选用 P1000 以上的细砂纸，以免涂层留下砂纸痕。

（2）喷涂黏度控制。珍珠漆在喷涂时黏度不宜太高，喷枪移动速度应适当快些，以均匀喷涂 2~3 层为宜，枪速太慢或涂料太厚都易产生起花的现象（金属斑痕），膜厚应控制在 15~20 μm。

（3）层间膜厚控制。罩光清漆可以喷得较厚，喷枪的移动速度应稍慢些，但层间一定要留有闪干时间，以免产生流挂。

二、三工序涂装的修补技巧

三工序珍珠漆和着色罩光清漆系统都属于较难修补的涂装，修补时需要特别注意喷涂过程中的色彩校正和驳口工艺。

1. 色彩校正

三工序珍珠漆和着色罩光清漆色彩校正一般采用“多层喷涂试验”，具体步骤详见第4章第1节。确定了喷涂珍珠层或着色罩光清漆层的层数后，即可开始修补。

2. 珍珠层色漆驳口技术

（1）用0.2 MPa喷涂气压将纯底色涂层喷涂完成。注意不能超出准备区域。

（2）用1份驳口溶剂兑1份上述纯底色漆；用0.2 MPa喷涂气压及弧形喷涂手法喷涂，覆盖上一层涂层，但不能超出准备区域。

（3）用1份正常调配的珍珠漆兑2份第二步混合的纯底色漆；用0.2 MPa喷涂气压薄喷1~2层，但不能超出上一层纯底色漆范围，喷完后洗净喷枪。

（4）用0.17~0.2 MPa喷涂气压喷涂正常调配的珍珠漆，边喷边检查色彩，直到色彩正确。注意尽量不要超出底色漆的喷涂区域。

（5）用1份驳口溶剂兑2份正常调配的珍珠漆；用0.17~0.2 MPa喷涂气压喷涂覆盖上一层涂层。

（6）用1份调配好的双组分罩光清漆兑2份第五步的混合漆；用0.20~0.23 MPa的喷涂气压覆盖上一层涂层，完成后洗净喷枪。

（7）喷涂罩光清漆。可整个板块喷涂，也可局部驳口或板块间驳口喷涂，干燥。

总之，三工序珍珠漆驳口比较复杂，所以不建议局部修补，尽量采用板块喷涂。必要时做板块间驳口，有时要做好驳口至相邻第二块、甚至第三块的准备。

3. 着色罩光清漆驳口技术

如上所述，通过“多层喷涂试验”确定了着色罩光清漆的喷涂层数后，即可开始修补。其驳口工艺如下。

（1）按照正常的方式准备驳口区域。

（2）喷涂底色漆遮盖底漆，喷涂2~3层并延伸至周边区域，静置干燥。

（3）采用低供气压力和弧形喷涂手法喷涂着色罩光清漆，将底色漆区域覆盖，喷涂至正确色彩所需的层数。每层覆盖前一层区域，并静置足够时间（一般为5~10 min）。

（4）喷涂一层罩光清漆。驳口喷涂覆盖着色罩光清漆并延伸至周边区域。

第 6 节　遮盖设备和材料

学习目标

通过本节的学习，学员能够：

（1）了解遮盖的目的。

（2）熟悉遮盖设备和材料的要求。

（3）熟悉部分遮盖材料的使用注意事项。

（4）掌握遮盖设备和材料的使用方法。

遮盖的目的是在涂装施工中保护非喷涂部位不受打磨、喷涂、抛光等作业的污染。遮盖也在一定程度上阻断了作业部位周边区域灰尘和污染物对作业部位的影响。

一、遮盖的设备——遮盖纸切纸架

遮盖纸切纸架是一个整合遮盖纸贴合胶带、悬挂遮盖纸、裁剪遮盖纸等功能的小型工艺设备。遮盖纸切纸架由 2~3 个胶带挂架和遮盖纸挂架、2~3 个裁纸刀、压板和推动轮组成。遮盖纸切纸架结构如图 5—18 所示。

遮盖纸切纸架可以是移动式的，也可以是悬挂式和地面固定式的。可以根据生产环境的需要选择适当的设备。

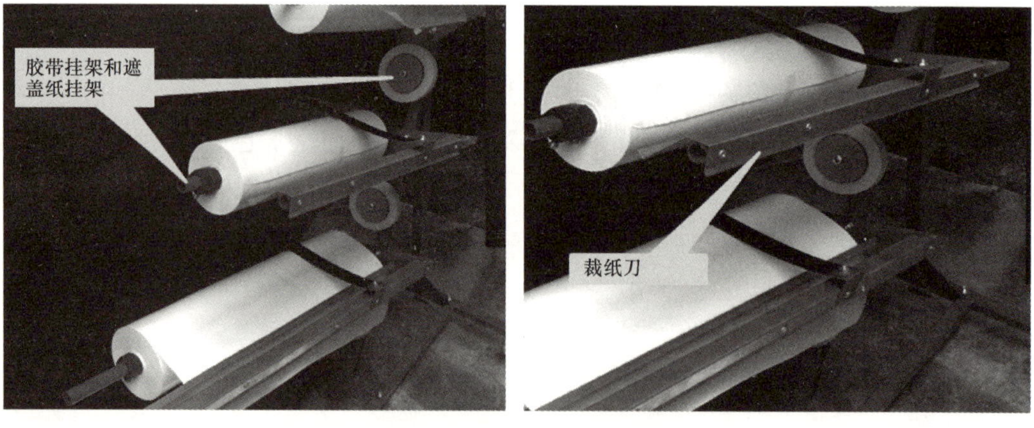

图 5—18　遮盖纸切纸架结构

二、遮盖的材料

1. 性能要求

汽车涂装中，车身遮盖材料的性能一般有以下几个要求。

（1）具有一定的耐溶剂性和耐水性。

（2）能可靠地黏附于工件表面，不产生卷边和脱落。

（3）耐高温性好，能在烘烤后轻松取下，不产生脱胶和撕裂现象。良好的遮盖状态与撕裂对比如图 5—19 所示。

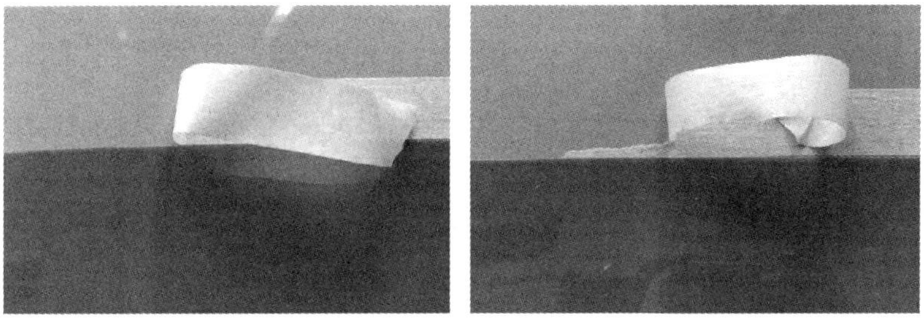

未被撕裂的遮盖材料　　撕裂的遮盖材料

图 5—19　良好的遮盖状态与撕裂对比

（4）能够在金属、塑料、木器、玻璃、涂膜表面有效黏附。

（5）防止涂料的渗透，避免漆线不直和非涂面被污染。良好的遮盖状态与涂料渗透对比如图 5—20 所示。

分色较好的涂面　　被渗透后漆线弯曲

图 5—20　良好的遮盖状态与涂料渗透对比

2. 分类

（1）遮盖纸。遮盖纸属于遮盖材料中的一类。它是以牛皮纸类的纸张为基材，与美纹纸复合而成的。遮盖纸如图 5—21 所示。

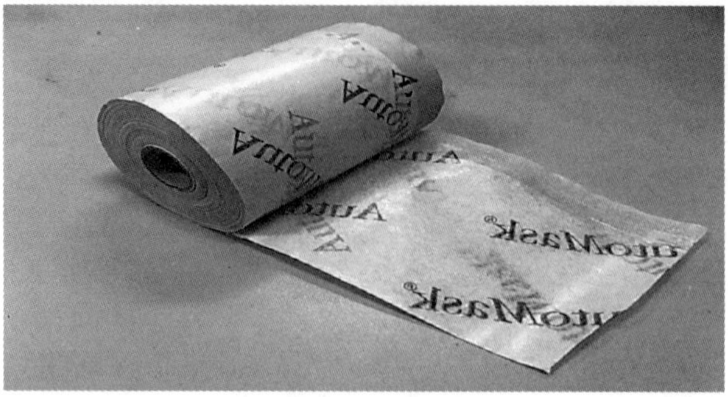

图 5—21　遮盖纸

此类纸张耐溶剂性、耐油性、耐水性较强，且不会因遇水而破损，适用于喷涂时遮盖，可避免非喷涂区域被漆雾污染。

1）优点。由于遮盖纸各类性能大大优于报纸，如遮盖纸的耐油渗透速度是报纸的 25 倍、强度是报纸的 15 倍，所以在遮盖作业时彻底改变了传统报纸贴护的遮盖方法。其主要优点有以下几个方面。

①遮盖效率高，省时省力。报纸贴护需要一块一块地用报纸拼接，效率低而且遮盖不严实，容易造成渗漏。

②耐溶剂性、耐水性、耐油性较强。不容易被涂料渗透。

③体积小、柔软、纸质薄、材料干净。报纸的油墨非常容易造成涂膜的污染，甚至造成鱼眼等缺陷，且携带不方便。

④贴附性较好，又是整块贴护。不会在喷涂时发生遮盖物被压缩空气吹起的现象。

由于遮盖纸优势明显，极大地提高了产品质量和生产效率，是目前汽车涂装遮盖中的首选材料。

2）使用注意事项

①遮盖纸用量。根据实际喷涂中需要遮盖区域的面积大小、修补方案和所用喷涂方法，确定遮盖纸用量，避免不必要的浪费。

②被贴护涂膜表面的清洁工作。使用遮盖纸时，应注意做好被贴护涂膜表面的清洁工作，避免涂膜表面的水、油污与遮盖纸黏合在一起。

③遮盖纸的存放。遮盖纸应存放在干燥、通风的环境内，并符合国家对纸张存放的安全要求。

④建议使用遮盖纸切纸架。使用遮盖纸时，建议采用遮盖纸切纸架进行操作，避免遮盖纸表面污染。如果采用自粘式遮盖纸，需要注意存放在干净的收纳处。

⑤整理工作。喷涂完成后进入烤漆房前，需要适当清除一些垂挂的、车辆内部组件上的、影响车辆移动的遮盖纸。

（2）遮盖薄膜。遮盖薄膜也属于遮盖产品的一种，功能同遮盖纸类似。遮盖薄膜采用折叠技术，其体积小巧，携带方便。遮盖薄膜的主要作用也是防止非喷涂区域被漆雾污染，但遮盖薄膜本身的吸附性强，使其更适合大面积的遮盖。遮盖薄膜如图 5—22 所示。

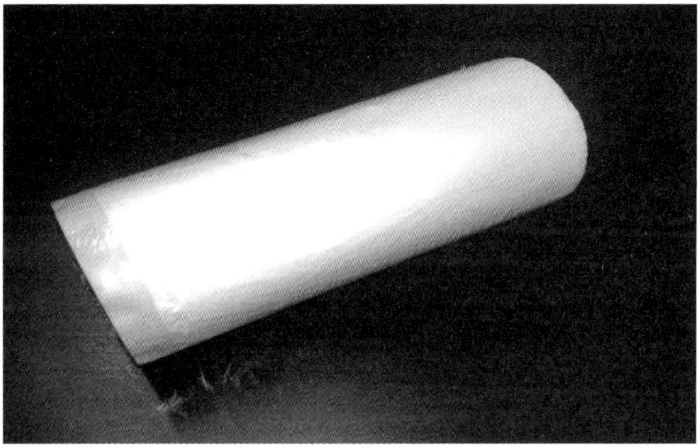

图 5—22　遮盖薄膜

遮盖薄膜分为高温薄膜和常温薄膜两种，可以根据不同的作业温度和烘烤温度进行选择。由于遮盖薄膜是由 PE（聚乙烯）薄膜复合胶带制作而成的，所以遮盖薄膜的耐油性、耐溶剂性、耐腐蚀性、耐水性等也较强，能有效保护非喷涂区域。

（3）遮盖胶带。遮盖胶带是专门保护喷涂区域周边表面，避免其被过度喷涂污染，保证漆线光滑，并可以在作业结束后轻松而干净地剥离的纸质胶带。遮盖胶带常用于强制干燥涂料，可以承受 60~80℃ 的温度。

遮盖胶带的种类较多，有美纹纸胶带、平板纸胶带、精细遮盖胶带等。部分遮盖胶带如图 5—23 所示。

1）结构。遮盖胶带结构主要由低黏度黏结剂、底涂剂、纸质基材、抗阻涂层、背材五部分组成。遮盖胶带的结构如图 5—24 所示。

2）作用。在汽车涂装中，遮盖胶带主要有以下几个作用。

①黏结可靠，可抵抗漆料中的溶剂或水，强度足以悬挂遮盖纸和遮盖膜。

②使用后可以干净地剥离，不会损坏粘贴底面。

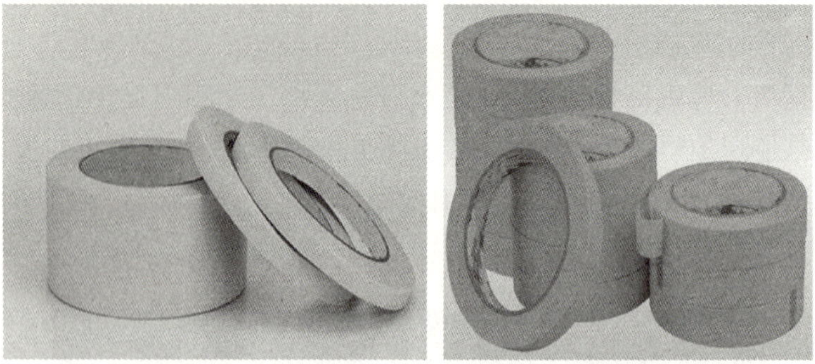

美纹纸胶带　　　　平板纸胶带

图 5—23　遮盖胶带

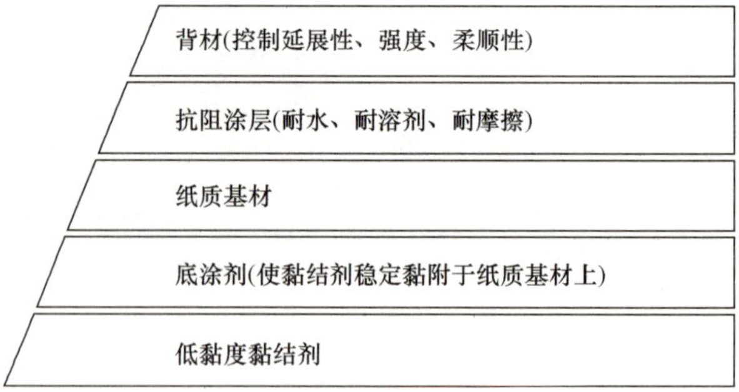

图 5—24　遮盖胶带的结构

③贴合性较强，能很好地贴合曲面和一些不规则工件表面。

在选择遮盖胶带的时候，尽量选择一些材质较好的胶带，避免在烘烤后和溶剂渗透后产生碎裂和脱胶。

3）使用注意事项。遮盖胶带种类较多，应根据施工用途选择适当的胶带。遮盖胶带使用注意事项如下。

①遮盖胶带使用前，需要检查被粘物表面是否干燥、洁净，避免影响粘贴。

②遮盖胶带使用中，注意不要将不同类型的胶带混合使用。

③在制作线条时，应选择适当宽度的胶带进行遮盖。

④遮盖胶带贴护时，一定要稍微用力按压胶带，使其固定牢固。

⑤贴护功能完成以后，需要及时清除遮盖胶带，避免产生残胶现象。

⑥遮盖胶带应存放在干燥、通风的环境中，并符合国家对纸张存放的安全要求。

（4）缝隙胶带。缝隙胶带是一种遮盖材料，用来遮盖钣金件之间的缝隙，以防止涂料飞溅入车身内部。

缝隙胶带由聚氨酯泡沫体复合黏结剂制成，胶带截面呈圆柱形。缝隙胶带在遮盖时简化了有缝隙区域的遮盖，还可以防止喷涂后出现台阶。它可以轻易地应用在门柱、引擎盖、行李箱等区域的遮盖。缝隙胶带如图5—25所示。

缝隙胶带的优点如下。

1）自带黏性，方便贴附。缝隙胶带可直接嵌入一些边角、凹槽等区域，无须再贴护遮盖纸，既简化了操作又提高了作业效率。

2）具有一定的弹性。缝隙胶带采用聚氨酯泡沫体制成，在边角遮盖中可以具有一定的密封性。缝隙胶带的作用如图5—26所示。

图5—25　缝隙胶带

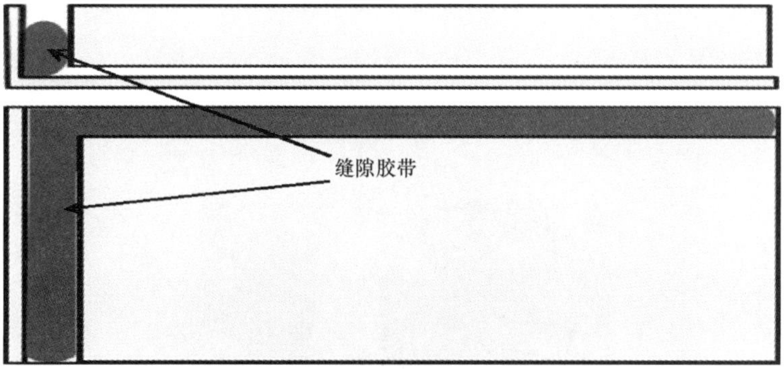

图5—26　缝隙胶带的作用

3）边口美观又方便打磨。缝隙胶带设计为圆柱形，除去后边口不会出现涂膜断差（涂膜台阶）。

（5）特殊遮盖材料

1）车身罩和类似产品。车身罩是可以罩住整部汽车的薄塑料罩，多个地方可以灵活拆卸留出需要喷涂的区域。

由于车身罩可以反复使用，大大减少了大面积遮盖材料的使用，可节约成本。类似车身罩的还有轮胎罩、发动机罩等。轮胎罩如图5—27所示。

2）精细遮盖胶带。精细遮盖胶带（线条胶带）具有一定的伸缩性和弹性，可以作为曲线和复杂图案边线的遮盖材料。精细遮盖胶带如图5—28所示。

3）遮盖边条。遮盖边条是一种辅助遮盖材料，其主要在有密封条或软压条的部位进

图 5—27　轮胎罩

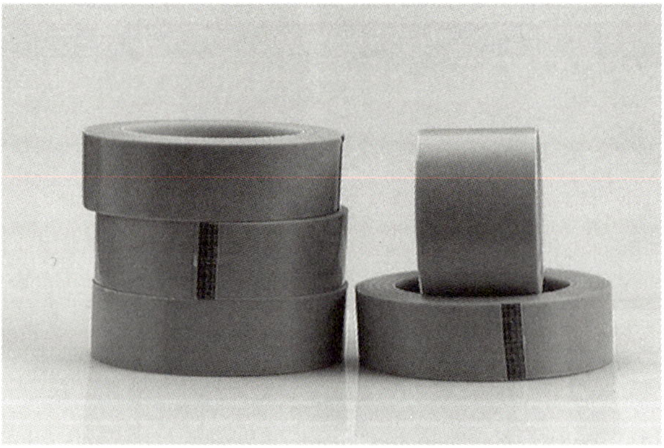

图 5—28　精细遮盖胶带

行遮盖。

一般在有密封条或软压条的部位下面嵌入遮盖边条，使密封条或软压条被遮盖边条撑起一条缝隙。这样在喷涂时涂料就能均匀地喷涂到缝隙边缘，在拆下遮盖材料后，缝隙边缘的涂膜就会均匀丰满，也不会出现压痕。

第 7 节　遮 盖 方 法

学习目标

通过本节的学习，学员能够：

（1）了解遮盖边界的选择原则。

（2）了解遮盖前的准备工作。

（3）熟悉遮盖操作的基本方法。

（4）掌握各部位的遮盖技巧。

一、遮盖边界的选择原则

为了保证修补区域边口的隐蔽和后期抛光的方便，修补时遮盖边界的选择非常重要。恰当地选择遮盖边界，不但可以减少抛光工作量，还可以使车辆修补区域更贴近原状态。

遮盖边界的选择原则一般有以下几点。

1. 选择板件缝隙

在板件进行整块喷涂时，首先应选择板件边缘缝隙作为遮盖边界。边缘作业方式简单，接口部位容易被装饰件修饰。板件边缘遮盖如图 5—29 所示。

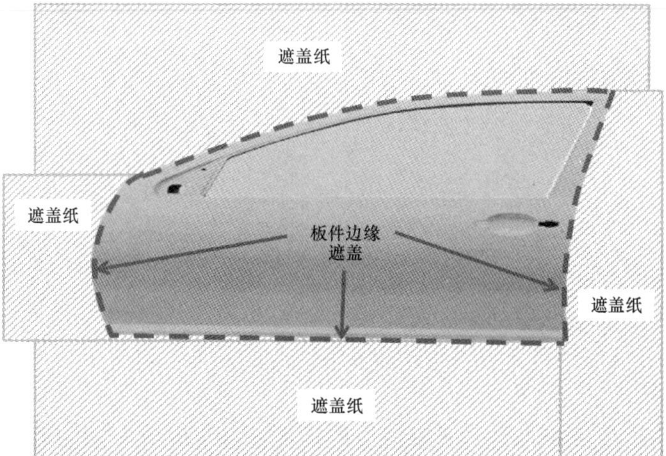

图 5—29　板件边缘遮盖

2. 选择涂胶缝隙

有些板件之间采用涂胶方式进行衔接，则可以将涂胶处作为遮盖边界，并采用反向遮盖法。涂胶缝隙遮盖如图 5—30 所示。

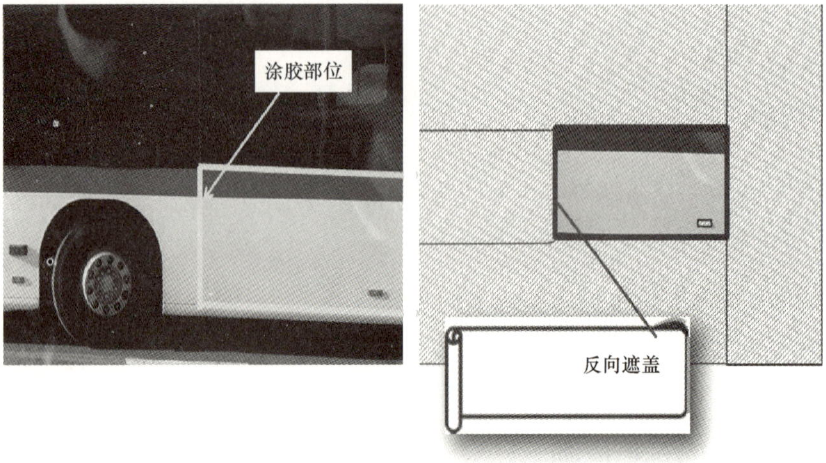

图 5—30　涂胶缝隙遮盖

3. 选择特征线

板件进行局部修补需要将板件特征线作为遮盖边界，遮盖边界处采用反向遮盖法。特征线遮盖如图 5—31 所示。

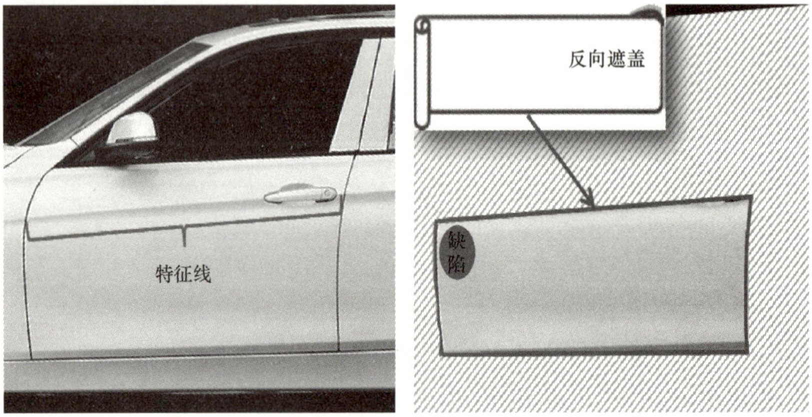

图 5—31　特征线遮盖

若周边没有可以借用的边界，则遮盖边界必须通过反向遮盖法将喷涂区域限定在一定范围内。

二、遮盖前的准备工作

1. 清洗

车辆在进行遮盖前，首先要对车辆进行清洗，特别是一些边角部位要进行彻底清洗。如果被贴面不够清洁，遮盖时胶带就会黏结不牢固，易脱落。清洗步骤如下。

（1）检查遮盖表面的清洁程度，尤其是边角部位，如图 5—32 所示。

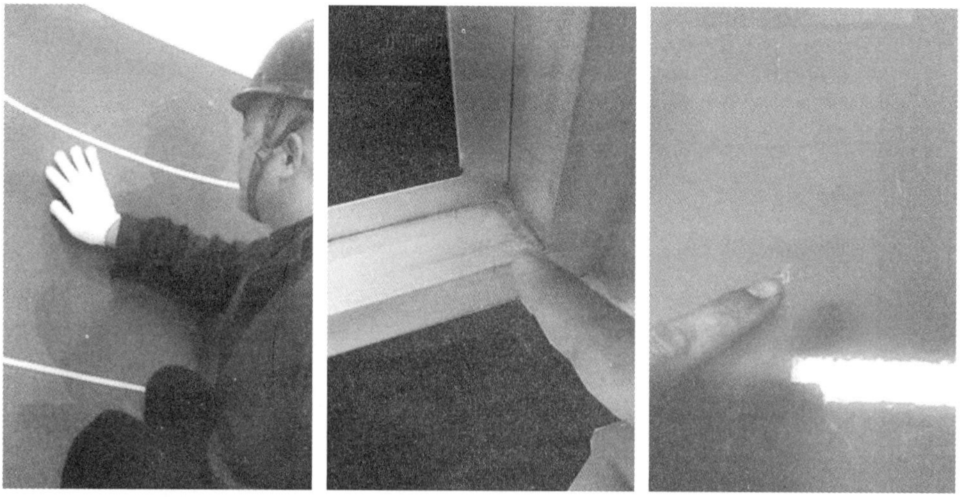

图 5—32　遮盖前的检查

（2）用干净抹布对遮盖区域进行清洗。清除表面的浮灰；对胶印、水渍等污垢，可用专用清洁剂进行处理。特别需要注意门边框、行李箱、引擎盖周边缝隙和轮罩边等部位的清洗。采用“一湿一干”法进行清洗。遮盖前的清洗如图 5—33 所示。

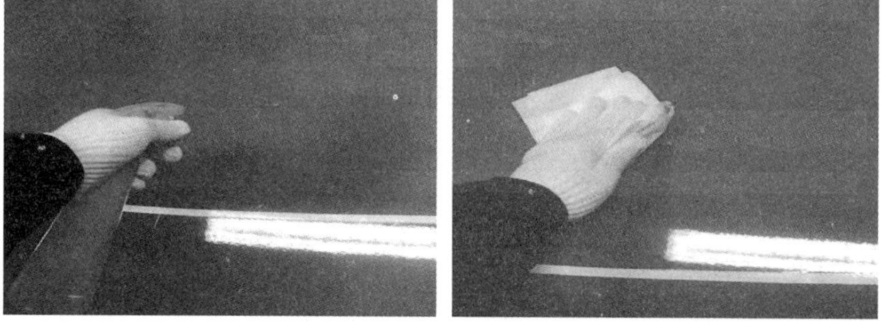

图 5—33　遮盖前的清洗

(3) 清洗完成以后，使用干净的压缩空气吹净边角等部位的残留污物，使表面彻底清洁干燥。

2. 除油

遮盖前的除油通常采用弱碱性清洁剂和中性除油剂，通过皂化、溶解等作用去除表面油污。

(1) 弱碱性清洁剂除油。弱碱性清洁剂通过皂化作用将油污去除。具体可以采用浸渍、擦拭、喷雾的方法。当表面油污乳化以后，可用干净抹布和清水将工件表面清洗干净，最后使用干净的压缩空气干燥表面。

(2) 中性除油剂除油。中性除油剂通过一种或多种表面活性剂作用使油污分散，从而起到去除油污的作用。具体可以用喷壶或者毛刷先湿润油污表面，当油污乳化后，再用干净抹布擦净表面。

三、遮盖的基本操作方法

1. 正向遮盖法

正向遮盖法是指遮盖纸直接粘贴在遮盖面上，即遮盖纸粘贴面向下的遮盖方法。正向遮盖法如图 5—34 所示。

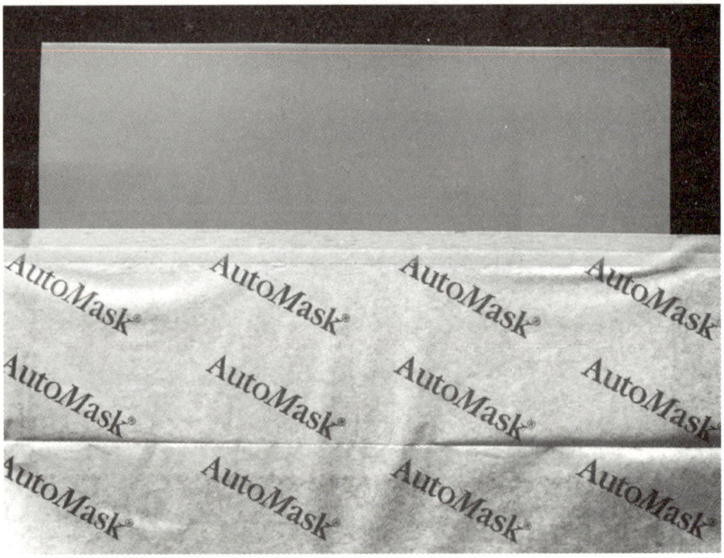

图 5—34 正向遮盖法

正向遮盖法是一种应用广泛的遮盖方法。正向遮盖法比较适合图案制作、板块喷涂等，但缺点是容易出现涂层断差现象。

2. 反向遮盖法

反向遮盖法是指先将遮盖纸盖在待喷涂的部位。用胶带粘住遮盖纸的一边（见图 5—35 步骤一）；接着以胶带粘住的这一边为轴，翻转遮盖纸到非喷涂区域固定（见图 5—35 步骤二）。

反向遮盖法可以减少涂膜断差现象，让新涂膜与旧涂膜的边界平滑过渡，便于抛光。反向遮盖法比较适合局部修补或多层喷涂时使用。

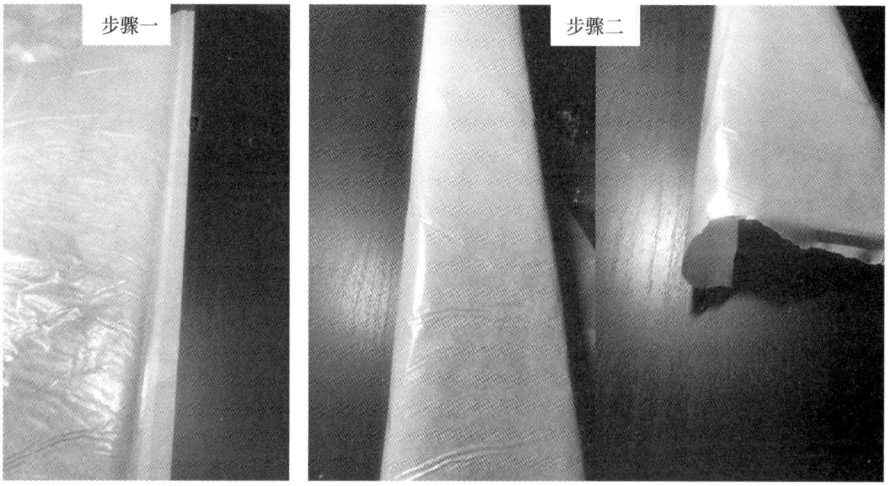

图 5—35　反向遮盖法

3. 胶带的基本粘贴方法

在遮盖之前必须清洗和干燥被遮盖面。不洁净、不干燥的表面容易造成遮盖胶带黏结不牢固。

在使用遮盖胶带时，首先用一只手将胶带初始端按压在被遮盖面上，随后另一只手的食指伸入胶带卷中间孔中，把大拇指放在胶带外面以控制胶带的方向，随后慢慢扯开胶带，同时用按压胶带初始端的手将扯开的胶带用力按压在遮盖面上。遮盖胶带的粘贴如图 5—36 所示。

注意：遮盖胶带靠近作业区域一边应密封，避免溶剂、涂料等液体渗漏。扯开胶带时一般不建议拉紧，以避免胶带扯断。贴护边口时，可以稍微用力来保证边口平整。

制作弯曲面或者弯曲线条时，可以采用精细胶带贴护或者采用遮蔽胶带内边褶皱贴护方法。曲面贴护如图 5—37 所示。注意：褶皱贴护方法不建议在精细处使用。

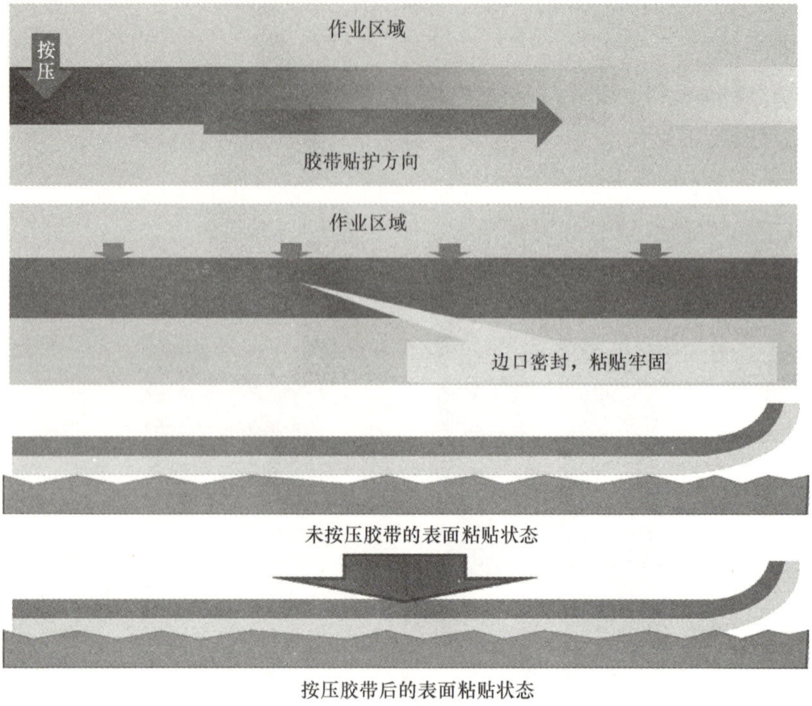

图 5—36　遮盖胶带的粘贴

图 5—37　曲面贴护

4. 装饰条和嵌条的遮盖方法

在涂装时，为了避免装饰条和嵌条被溶剂溶蚀，或被漆雾、打磨灰尘、抛光蜡污染，装饰条和嵌条的遮盖应采用双层遮盖法。

首先按照胶带粘贴方法将胶带粘贴在装饰条和嵌条上，注意按压装饰条和嵌条边缘，以保证边口密封性。然后再在原有胶带上粘贴一层胶带，并遮盖住前一层胶带的边缘，同样按压胶带边缘，保证密封性。

5. 风窗玻璃的遮盖方法

遮盖风窗玻璃时，首先将风窗玻璃上的附件拆除干净，如雨刮器。然后将风窗玻璃进行清洗，清除表面的污垢，将边口、凹槽等处的水渍吹擦干净，待风窗玻璃干燥后开始遮盖。

前风窗玻璃遮盖如图 5—38 所示。首先沿着最上端和嵌条边缘贴胶带（见图 5—38b）；然后用遮盖纸盖上玻璃，纸边上的胶带要与嵌条上的胶带相重叠，上面的遮盖纸要与下面的遮盖纸重叠（见图 5—38c）；再把纸上有褶的地方折起来并贴上胶带，以防灰尘和飞漆渗入。后风窗玻璃也按照这个方法进行。

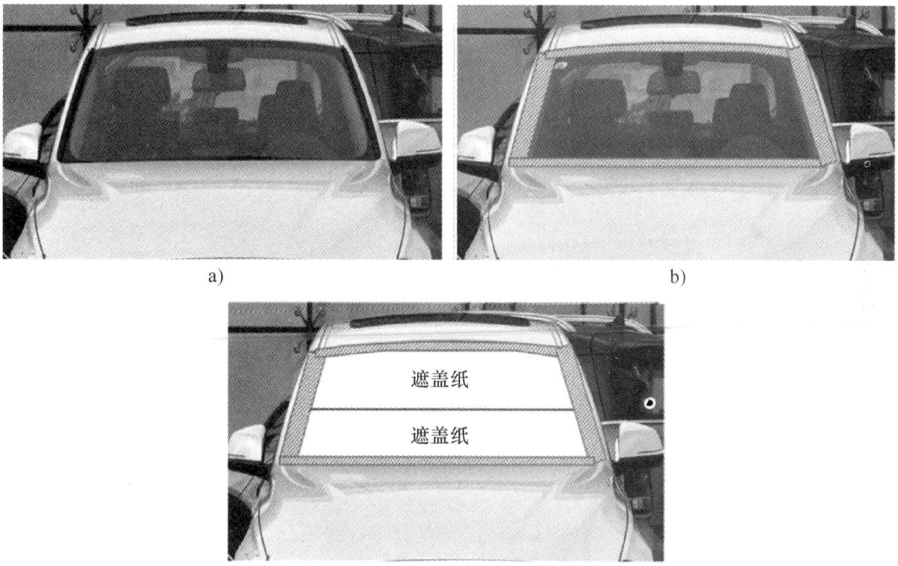

图 5—38 前风窗玻璃遮盖

a）待遮盖的前风窗玻璃 b）贴胶带 c）遮盖纸遮盖

喷涂水平面如发动机罩时，要用双层遮盖纸，以防渗色或溶剂使面漆倒光。

6. 喷涂两种色彩时的遮盖方法

当需要喷涂两种重叠的不同色彩时，应先选择一个面积较大的色彩进行喷涂；待先喷的色彩干燥后，用精细胶带按照要求把两种色彩隔开；再用遮盖纸和胶带覆盖在精细胶带上进行粘贴，随后将周边所有不需要喷涂的区域进行遮盖保护。

7. 侧面窗、门把手和侧面镜的遮盖方法

遮盖侧面窗、门把手和侧面镜时，首先将侧面窗、门把手和侧面镜清洗干净，清除表面的污垢，然后将边口、凹槽等处的水渍吹擦干净，待干燥后开始遮盖。

使用遮盖胶带将侧面窗周围嵌条和镀铬装饰件进行遮盖，然后粘贴遮盖纸并用遮盖胶带固定。门把手可以直接用遮盖胶带缠绕或用遮盖纸缠绕后再用遮盖胶带固定。侧面镜先使用遮盖胶带沿着装饰件边缘进行贴护，然后用遮盖纸完全遮盖侧面镜，并用遮盖胶带固定。

8. 不需要喷涂部位的遮盖方法

（1）对不需要喷涂的部位，应用遮盖纸和胶带遮盖、封闭，并且固定牢固，避免喷涂时被气流吹起。

（2）胶带固定效果较差的部位，如车轮、车灯等，可用遮盖罩罩上，遮盖罩有轮胎罩、车身罩、底盘罩、前后车灯罩等。

9. 其他部位的遮盖方法

其他部位，如轿车车门内侧遮盖方法：首先将车门内侧清洗干净；待干燥后沿着车门内侧卷边部位反向粘贴遮盖胶带，粘贴遮盖胶带时，胶带一半需要按压牢固，另一半与遮盖膜相黏结；粘贴完成后，将遮盖膜与遮盖胶带连接的部分和遮盖膜褶皱的部分用遮盖胶带固定牢固。车门内侧遮盖如图5—39所示。

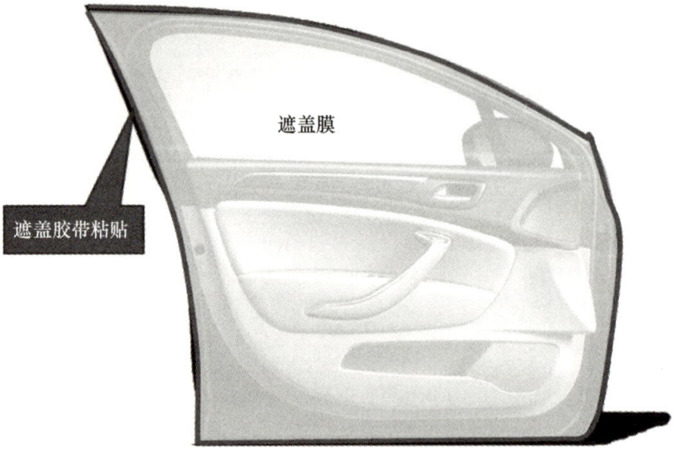

图5—39　车门内侧遮盖

10. 消除遮盖材料

建议在喷涂作业结束10 min后清除遮盖材料。

技能要求

三工序涂装和修补实例

轿车在使用过程中，由于受到日光、温度、湿度、摩擦、生物、化学品的影响和外力碰撞，或底材本身质地损坏，轿车涂膜都会受到破坏，失去原有的保护和装饰作用，需要进行重新涂装，才能恢复其原有的风采。

下面介绍一个轿车三工序修补涂装的实例，待修补车辆如图 5—40 所示。

图 5—40　待修补车辆

一、操作要求

1. 板块修补要求表面色彩恢复原色。

2. 质量要求

（1）光泽度与原车基本相同。

（2）表面无流挂、露底、明显橘皮、起泡现象。

二、操作准备

1. 清洗车辆

用中性洗涤剂清洗车顶、车身各面等，重点清洗挡泥板、车轮、大梁、拖车底板表面上的油污、灰尘等杂物，再用清水清洗并擦拭干净，干燥后待施工。

2. 材料和工具设备准备

根据车身损伤的位置和修补面积大小确定材料数量。底漆使用环氧底漆，中涂底漆使用双组分中涂底漆，面漆使用三工序珍珠漆，腻子使用汽车修补用聚酯腻子。其他配套和辅助材料、工具设备等准备若干。

3. 遮盖

将非涂饰面用遮盖纸遮盖完整。车辆遮盖如图 5—41 所示。

图 5—41 车辆遮盖

三、操作步骤

1. 表面处理

清除油污、缺陷部位的旧涂膜、锈蚀，将车门板打磨至表面无光，如图 5—42 所示。

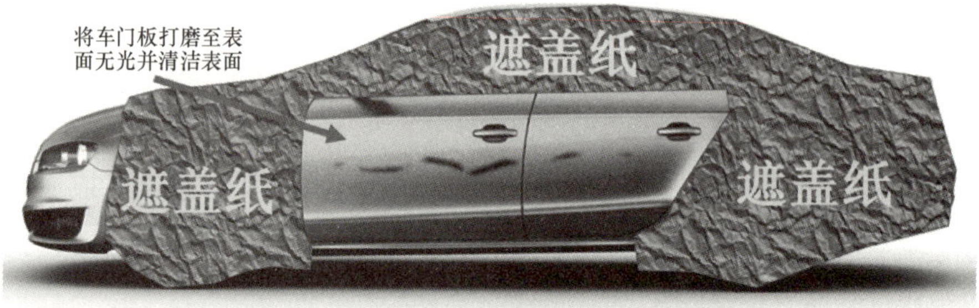

图 5—42 将车门板打磨至表面无光

2. 喷涂底漆

选择环氧底漆，严格按照施工工艺喷涂并干燥。

3. 刮涂腻子

按比例调配腻子，在缺陷处刮涂腻子，如图 5—43 所示。按缺陷大小和深浅确定刮涂腻子的层数。

图 5—43　缺陷处刮涂腻子

4. 打磨腻子

用手工或机械方法打磨腻子至表面光滑、平整，无砂眼、划痕等缺陷。打磨腻子效果如图 5—44 所示。

图 5—44　打磨腻子效果

5. 喷涂中涂底漆

喷涂中涂底漆时选用与面漆色彩相同或相似的中涂底漆，能有效提高面漆的遮盖。喷涂中涂底漆如图 5—45 所示。

6. 打磨中涂底漆

用手工或机械方法打磨中涂底漆至表面光滑、平整，无砂眼、划痕等缺陷。建议采用干磨的方法，更有利于防腐。

7. 喷面漆前准备

（1）检查遮盖纸是否脱落。

图 5—45　喷涂中涂底漆

（2）检查非涂饰面是否遮盖完好。

（3）检查空气压缩机是否运转正常，喷枪是否完好。

（4）按所用涂料技术标准比例配制涂料，并用细筛网过滤所用涂料。

8. 喷涂面漆

（1）喷涂底色漆。在此实例中以纯底色漆为例进行说明。施工方法基本与素色漆相同，只需要喷涂 2~3 层即可，每层间隔 5~10 min，施工时黏度 15~17 s（涂-4 黏度计，20℃）较为合适，干燥后不必打磨。

（2）喷涂珍珠漆。该涂层是喷涂于底色漆之上的，注意一定要使用供应商提供的配套稀释剂，否则干燥速度慢，还会产生表面金属斑痕（起花）等问题。

三工序珍珠漆微调时难度较大，所以整板喷涂时应按照供应商提供的配方调配。

（3）喷涂罩光清漆。下面以双组分丙烯酸聚氨酯罩光清漆为例进行说明。罩光清漆必须同底层涂料相配套，调配时必须使用供应商提供的配套催干剂和稀释剂。施工时涂料黏度 15~17 s（涂-4 黏度计，20℃），喷涂气压 0.2~0.3 MPa，喷涂 2~3 层，每层间隔时间 10~15 min，喷幅重叠 1/2，喷涂最后一层时喷枪的移动速度应稍慢些，要求膜厚达到 30~40 μm。干燥面漆。

9. 修补整理

（1）清除所有遮盖纸、胶带，揭去专用遮盖罩（如使用）。

（2）对各门框边、车身各边角等部位进行修补整理。

（3）检查色彩是否符合要求。修补后的效果如图 5—46 所示。

四、注意事项

1. 个人安全防护

按规定做好个人安全防护。

2. 设备场地安全

图 5—46　修补后的效果

（1）烤漆房使用完毕后及时关闭，保证设备的安全。

（2）用剩的材料送仓库保管。

3. 5S 作业。

车门板三工序局部修补

下面介绍轿车三工序局部修补实例。待修补车辆如图 5—47 所示。

图 5—47　待修补车辆

一、操作要求

1. 局部修补要求表面色彩与原色相同或相似。

2. 质量要求

（1）光泽度与原车基本相同。

（2）表面无流挂、露底、明显橘皮、起泡现象。

二、操作准备

1. 清洗车辆

用中性洗涤剂清洗缺陷部位——车门板表面的积灰和污泥。去除油污、灰尘等杂物，再用清水清洗并擦拭干净，干燥后待施工。

2. 材料和设备准备

根据车身损伤的位置和修补面积大小确定材料数量。底漆使用环氧底漆，中涂底漆使用双组分中涂底漆，面漆使用三工序面漆，腻子使用汽车修补用聚酯腻子。其他设备和材料包括喷枪、气动吹尘枪、气管、底色漆配套材料、三工序珍珠漆配套材料、罩光清漆配套材料、辅助材料等。

三、操作步骤

1. 遮盖

将非涂饰面用遮盖纸遮盖完整，如图 5—48 所示。

图 5—48　非涂饰面用遮盖纸遮盖

2. 表面处理

（1）清除油污。

（2）去除缺陷部位的旧涂膜、锈蚀。

（3）将整板打磨至表面无光。

3. 喷涂底漆

选择环氧底漆，严格按照施工工艺喷涂并干燥。

4. 刮涂腻子

腻子按比例调配。在缺陷处刮涂腻子，如图 5—49 所示，按缺陷大小和深浅确定刮涂腻子的层数。

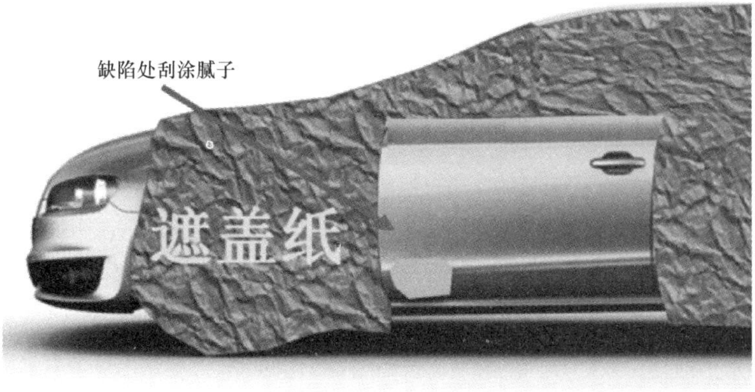

图 5—49　缺陷处刮涂腻子

5. 打磨腻子

用手工或机械方法打磨腻子至表面光滑、平整，无砂眼、划痕等缺陷。

6. 喷涂中涂底漆

局部中涂底漆喷涂时，边口要做均匀化处理。喷涂中涂底漆如图 5—50 所示。

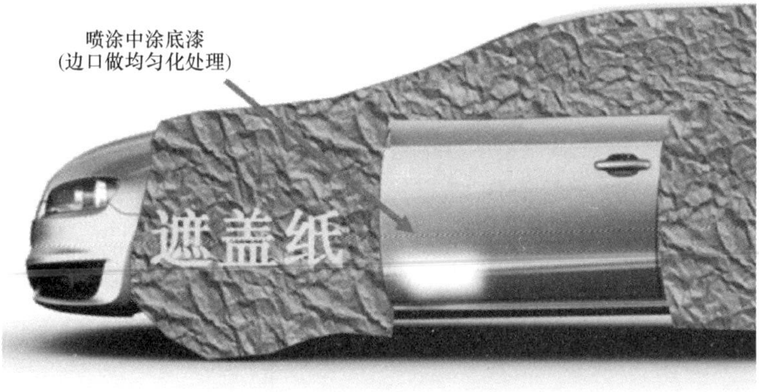

图 5—50　喷涂中涂底漆

7. 打磨中涂底漆

用手工或机械方法打磨中涂底漆至表面光滑、平整，无砂眼、划痕等缺陷。建议采用干磨的方法，更有利于防腐。

8. 喷面漆前准备

（1）检查遮盖纸是否脱落。

（2）检查非涂饰面是否遮盖完好。

(3) 检查空气压缩机是否运转正常，喷枪是否完好。

(4) 按所用涂料技术标准比例配制涂料，并用细筛网过滤所用涂料。

9. 喷涂面漆

(1) 喷涂底色漆。同样以纯底色漆为例，施工方法基本与素色漆相同，边口做驳口处理，干燥后不必打磨。

(2) 喷涂珍珠漆。该涂层是喷涂于底色漆之上的，注意一定要使用供应商提供的配套稀释剂，否则干燥速度慢，还会产生表面金属斑痕（起花）等问题。珍珠漆的驳口技巧详见本章第 5 节的相关内容。

(3) 喷涂罩光清漆，可以喷涂整个板块也可驳口喷涂，干燥。

10. 修补整理

(1) 清除所有遮盖纸、胶带，揭去专用遮盖罩（如使用）。

(2) 对各门框边、车身各边角等部位进行整理修补。

(3) 检查色彩是否符合要求。修补后的效果如图 5—51 所示。

图 5—51　修补后的效果

四、注意事项

1. 个人安全防护

按规定做好个人安全防护。

2. 设备场地安全

(1) 烤漆房使用完毕后及时关闭，保证设备的安全。

(2) 用剩的材料送仓库保管。

3. 5S 作业。

练习与检测

一、判断题

1. HVLP 喷枪雾化气压较传统喷枪低，喷枪漆雾散失量减少，涂料转化率高于 65%。（　　）

2. 静电喷涂是指利用低压静电电场使带负电荷的涂料微粒沿着与电场相反的方向做定向运动，将涂料微粒吸附在工件表面的一种喷涂方法。（　　）

3. 皱纹漆涂于工件表面后形成的涂膜，具有铁锤敲打铁皮所留下的锤纹似花样。（　　）

4. 轿车从制造厂流水线上下来的涂装称为原厂涂装。（　　）

5. 三工序珍珠漆的驳口工艺比较复杂，所以不建议局部修补，尽量做板块喷涂。（　　）

6. 因为后续有抛光工序，所以车辆涂装修补时遮盖边界的选择是不太重要的。（　　）

二、单项选择题

1. HVLP 喷枪漆雾反弹和散失量较少，HVLP 喷枪比传统喷枪可省漆（　　）。

A. 70%~90%　　B. 50%~70%　　C. 30%~50%　　D. 10%~30%

2. 粉末涂料以粉末形态进行涂装并形成涂膜，固体成分可达（　　）。

A. 70%　　B. 80%　　C. 90%　　D. 100%

3. 三工序珍珠漆属于最难修补的一类涂装，喷涂过程中需要特别注意色彩校正和（　　）工艺。

A. 铲漆　　B. 驳口　　C. 抛光　　D. 加热

4. 对于质量要求高的轿车，裸露金属表面应磷化处理后再（　　）。

A. 打磨　　B. 除油　　C. 涂底漆　　D. 涂面漆

5. 三工序涂装的珍珠漆和着色清漆色彩校正一般采用“多层喷涂试验”，确定了（　　）后，即可开始修补。

A. 喷涂珍珠层或着色清漆层的层数　　B. 喷涂珍珠层或着色清漆层的时间

C. 工序结构　　D. 喷涂方法

6. 在底色漆上喷涂清漆，这属于工厂实际操作中的（　　）。

A. 单工序喷涂　　B. 双工序喷涂　　C. 三工序喷涂　　D. 四工序喷涂

三、多项选择题

1. HVLP 喷枪又称为环保型喷枪，一般由（　　）、空气接头等组成。

A. 喷幅调节旋钮　　B. 空气压力调节旋钮

C. 吹风装置　　D. 空气阀门

E. 喷嘴组合

2. 锤纹漆施工方法有一般喷涂法、（　　）等。

A. 手工刷涂法　　B. 静电喷涂法　　C. 溶解花纹喷涂法

D. 洒硅法　　E. 电泳涂装法

3. 三工序珍珠漆的珍珠涂层修补施工完毕且静置干燥后，喷涂罩光清漆，可（　　）喷涂。

A. 整个板块　　B. 全车　　C. 局部驳口

D. 板块间驳口　　E. 点涂

四、简答题

1. 简述轿车车身三涂层涂装工艺。

2. 简述轿车整车涂装工艺。

3. 简述汽车涂装的常见缺陷及其产生原因。

4. 遮盖的目的是什么？遮盖材料的性能要求有哪些？

练习与检测答案

一、判断题

1. √　　2. ×　　3. ×　　4. √　　5. √　　6. ×

二、单项选择题

1. D　　2. D　　3. B　　4. C　　5. A　　6. B

三、多项选择题

1. ABDE　　2. CD　　3. ACD

四、简答题

略

6

第 6 章

修理车间管理和涂装工艺规程

知识要求

第 1 节　修理车间的生产效率和布局设计

学习目标

通过本节的学习培训，学员能够：

(1) 了解生产效率的影响因素。

(2) 熟悉车间的布局设计。

(3) 熟悉车间各个工段位置的分辨方法。

(4) 掌握车间的生产流程。

一、修理车间的生产效率

1. 生产效率的评价指标

评价修理车间生产效率的指标有劳动力利用率、生产率、总体效率等。

劳动力利用率=有效工作时间÷实际工作时间

一位员工虽然每天工作 10 h（实际工作时间），但实际有生产力的工作时间（有效工作时间）只有 8 h，这表明该员工的劳动力利用率为 80%。

生产率=售出工作时间÷有效工作时间

一位员工每天工作 8 h（生产工作时间）完成价值 12 h（售出工作时间）的工作，则代表该员工的生产率为 150%。

总体效率=生产率×劳动力利用率=售出工作时间÷实际工作时间

从以上算式中可以看出：提高售出工作时间，或是缩短实际工作时间都是提高总体效率的方法。

2. 生产效率的影响因素

不断提高生产效率是每一个车间追求的目标，生产效率高意味着在同样的时间内投入相同的人力可以得到较高的产出。

修理车间越繁忙，提高生产效率越重要，只有了解并掌握影响生产效率的各种因素，然后逐个提高，才能达到整体提高的目的。

一般来说，修理车间生产效率的影响因素有以下几点。

（1）产品。使用质量稳定、高效能的产品，可降低返工率并节省时间，达到提高生产效率的目的。

（2）员工。员工素质是影响生产效率的关键。员工技能与工作效率存在很大联系，技术熟练的员工操作质量稳定，可以有效减少检查及返修的工作压力和人员投入，使员工生产效率最大化。

加强员工的技能培训，提高质量意识，同时使员工懂得效率的重要性，并不断进行实践总结，才能不断提高生产效率。

（3）修补工艺。修补工艺是决定漆面维修质量和生产效率的重要因素。使用简洁、成熟的修补工艺能节省时间、减少返工而达到提高生产效率的目的。

因此，修理车间应该不断优化工艺，提高效率。当然，产品和修补工艺的有机结合也是提高效率的关键。

（4）设备。先进的设备是提高效率的保障。先进的设备可以降低员工的工作强度，保证涂装质量，加快生产效率，节约能源及辅料成本。通过设备改进提升生产效率的方法见表 6—1。

表 6—1　　通过设备改进提升生产效率的方法

类型	传统方式	改善方式	效果
打磨设备	传统水磨	干磨设备	生产效率提高 50%以上，避免因传统水磨而导致的各种涂装隐患
喷涂工具	传统喷枪	HVLP 喷枪	缩短喷涂时间，节省涂料
干燥设备	烤漆房烘烤	红外线烤灯	节省能源，提高烤漆房利用率
遮盖方式	遮盖纸及胶带	使用车罩和轮胎罩	大量节省胶带和遮盖纸用量，节省 80%以上的遮盖时间

设备利用率最大化可以避免设备闲置造成的隐形浪费。例如，烤漆房是修理车间中十分重要的，它的利用率直接影响修理车间的生产能力。烤漆房应该只用于喷涂和必须在烤漆房内完成的工作，在烤漆房内进行其他工作就是一种隐形浪费，其他设备也是同理。

另外，达到同样维修效果的设备成本可能不尽相同。例如，同样对一个车门进行烘烤，使用烤漆房和使用红外线烤灯的成本相差很大。使用设备的原则应该是在保证维修效率的前提下达到设备使用成本最小化，并杜绝设备闲置造成的浪费。

（5）修理车间布局。合理停放车辆，尽量降低车辆在车间的停放时间及提高车辆的流动性均是提高生产效率不可忽视的因素。

通过合理布局维修流程中各操作工序在车间中的位置，避免维修车辆因不必要的移动而浪费时间，也避免因移动维修工具和设备而浪费时间，使有限的场地资源和工具设备的利用率达到最大化。

(6) 管理。管理是一门艺术，修理车间的管理也不例外。科学的管理是提高效率和控制质量的前提。所有的高效均源于管理，因此管理是重中之重。高效的修理车间需要科学的管理流程来实现，因此管理人员具有丰富的现场经验也很重要。

综上所述，一个高效的修理车间应该具备以下要素：高效能的产品、高素质的员工、简洁成熟的修补工艺、先进的设备、合理的修理车间布局、科学的管理流程等。建立高效的修理车间是专业的系统工程，因为每个车间的具体情况不尽相同，需要结合实际情况进行改进。

二、修理车间的布局设计

修理车间的布局和环境的舒适度会对维修操作的效率产生直接影响。修理车间不是客户的直接接触场所，但随着客户要求的增加和高科技水平的发展，客户能从用户休息室里清晰地看到修理车间的情况。因此，其整体清洁度和维修人员的作业效率，均会对客户满意度产生重大影响。

修理车间的布局需要满足以下几方面的要求。

- 车间有足够的空间满足工作负荷。
- 所需设备处于良好的状态。
- 车间设计的工作流不妨碍工作。
- 整个车间是有组织的工作系统。

如果一个车间设计得不合理，可能会有各种各样的问题。例如，过多地移动车辆而导致延长修理消耗的时间；设备摆放位置错误导致无法使用，或必须移动其他车辆或设备才能使用而导致延长修理消耗的时间；缺乏组织，车辆可能不按计划修补而集中在某道工序，而其他工序又过于空闲，导致车辆不能在规定的修理时间内交付等。这些都是生产效率低的具体表现。

在着手车间布局设计之前，应掌握一些基本资料，如预计车辆的年修补量、修理工作量的大小（主要指喷涂和钣金工作量）、员工的数量、可使用地皮面积、资金预算，以及当地法规对用地、环境和排放等方面的规定。

注意：车间布局设计一定要因地制宜，不可能设计出两个一模一样的车间，但不同车间的设计却有一些相似之处。

修理车间的布局设计一般有三种类型：设计全新的修理车间、重新规划现行修理车间和修理车间的扩建。

1. 设计全新的修理车间

其特点是一般限制极少，但费用非常高。开始设计时需要了解的信息如下。

（1）业务量和人员分配。计划修理业务量有多种获得渠道。有修理厂经验的经营者可以比较容易地估算业务量，另外可以通过专业调查公司对修理厂的修理业务量、用户忠诚度等专业数据进行推算。

例如，若原来一年内共修理 25 000 台车，车主的忠诚度是 65%，其中 30%的车需要做钣金和喷涂。则该修理车间潜在的年修理量为 4 875 台（25 000×65%×30%）。然后，将上一年修理量转换成日修理量：若每年的工作日为 250 天，则每天平均修理量为 19. 5 台/天（4 875/250）；按照 8 h 的工作时间计算，则为 8×60/19. 5≈25 min/台，即每修完一辆车需要 25 min。

先进的修理车间应导入节拍式生产模式，节拍式生产模式示例如图 6—1 所示。

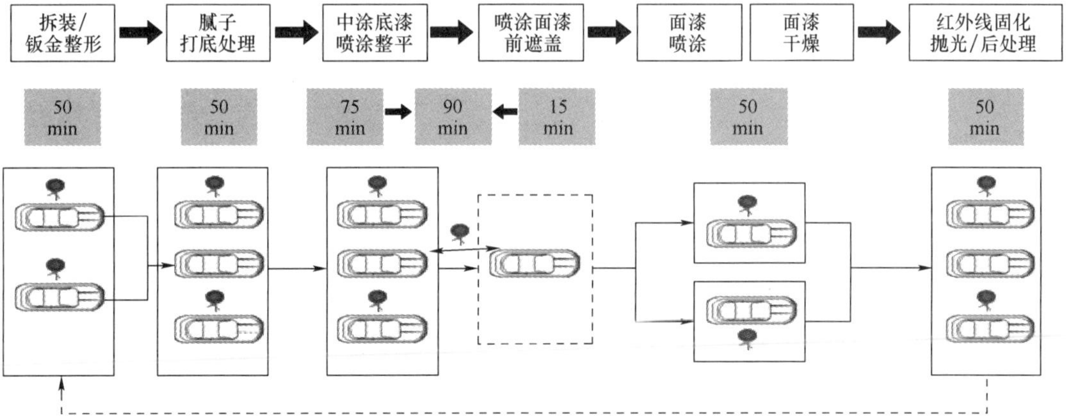

图 6—1　节拍式生产模式示例

将节拍式生产模式导入该修理车间，其生产节拍就是 25 min，以此节拍进行流程设计：

1）拆装/钣金整形环节单一工位生产时间是 50 min，所以需要 2 个工位和 2 名作业者同时作业。

2）腻子打底处理环节同样需要 3 个工位和 2 名作业者同时作业。

3）中涂底漆喷涂整平环节和喷涂面漆前遮盖环节共需要 90 min。安排 3 名作业者同时修理 4 辆车。

4）面漆喷涂和面漆干燥环节需要 2 个烤漆房同时进行生产，需要 2 名作业者同时作业。

5）红外线固化抛光/后处理环节需要 2 名作业者同时完成 3 辆车的作业。

优化钣喷业务的维修流程，不但可以减少车辆维修中时间的浪费和无价值作业，而且通过节拍式生产模式，把各项维修工序责任到人，也便于后续的检查、沟通和监控环节，保证每个环节都达到高效率和高质量的标准。

（2）工作流。工作流是指车间处理工作时单方向的流动系统。工作流可以减少工作时车辆移动的次数，使之降低为最少。车间面积很大也未必能提高工作效率，而车间工作流对生产效率有很大的影响。

为设计出一个工作流良好的车间，首先回顾一下车辆修理的一般程序：评估→清洁（有的修理厂会忽视这一环节）→部件拆卸→机械修补（必要时才进行）→用调整仪调整车身（必要时才进行）→钣金或更换板块→底材准备→涂料施工和干燥→抛光（必要时才进行）→部件重装→内装饰。

车间的设计有多种，但归纳起来一般有三种工作流，即线形、C 形和 P 形。修理车间的工作流如图 6—2 所示。

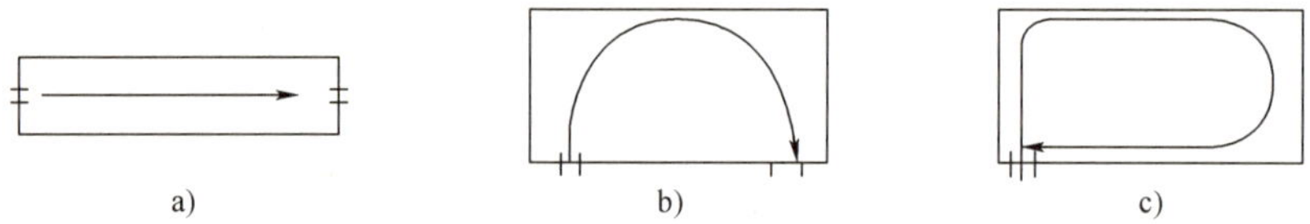

图 6—2　修理车间的工作流

a）线形　b）C 形　d）P 形

当修理车间场地有限时，可以考虑采取线形设计：两端各一个门，车在修补过程中穿行整个车间，但这种设计形式不太常见。

C 形工作流比较常见，车在修补过程中穿行车间的路线呈 C 形。

P 形工作流是同一个门进出，最大的优点是拆卸和装配在同一个区域。

（3）设备和工作区。修理车间必须考虑重要的设备及其摆放位置。重要的设备一般有烤漆房、升降仪、矫形设备、干磨机、除尘系统、红外线干燥设备等。

1）矫形设备一般在修理的早期使用，应该和装卸区一起摆放在离入口较近的位置。

2）保养作业需要升降台，修理时用升降台也比较方便，所以升降台一般放置在常规修理区。

3）切割、焊接区主要用于车有严重损伤时使用，该区域应放置常用的工具和安全设施，但最好设置在客户看不到的区域。

4）喷涂准备区包括打磨区。现代化的修理车间一定要创造无尘区域，为减少灰尘，地板一般采用格栅式，而所有的干磨设备一定要和吸尘系统连接。

红外线设备一般用于腻子的干燥，因此可以放置在准备区；将红外线设备固定在顶部轨道上，则可以在多个区域同时使用。若条件允许，准备区最好临近喷涂区。

5）烤漆房设备是修理车间最贵重的设备之一。烤漆房的数量由设计的修理业务量而决定。

使用烤漆房时要考虑是所有的底漆和面漆喷涂都使用烤漆房还是仅面漆喷涂使用烤漆房。面漆喷涂是修理的最终步骤，因此烤漆房最好位于靠近出口的位置，而且靠近喷涂准备区，可以是对面也可以是相邻。若条件允许，可以考虑专门设置零配件烤漆房以喷涂零配件和保险杠。

2. 修理车间布局优化

一般重新规划现行修理车间布局的限制非常多，但所遵循的基本原则和建立一个新的修理车间一致。在重新规划时，并非一定要全部重新规划，有时只要做局部调整即可收到非常好的效果。例如，在地板上做好间隔的标志，规定在修理过程中车辆不许占用通道，这样就可以节约可观的车辆移动时间。修理车间的扩建在空间上的限制一般比重新规划要小，但可能在时间上的限制要多一些。

（1）修理车间布局的简单示例

1）线形工作流布局。由于场地的控制，拆卸和重新装配在同一区域，所以车辆不得不在最后一道工序返回。线形工作流布局如图 6—3 所示。

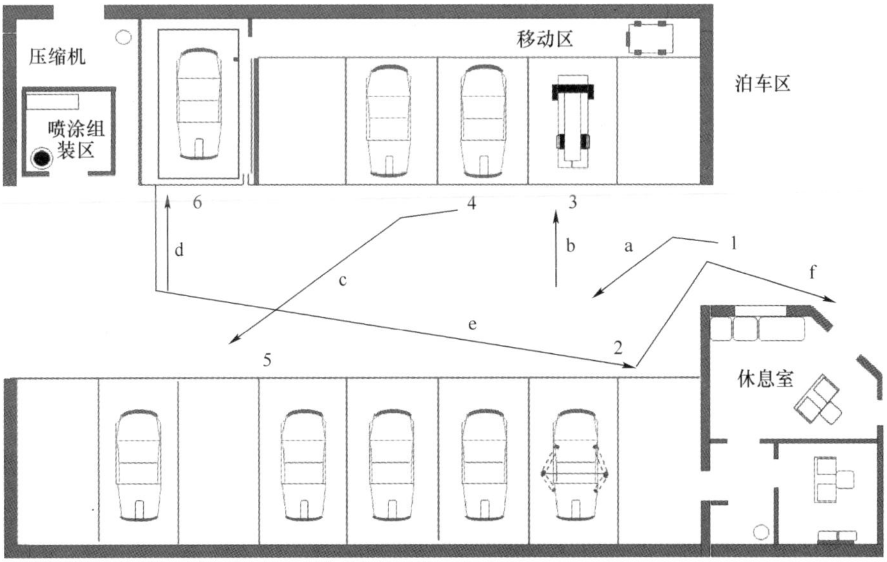

图 6—3　线形工作流布局

1—出入口　2—拆卸和重新装备区　3—大梁矫形区　4—钣金修复区

5—喷涂准备区　6—喷房

工作流：入车间检查及拆卸（a）→大梁矫形及钣金修复（b）→喷涂准备（c）→喷涂（d）→重新装配（e）→出车间（f）。

2）P 形工作流典型布局。P 形工作流典型布局如图 6—4 所示。

工作流：入车间检查及拆卸（a）→经板块修复后进行喷涂准备（b）→喷涂（c）→重新装配（d）→出车间（e）。

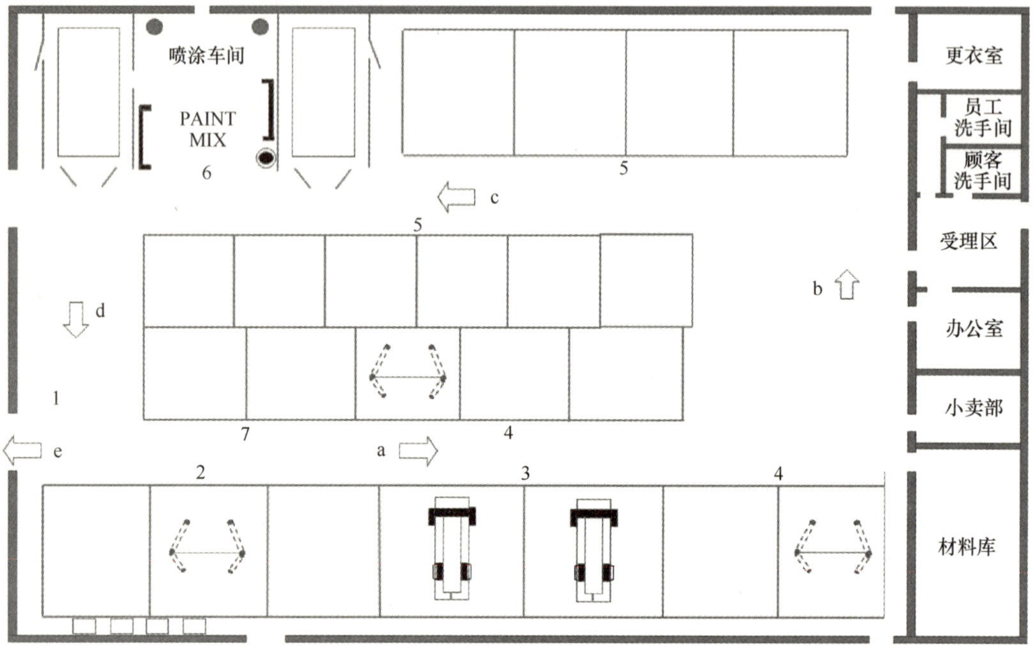

图 6—4　P 形工作流典型布局

1—出入口　2—拆卸区　3—大梁矫形区　4—板块修复区

5—喷涂准备区　6—喷房　7—装配区

3）线形工作流布局和 P 形工作流布局比较。P 形工作流布局面积较大而且工作流比较科学：拆卸、大梁矫形和装配区共有 7 个间隔、1 台升降机和 2 台大梁矫形设备，板块修复区有 5 个间隔和 2 台升降机，喷涂准备区有 10 个间隔和 2 个喷房。

（2）修理车间布局优化实例。很多修理车间存在布局设计上的硬伤。下面以某修理车间布局优化实例来说明如何设计专业的修理车间。

原修理车间布局如图 6—5 所示，原布局的特点如下。

● 修理车间有 5 台升降机用来进行事故车的拆装作业，有 2 台大梁校正仪用来维修大损伤事故车，还有 7 个一般钣金维修工位。

● 钣金区与喷漆区没有明显的隔断。

- 喷漆工位的前处理区没有清晰的工位划分，2 个喷漆烤房位置已固定；后处理作业区域过小，遮盖准备区域较大，还有 2 块空闲的空间。
- 修理车间的车辆移动路线比较混乱。车辆双向通行，部分车辆移动时需要经过喷漆区。

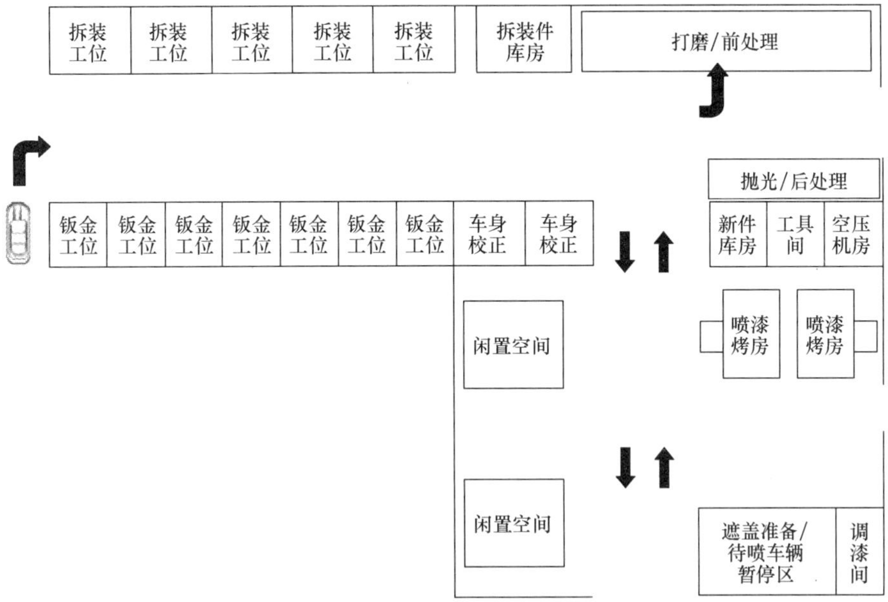

图 6—5　原修理车间布局

该修理车间作业人员平均每天加班 2 h，才能完成每月 300 台的维修量。这说明该车间由于运行不畅导致工位周转率和作业人员的生产效率较低。

为了提升该修理车间的生产效率，对车间布局进行了重新规划设计。重新规划后的修理车间布局如图 6—6 所示。

喷漆车间由于工艺流程比较复杂，需要根据各工艺特点和作业顺序进行工位设计。可安排多个工位进行同一工序的生产，以供应下一工序的需求，这样就在生产中更加灵活，不必要求每辆车的损伤程度相同，对于生产节拍也就没有严格的要求，因为单一工序的停顿不会影响整个车间的运转。

新布局的特点如下。

- 首先将喷漆车间分为几个区域，包括腻子整形区、中涂区、喷漆烤房区、抛光区、备用空间等，并且根据事故车类型有相应的区分。
- 由于中、大损车辆对维修时间的要求不高，但对维修质量要求高，所以在紧邻拆装件库房的位置设计了 2 个中、大损车辆的腻子整形工位。

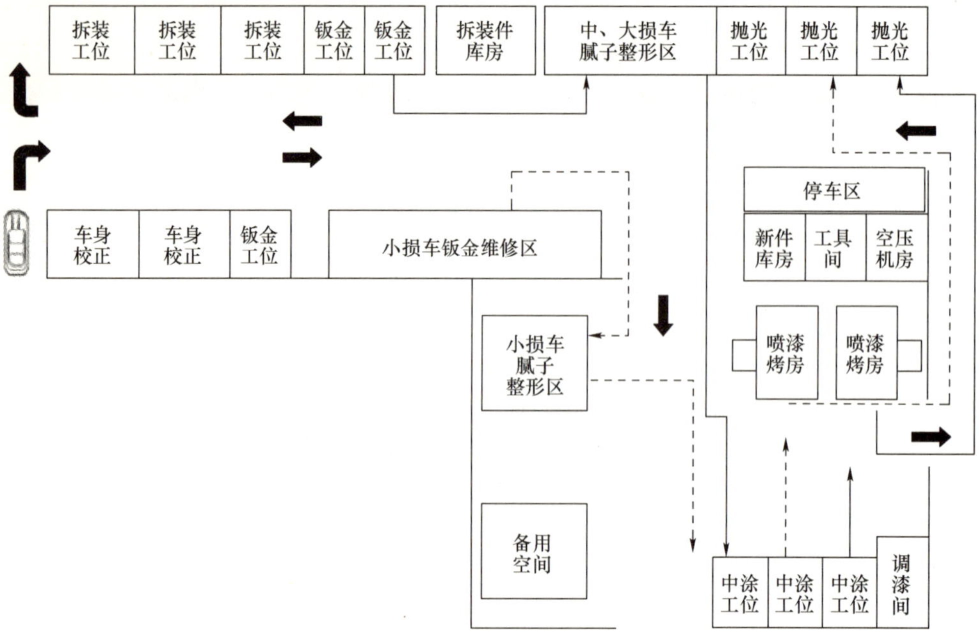

图 6—6　重新规划后的修理车间布局

- 小损车辆一般要求维修时间短，需要车辆流转快，各工序衔接紧凑，所以小损车辆的腻子整形区紧邻外板整形区（小损车钣金维修区）。
- 在喷漆车间的下方设计了 3 个中涂工位，便于腻子维修完成的车辆快速驶入，在中涂完成后又可以快速进入喷漆烤房，节省了车辆移动的时间。
- 抛光区设计了 3 个工位，以点抛工艺为主，避免大面积打磨抛光浪费时间。

重新规划后的修理车间布局清晰地展示了喷漆车间的工位布局和车辆流转路线，虚线表示小损车辆的移动路线，实线表示中、大损车辆的移动路线。

第 2 节　修理车间的质量管理

学习目标

通过本节的学习培训，学员能够：

(1) 了解影响修补质量的因素。

（2）熟悉质量保证体系。

（3）掌握质量检验方法，能参与修理车间的质量检验。

汽车修补涂装与整车生产线涂装不同，属于单个作坊式涂装，无法像整车生产线涂装那样规范化、正规化。但为了获得较好的汽车修补涂装效果和车主的认可，也必须有涂装质量管理体系，必须严格控制涂装材料质量、涂装工艺参数和涂膜质量，跟踪修补涂装后的使用状况及指导车主做好涂膜保养。优良的汽车修补涂装质量不仅要给车主提供满意的外观装饰，还要有较好的耐腐蚀性和耐久性，以及较高的性价比。

一、影响修补质量的因素

为保证汽车修补涂装质量，获得较好的涂膜效果，取得较高的经济效益，必须针对车主的要求和被修补车辆的状况精心设计修补涂装工艺，要想做到这一点就必须掌握影响修补质量的因素。涂装材料、涂装工艺和涂装管理是影响修补质量的三大关键因素。

1. 涂装材料

涂装材料是指涂装生产过程中使用的化工材料和辅料，包括清洗剂、各类涂料、溶剂、腻子、密封胶等化工材料，还包括纱布、砂纸等辅料。

修理车间员工应该重点了解所使用化工材料的技术性能，以及它对涂装环境、设备的要求和所需的工艺过程，应根据实际情况选择涂装材料。涂装材料的质量和作业配套性是获得优质涂膜的基本条件。汽车修补涂装材料的供应商一般都强调对其供应的涂装材料质量和配套性负责，因此从底到面应尽量选用同一家供应商的产品，或选用配套性试验认可的几家供应商的产品。单纯考虑涂装材料的低价格，会使修补涂膜质量达不到车辆原涂膜质量，或引发涂膜缺陷而造成返工，带来更大的经济损失。如果涂装材料选用不当，即使精心施工，也可能得不到优质、耐久的涂膜。

2. 涂装工艺

涂装工艺是充分发挥涂装材料的性能，获得优质涂装质量，降低涂装生产成本和提高经济效益的必要条件。涂装工艺包括所选用的涂装技术（工艺参数）的合理性和先进性，涂装设备和涂装工具的先进性和可靠性，涂装环境条件和涂装作业人员的技能、素质等。

在汽车修补涂装领域，因为所用涂装设备较少、较简单，且修补作业是以手工喷涂和刮涂等手工作业为主，所以涂装环境和涂装作业人员的技能水平，对修补涂装质量的影响起主导作用。灰尘是涂装的大敌，高级装饰性汽车车身修补涂装必须在清洁无尘的涂装环境下进行。涂装作业人员的技能熟练程度和责任心是影响涂装质量和成本的人为因素，加强作业人员的培训，提高作业人员技能水平是非常必要的。

3. 涂装管理

涂装管理，就是在特定的环境下，对所拥有的涂装资源进行有效的计划、组织和控制，以便达到既定的涂装目标的过程。涂装管理是确保所制定工艺的顺利实施，确保涂装质量的稳定，达到涂装目的和较好经济效益的重要条件。涂装管理包括工艺管理、设备管理、质量管理、成本管理、现场环境管理、人员管理等。千万不能忽视管理，应从强化管理和科学管理中要质量、要效益。

汽车修补涂装几乎都是手工作业，涂装后不久和在使用过程中可能会产生各种涂膜缺陷，甚至比新车涂装产生缺陷的概率要高，为了提高涂膜质量、车主的满意度和生产效率，应该进行质量跟踪，做好记录。当出现质量问题时，必须进行技术分析，以便及时总结经验教训，防止质量问题重复出现，逐步形成一套汽车修补涂装的质量管理制度。在汽车修补涂装质量管理中，必须树立三个意识，即质量意识、问题意识和改进意识，才能不断地提高管理水平，提高修补涂装的质量，推动企业的发展。

二、质量保证体系

建立健全完整的质量保证体系，是获得高质量涂装必不可少的条件。质量管理是企业管理的重要组成部分，做好质量管理工作，有利于企业提升市场竞争力。国内汽车企业质量管理体系认证主要有 ISO/TS 16949 认证、VDA6. 1 认证和 QS9000 认证，通过认证可使国内汽车企业质量管理整体水平得到提升。

所谓汽车涂装质量，从广义上说，就是用户对汽车涂装效果的满意度。在产品质量管理上，上下道工序之间的关系就是供应商和用户的关系，涂装质量的最终检查者就是用户。所以控制涂装质量首先必须认真征求和听取用户对涂装的意见。

为了更好地推进汽车涂装质量管理，有的修理车间实行“零缺陷”目标管理，即最大限度地减少涂装缺陷，争取做到缺陷数为零。因此，对涂装工艺、材料和设备的要求更严格，管理更严谨。而这一切都需要有一套完整的质量保证体系做支持。质量保证体系包含了以下内容。

1. 质量检验制度

所谓质量检验，就是借助某种手段与方法，测定涂装的质量特性，然后把测定结果同规定的标准做比较，从而对产品或整车做出合格或不合格的判断，并对不合格的产品就地进行返工，以免流入下道工序，造成更大的损失。

培训检查人员，建立内部质量保证体系，坚持作业者自检、班组内互检和检查员专检的“三检制”。只有确保每个工位都生产出合格的产品，才能保证最终产品质量也是合格的。为保证“三检制”的顺利实施，应明确检验内容，提供必要的条件和手段，健全原始记录制度，建立质量考核制度。

汽车涂装的质量检验包括四个方面，即进货检验、工序检验、整车检验和出厂检验。

(1) 进货检验。进货检验的目的是确保产品质量和保证生产正常进行，如对涂料色彩和特性的抽样检验，对稀释剂等辅助材料的抽样检验等。通过目测可以观察涂料有无分层、发浑、变调、胶化、返粗等现象，对存放时间较长的涂料也应做相应检查。由于颜料密度较大，涂料存放时间过长难免会发生沉降，此时应特别注意检查沉降结块的程度。方法是用刮刀插入涂料沉降层，若较软，则沉降层容易被搅拌分散，待检查其他性能合格后才可使用。抽样检查可防止不合格涂料进入施工现场，造成涂装质量问题，浪费人力、物力、时间。

抽样检查一般是在涂装实验室进行的。

(2) 工序检验。汽车修补涂装不是把对应色彩的涂料喷上去就可以，而是需要复杂的工艺和工序。修补涂装提供的不仅是车身色彩，还有与原厂漆相同的防护性能。

维修标准流程一般包括涂装修补前的质量检验（即钣金质量检验）、中涂底漆喷涂前的质量检验、面漆喷涂前的质量检验、面漆烘烤后的质量检验等关键工序检验点。例如，对钣金质量进行严格的检验可以减少材料和时间的消耗，避免浪费。钣金质量越好，腻子的刮涂量就越少，修理速度也就越快，反之必然造成浪费。

(3) 整车检验。汽车修补涂装完成后，需要对整车的喷漆维修质量进行检验。修理车间的喷漆质量检验标准见表 6—2。

表 6—2　　修理车间的喷漆质量检验标准

检验项目	检验标准
平整度	1. 喷漆面手感平滑，正面观察无凹凸不平处，户外任何角度观察无凹凸不平处 2. 线条应平直、圆滑，无波浪形线条和高低不平现象
漆面质量	1. 漆面光滑，无流痕、鱼眼、起泡等缺陷 2. 1 m 以外观察无脏点、针孔等缺陷
色彩质量	1. 全车翻新时各处色彩必须一致，不能有任何差别 2. 补漆以主要相邻部分色彩为准，1 m 以内观察色彩应一致、无色差，远距离、多角度观察色彩应无明显差别
表面粗糙度	1. 漆面应饱满，反光应一致，无雾面和失光现象 2. 漆面除特殊要求外，无明显的橘皮现象
漆底质量	1. 金属漆颗粒大小、密度、反光性必须与原漆面相同 2. 漆底 0.5 m 以外观察应无砂纸打磨痕迹

(4) 出厂检验。修理车间的出厂检验即交车检验，应按照公司质量检验标准执行。喷漆施工，漆面应光滑、平整、饱满无流痕，色彩应一致。钣金整形各部位要平整，线条、弧度一致，螺栓或螺钉应安装齐全，符合扭矩要求。一切附件应安装齐全，功能完好。要严格按照工单施工，检查是否有漏项，施工项目与工单要求应一致。车辆内外应清洁，无遗留物品等。

严格、完善的出厂检验制度，是质量管理最基础的工作，也是质量信息反馈的一个重要来源，它既可总结施工操作中的工作情况、作业人员的技能水平，又为每次变更工艺、合理安排人员及保证产品质量提供了可靠的依据。

2. 企业质量标准

任何一家企业都必须根据自身的特点制定一套符合自己生产方式的企业质量标准，它既要具有可行性，又要具有先进性。企业要向现代化管理模式发展，生产管理要向标准化、科学化方向发展，而建立一套相应的企业质量标准是必不可少的。在制度的制定过程中，既要考虑国家对本行业的相关标准与规定、用户对涂装的质量要求，又要兼顾国际标准、企业自身的涂装设备与技术能力，以及标准编写的有关要求。我国汽车行业中执行的汽车涂装质量标准有汽车涂料涂层部标和车身涂料涂装评定方法。

汽车制造厂都有一套适合于企业自身的汽车涂料质量标准、涂膜质量标准、涂料与涂膜检测方法标准。作为汽车修补涂装企业，不可能有这样的实力来配备全套标准，但必须了解、熟悉汽车涂膜的性能和检测方法，在必要时可借助汽车制造厂和涂料生产厂的检测手段，来提高自己的质量管理水平。

涂装质量标准应包含：涂装表面处理的质量要求，如清洁度、表面粗糙度、化学转化膜质量等；涂膜质量要求，如外观质量、附着力、光泽度、色彩、涂膜厚度等；涂料选用要求，如涂料品种的配套性、涂料与施工方法的配套性，以及场地的温度、湿度、干燥方法等。

3. 质量评估体系

涂装施工需要建立相应的质量评估体系，它作为质量保证体系的一部分，应包括先进的涂装质量标准、先进的检测方法和检测规则、完善合理的施工操作规章制度、专业的质量监控人员与测控体系等。

AUDIT 评审是一种质量评价方法，已在国外普遍推行，国内也有很多企业用它来对产品进行质量评估与评分。AUDIT 评审起源于德国，即专业的审核人员站在用户的立场上，按照用户的期望和要求，对已经合格的汽车产品进行评价，得出质量等级结果。AUDIT 等级是对产品在生产过程中某个阶段质量的客观评价，也是质量改进的重要依据。

例如，大众汽车集团的AUDIT评审分为三种审核方法：质量体系审核、过程质量审核和产品质量审核，其评审对象和目标见表6—3。

表6—3　　AUDIT评审对象和目标

审核方法	对象	目标
质量体系审核	质量管理体系产品生产以前	质量管理体系文件中各项要素和规定是否达到质量要求
过程质量审核	服务过程或产品生产过程	产品在输入、加工、输出全过程的质量检查，评定产品制造过程的综合质量
产品质量审核	服务或产品	对合格产品进行定量或定性检查，评定产品质量特性

AUDIT评审根据修理车间工艺流程，可分为防腐功能AUDIT评审和油漆表面AUDIT评审。

根据质量缺陷对产品质量总体影响，通常可把质量缺陷分为A类、B类和C类三个缺陷等级。质量缺陷等级见表6—4。

表6—4　　质量缺陷等级

缺陷类型	缺陷描述
A类	一种用户最为敏感的缺陷，是用户不能接受和肯定要索赔的缺陷
B类	一种用户认为重要的缺陷，是用户感到不愉快和有影响而不愿意接受的缺陷
C类	一种需要改进的、几乎不会引起用户索赔的缺陷

第3节　修理车间的物料管理

学习目标

通过本节的学习培训，学员能够：

（1）了解修理车间物料管理的重要性。

（2）了解各种辅助材料的计算方法。

（3）熟悉修理车间物料管理的内容及步骤。

（4）掌握修理车间成本核算。

一、修理车间物料管理的重要性

修理车间物料管理，即对修理车间所需的生产材料、辅助材料等有计划地组织进料、保管使用、综合利用等一系列管理工作的总称。做好修理车间物料管理工作，对修理车间生产、安全和效益等均有极为重要的意义。

1. 有助于修理车间生产的正常进行

修理车间生产过程也是各种物料的消耗过程。要使修理车间生产过程不间断、有节奏地进行，就需要不断地补充生产中所消耗的各种物料。尤其是汽车维修行业，日常的工作就是车辆的修补、翻新、改色。施工车辆（货车、客车、轿车等）种类繁多，色彩各异；使用与储存的涂料包括各种助剂、固化剂、稀释剂、腻子；各种辅助材料包括清洁剂、砂纸、水蜡、胶带、遮盖纸等。如果物料管理不好，就不能保证按时保质地满足生产需要。

2. 有助于降低修理车间成本

修理车间物料管理工作的好坏，会直接影响修理车间生产成本的高低和经济效益的好坏。产品成本中，所消耗的各种物料占比较大。如果不加以合理管理，可能造成材料浪费，导致修车成本提高。因此，加强物料管理，把物料管好、用好，有利于降低修理车间成本和提高经济效益。

3. 安全生产的必要条件

涂装材料属于危险品，如含溶剂较多的硝基漆、稀释剂、防潮剂、脱漆剂等为易燃危险品，腻子、厚漆、清漆、底漆等为一般危险品，乳胶漆、电泳漆等为普通化学品。涂装所使用的材料，大多有易燃、易挥发的特点，容易污染环境，甚至引起火灾。

总之，修理车间要设立专门的物料间（库房），由专人负责保管和储存涂装材料，并具体负责领料、发料和剩余材料的回收。

二、修理车间物料管理的内容

修理车间物料管理的基本内容包括制定材料间的规章制度，如防火安全规定、领用材料规定和剩余材料回收规定。

1. 防火安全规定

修理车间不仅要求喷漆作业者遵守安全法规和一般工厂规章制度，还要求他们必须遵守有关“易燃物料”的设备管理和操作规定。修理车间必须提供排气、通风、安全储存材料的设备，进入涂装车间的工作人员必须遵守防火安全规定。

易燃物料的储存需要注意：

（1）按可燃性不同参照有关法规分类储存易燃物料。例如，按闪点不同分为一、二、三级火灾危险品。

（2）物料间场地应无直射阳光，室内温度应控制在5~25℃。物料间应备有完善的防火、灭火装备，并应考虑在此区域内装设自动喷水系统。物料间应具有良好的排风、通风条件，换气量每小时应不小于20次。

（3）在涂装现场存放的漆料数量以供应一个工作日的需求为限，且需要放置在防火材料箱内，并储存于合适的地点。

（4）所有存放漆料和稀释剂的容器，除了正在使用的，均需要保持盖紧状态。

（5）作为聚酯涂料固化剂的过氧化合物不可与其他物料共同存放。硝基漆类必须避免与抹布、硝基漆的干打磨灰屑、有机物等接触。物料间场地应保持清洁，纸屑、棉纱不得随意堆放。

2. 领用材料规定

材料保管员需要经过消防安全培训，并取得易燃易爆化学品操作证后才能上岗。

材料保管员负责领取修理车间生产所需的油漆、稀料、添加剂等，并做好领料记录。检查材料的包装是否正常，如在运输过程中是否发生过碰撞而导致油漆桶变形，从而影响包装的密封性；同时应认真检查材料的出厂日期和保质期。如果发现油漆桶变形或材料超出保质期，应立即退回。

入库时应登记时间，按出厂日期分片存放；发料时按出厂日期本着“先生产，先使用”的原则进行分发。积压时间不宜过久，以免涂料变质报废，应在有效期满前使用完毕。

在各种涂料使用之前，应先检查产品是否符合施工质量要求，是否有变质现象，以免因涂料质量问题而影响涂装质量。

材料保管员要熟悉各种涂料的配制方法、用途和使用量，并根据现场实际使用量发料，以免造成浪费。

3. 剩余材料回收规定

施工中的涂料配制量不可能很准，每次施工后略有多余也属正常，除双组分涂料外，其他剩余涂料、稀释剂均应根据各自性能、品种、色彩分别回收存放并妥善保管，以备下次再用。作业者要养成良好的工作习惯，不要在作业后把剩余涂料随地乱倒，否则既浪费又污染环境。

辅助材料如砂蜡、胶带、遮盖纸、砂纸等也应集中回收、分类保管，以备下次使用。腻子用剩后要加盖密封，以防混入杂质，影响填刮质量。

另外，有关涂装材料管理的具体内容已在《汽车维修工（车身涂装修复）（四级）》中做了详细介绍，在此仅做简单概括，对涂装材料的管理主要有制定标准、进料检验、储运保管、涂料配制、材料运输设备管理等方面。

三、修理车间成本核算

修理车间成本核算应以月为计算单位，准确地计算出本月劳动量、动力消耗、物资消耗、材料消耗等相关数据，以确定每月的盈亏情况，作为以后生产的参考。

1. 劳动量计算

劳动量是指生产劳动工时。它与涂装工时定额、专用工位数和年产量有关，也是成本核算的重要内容，它可以反映工艺的先进程度和自动化程度。

（1）工时定额和专用工位数的计算。涂装工时定额即完成指定涂装任务所需的人工劳动时间，它是进行人员安排的重要依据。制定工时定额有两种方法：一是实际测定；二是参照同类劳动或同类企业工时定额来确定。

根据工时定额可计算各工位的操作时间，从而按如下公式计算专用工位数。每个工位采用的人数以相互不影响为原则。

$$专用工位数=工位操作时间\div（生产节拍\times每工位采用的人数）$$

（2）生产工人数的计算。一般来说，工序的年工作量除以相应工人的年时基数，即得出所需的生产工人数。然而，实际进行人员设置时，往往是先确定工位数，然后按工位设置人员，在此基础上增加5%～8%的顶替缺勤人员系数，即为生产工人数。

（3）劳动量的计算。在生产工人数确定后，按如下公式计算劳动量。

$$劳动量=工人年时基数\times生产工人数\times K$$

式中 K 为工时利用系数，在超低产量的场合工时利用系数为60%～70%，产量较低时取70%～80%，产量较高时取80%以上。

将劳动量除以年产量即可计算出每套产品的劳动量。

2. 动力计算

修理车间使用的动力一般为水、电、柴油等。

（1）用电量的计算。修理车间除照明用电和设备动力用电（风机、泵、运输链）外，还有电加热装置用电。照明用电和设备动力用电，在方案设计阶段，只能凭经验估算。电加热装置用电，可根据热能计算结果换算。

（2）柴油消耗量的计算。柴油消耗量必须通过热力学计算求得。修理车间的烤漆房等消耗柴油，其耗能计算方法有精确计算、经验估算、查表估算等。

3. 材料消耗计算

计算材料消耗首先应确定消耗定额。消耗定额的确定方法有技术计算法、实际测量法、统计分析法、经验估算法四种。

（1）技术计算法。技术计算法是一种比较科学、适用的测定方法，它是依照涂膜厚度、涂料密度、材料利用率、涂料固体含量等一些基本要素来确定所需定额的。

$$Q=A\times\delta\times d\times\rho/m$$

式中　Q——被涂物的材料消耗定额，kg；

A——被涂物的涂装面积，m^2；

δ——涂膜厚度，mm；

m——涂料固体含量（体积分数），%；

ρ——涂料密度，g/cm^3；

d——材料利用率（或涂着效率）的倒数。

涂装方法不同，涂着效率不同。例如，静电粉末涂装、刷涂、浸涂、电泳涂装等，涂着效率可达95%以上；静电喷涂涂着效率在80%~90%；而空气喷涂涂着效率只有50%~60%，喷涂小件时更低，为20%~30%。

（2）实际测量法。实际测量法也称为质量法，在涂装前称取一定量的涂料质量（G），涂布一定量的工件面积（A）后，再测量剩余涂料的质量（g），即可求得材料消耗 Q。

$$Q=(G-g)/A$$

式中　Q——材料消耗，kg/m^2；

G——涂料的质量，kg；

g——剩余涂料的质量，kg；

A——工件面积，m^2。

实际测量法是小样本测定，所得出的材料消耗定额往往偏高，人为因素影响较大，一般只作为制定材料消耗定额的参考。

（3）统计分析法。该方法是以一个阶段（如一个月或一年）的涂料消耗总额除以涂装的物件数或总面积来计算消耗定额的。这样经过多次的核算考核，所得的定额比较客观、精准，但这种方法缺乏前瞻性，给涂料的采购带来一定困难。

（4）经验估算法。由有关人员根据经验并参考各种技术文件来制定消耗定额。

以上四种方法，各有优缺点。为了使物资消耗定额能发挥积极作用，定额水平必须先进、合理。这就要求在保证质量的前提下，尽可能降低使用材料的消耗。同时定额又必须切合实际，不能脱离企业当时的生产、技术情况，应当通过实践验证，否则将失去积极意义。

四、各种辅助材料的计算

修理车间生产过程中，每月消耗的辅助材料也占有一定的比例，如脱脂剂、腻子、胶带、砂纸等都应作为成本计算的对象，进行细致的统计，使修理车间成本核算更为准确，以确保企业不受损失。

第 4 节　涂装工艺规程

学习目标

通过本节的学习培训，学员能够：

（1）了解涂装工艺的重要性。

（2）熟悉涂装工艺管理的要点。

（3）掌握涂装工艺规程的编制。

涂装工艺是影响涂装质量的关键要素之一，必须通过严格的工艺管理来确保工艺的实施。涂装工艺内容中所采取的一切施工手段，操作全过程的一切工作都是围绕产品的涂装质量要求而制定的，涂装目的就是涂装工艺内容制定的最主要依据。

涂装工艺管理在涂装生产中具有举足轻重的作用。如果仅选用优质的原材料和先进的涂装工艺及设备，而无科学的管理，将无法获得满意的涂装质量，甚至会造成返修率猛增的局面，这点必须引起工艺人员的足够重视。

一、涂装工艺管理的要点

涂装工艺管理的要点是指涂装原材料的质量控制、涂装设备和工具管理、涂装工艺纪律检查、涂装现场环境管理等。

涂装原材料是指涂装所用的所有材料，除涂料、溶剂外，还包括清洗、打磨抛光材料等。管理的目的是严格控制材料质量，防止不合格品投入生产。

涂装设备和工具管理的目的是使涂装设备和工具处于良好的技术状态，确保涂装生产秩序和涂装质量。为了管理好涂装设备，必须有健全的规章制度，如关键设备应备有操作规程；设备应专人负责，每班应定期检查设备运转状况；应编制关键设备的检修和保养计划，做到定期检修保养等。

涂装工艺纪律检查是指定期或不定期地对涂装工艺文件、涂装工艺执行情况、涂装设备状况和涂装质量进行抽查，一般由工艺部门组织，由修理车间工艺人员、技术检查人员和生产现场管理人员参加。

涂装现场环境管理是指涂装生产应以5S现场管理的方式来加强涂装现场环境管理水平。5S是指整理、整顿、清扫、清洁和素养。通过开展5S现场管理，使工作环境变得整洁、舒适，使生产井然有序，使设备故障得到有效预防和控制，使产品质量得到保证。

二、涂装工艺规程的编制

工艺规程是规定产品或零部件制造工艺过程和操作方法的工艺文件。工艺规程主要用于生产现场指导工艺操作，同时又是企业组织生产和管理生产的基本依据。涂装工艺规程的编制既要着眼于技术水平的先进性，又要考虑本单位设备和环境条件的可行性，是一个综合性考虑的过程。涂装工艺规程的编制要根据不同的涂层质量要求，经过认真的技术考察和反复的科学试验，验证工艺内容的可行性和工艺参数。制定的涂装工艺规程是正式技术文件，但它也不是一成不变的，随着科学技术水平的提高，它也在不断改进。

汽车涂装工艺规程主要包括涂装工艺卡、操作规程、原材料消耗定额等。

1. 涂装工艺卡

涂装工艺卡是记载涂装工艺操作顺序的工艺文件。涂装工艺卡见表6—5，包括如下内容。

（1）对被涂物表面的技术要求，即为对进入车间的未涂装件的质量验收标准。例如，对锈蚀（应无锈）、表面平整度、缝间隙等的许可限度，在涂装工艺卡中均应有明确规定。

（2）基本工序（主工序+辅助工序）。按工序顺序编写操作内容，包括工艺参数、所用设备和工具型号、用料名称和型号、辅料名称、对操作人员的技术等级要求等。

（3）质量检查工序。内容包括检查方式、检查数量（全检或抽检频次等）、质量标准等。质量检查工序按检查内容及其在工艺卡中所处位置一般分为三类。

涂装前的检查工序——即对涂装前的白件进行质量验收，如有锈、磕碰伤等缺陷应返回前道工序返修。

中间技术检查工序——即在关键工序前后设的检查工序。一般以作业者自检为主，专职检查员抽检为辅。

最终检查工序（或称质量验收工序）——即用目视法或简单的测量工具或仪器检查涂膜质量，评价涂膜是否合格，确定不合格品是小修、返回大修或局部修补。其检查内容包括涂膜外观、涂膜干燥程度、涂膜厚度、涂膜缺陷程度等。

表 6—5　　　　涂装工艺卡

<table>
<tr><td rowspan="3" colspan="2">涂装工艺卡</td><td rowspan="3" colspan="2">工艺卡组号</td><td rowspan="3">更改</td><td colspan="2">工序号</td><td></td></tr>
<tr><td colspan="2">更改依据</td><td></td></tr>
<tr><td colspan="2">签名日期</td><td></td></tr>
<tr><td rowspan="2">工序号</td><td rowspan="2">涂装及检验工序内容</td><td colspan="3">设备、夹具和工具</td><td colspan="2">材料</td><td rowspan="2">备注</td></tr>
<tr><td>名称</td><td>型号</td><td>数量</td><td>名称</td><td>型号</td></tr>
<tr><td></td><td></td><td></td><td></td><td></td><td></td><td></td><td></td></tr>
<tr><td></td><td></td><td></td><td></td><td></td><td></td><td></td><td></td></tr>
<tr><td></td><td></td><td></td><td></td><td></td><td></td><td></td><td></td></tr>
<tr><td></td><td></td><td></td><td></td><td></td><td></td><td></td><td></td></tr>
<tr><td></td><td></td><td></td><td></td><td></td><td></td><td></td><td></td></tr>
<tr><td></td><td></td><td></td><td></td><td></td><td></td><td></td><td></td></tr>
<tr><td></td><td></td><td></td><td></td><td></td><td></td><td></td><td></td></tr>
<tr><td colspan="2">编制：</td><td colspan="3">批准：</td><td colspan="3">审核：</td></tr>
</table>

2. 操作规程

操作规程详细记录各关键工序或设备的工作原理、功能操作顺序和注意事项，以确保关键工序的操作质量和安全，指导使用及维修设备，是涂装工艺卡的补充部分，如工序指导书（见表 6—6）。

表 6—6　　　　工序指导书

<table>
<tr><td colspan="8">工序指导书</td><td>工段/班组</td><td colspan="2"></td><td>工位</td><td colspan="2"></td></tr>
<tr><td colspan="8">____厂____车间</td><td>序列号</td><td colspan="5"></td></tr>
<tr><td colspan="2">工序名称</td><td></td><td>工序选装代码</td><td colspan="4"></td><td>PDM 图号</td><td colspan="2"></td><td>页码</td><td colspan="2"></td></tr>
<tr><td>标记</td><td>序号</td><td>主要步骤</td><td>关键要素</td><td>零件号</td><td>零件号</td><td>选装代码</td><td>数量</td><td>辅料号</td><td>辅料名称</td><td>数量</td><td>工装名称</td><td>工装型号</td><td>工时</td></tr>
<tr><td></td><td></td><td></td><td></td><td></td><td></td><td></td><td></td><td></td><td></td><td></td><td></td><td></td><td></td></tr>
<tr><td></td><td></td><td></td><td></td><td></td><td></td><td></td><td></td><td></td><td></td><td></td><td></td><td></td><td></td></tr>
<tr><td></td><td></td><td></td><td></td><td></td><td></td><td></td><td></td><td></td><td></td><td></td><td></td><td></td><td></td></tr>
<tr><td colspan="14">示意图</td></tr>
</table>

续表

<table>
<tr><td colspan="12" rowspan="2"></td><td rowspan="4">更改记录</td><td>更改负责人</td><td>更改审核人</td><td>更改理由</td><td>更改日期</td></tr>
<tr><td></td><td></td><td></td><td></td></tr>
<tr><td rowspan="2">质量控制</td><td rowspan="2"></td><td rowspan="2">安全</td><td rowspan="2"></td><td rowspan="2">关键工序</td><td rowspan="2">▽C</td><td rowspan="2">D零件</td><td rowspan="2">▽D</td><td rowspan="2">选装</td><td rowspan="2">■</td><td rowspan="2">环境因素</td><td rowspan="2">E</td><td></td><td></td><td></td><td></td></tr>
<tr><td></td><td></td><td></td><td></td></tr>
</table>

注：PDM（product description manual，产品说明手册）。

3. 原材料消耗定额

在涂装过程中，各种材料的消耗是经济核算、工艺管理的基础，一般进行定额管理。

原材料消耗定额的表示方法有两种：单位材料消耗定额（或称标准定额）和被涂物件的材料消耗定额。

练习与检测

一、判断题

1. 汽车修补涂装无法像整车生产线涂装那样规范化、正规化，因此不需要涂装质量管理体系。（ ）

2. 汽车涂装的质量好坏只取决于员工的技能高低。（ ）

3. C 类缺陷是一种需要改进的，几乎不会引起用户索赔的缺陷。（ ）

4. AUDIT 评审只适合于整车，对工序质量评估无效。（ ）

5. 修理车间的物料管理是整个车间管理体系中必不可少的内容之一。（ ）

二、单项选择题

1. 质量管理最基础的工作是（ ）的出厂质量检验制度，也是质量信息反馈的一个重要来源。

A. 公平、公正　　B. 公开、公平

C. 严格、完善　　D. 严格、合理

2. 质量检验的“三检制”是指操作人员的自检、（ ）和专职检验人员的专检相结合的检验制度。

A. 互检　　B. 班组检验

C. 客户检验　　D. 领导检验

3. 为保证“三检制”的实施，应做到明确检验内容、提供必要的条件和手段、（　　）和建立质量考核制度。

A. 加强进货检验　　B. 健全原始记录制度

C. 增强质量信息反馈　　D. 提高分析能力

4. 易燃物料在库内储存的温度应控制在（　　）℃。

A. 5~25　　B. 10~30　　C. 15~25　　D. 25~40

5. 修理车间的成本核算一般应以（　　）为计算单位。

A. 月　　B. 星期　　C. 年　　D. 天

6. 涂装材料中被列为易燃危险品的有硝基漆、稀释剂、脱漆剂和（　　）。

A. 乳胶剂　　B. 电泳漆　　C. 防潮剂　　D. 氨基漆

三、多项选择题

1. 一个高效的修理车间应该具备的要素有（　　）。

A. 高效能的产品　　B. 高素质的员工　　C. 成熟的修补工艺

D. 先进的设备　　E. 合理的车间布局　　F. 科学的管理流程

2. 在汽车修补涂装质量管理中，必须有（　　）意识。

A. 效益　　B. 质量　　C. 问题

D. 企业　　E. 改进

3. 汽车涂装的质量检验包括（　　）。

A. 进货检验　　B. 工序检验　　C. 耗料检验

D. 整车检验　　E. 出厂检验

四、简答题

1. 简述车间布局设计之前应掌握的基本资料。

2. 简述汽车修理的一般程序。

3. 简述 P 形工作流的典型布局内容和特点。

练习与检测答案

一、判断题

1. ×　　2. ×　　3. √　　4. ×　　5. √

二、单项选择题

1. C　2. A　3. B　4. A　5. A　6. C

三、多项选择题

1. ABCDEF　2. BCE　3. ABDE

四、简答题

略

7

第 7 章

涂装新技术展望

知识要求

第 1 节　汽车修补涂装和 VOC

学习目标

通过本节的学习培训，学员能够：

(1) 了解 VOC 的含义。

(2) 熟悉汽车修补涂料所释放的 VOC 在整个涂料领域中所占的比例。

(3) 掌握降低涂料中 VOC 的方法。

VOC 在普通意义上是指挥发性有机化合物，但是在环保意义上是指活泼的一类挥发性有机物，即会产生危害的那一类挥发性有机物。

一、VOC 的含义

VOC 是 volatile organic compound 的缩写，其含义为“挥发性有机化合物”。涂料中的有机溶剂即为典型的 VOC。

一般来说，涂料中溶剂含量越高，其 VOC 相对越高，但是 VOC 和溶剂含量不是一回事。在涂料中，溶剂含量往往用质量分数来衡量，而 VOC 的衡量方式是“每升涂料中所含 VOC 的克数”。例如，某水性底色漆的有机溶剂含量为 10 %，但其 VOC 是 420 g/ L。

VOC 的计算公式为：

$$VOC = V \times \rho \times 10^3$$

式中　V——挥发性有机物的质量分数；

ρ——涂料在 (23±2)℃时的密度，g/mL。

VOC 对环境的影响非常大，如图 7—1 所示。在强太阳光照射下，VOC 和氮氧化物（汽车尾气排放物）同氧气发生反应，形成臭氧并在大气层中聚集，破坏大气结构，破坏人类的生存环境。VOC 过度排放会影响地球上动植物的生存并导致水质变差。因此，全球的环境保护组织和很多国家对各类产品中 VOC 的排放提出了越来越多的

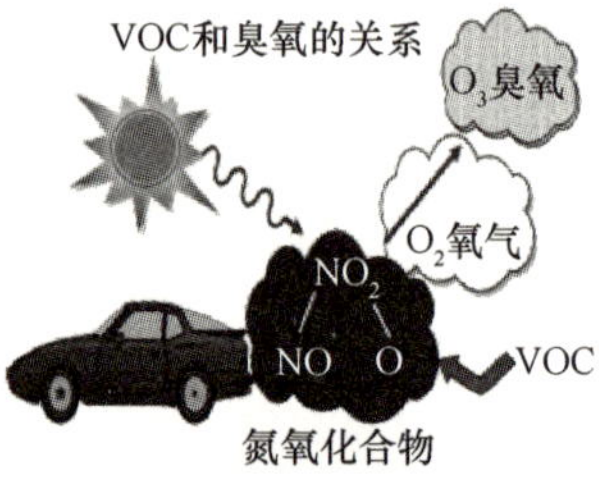

图 7—1　VOC 对环境的影响

要求。

二、传统汽车修补涂料与VOC

按传统汽车修补工艺分类，汽车修补涂料可大致分为表面预处理、底漆和面漆。其中，面漆有素色漆、底色漆、罩光清漆等。

虽然汽车修补涂料所释放的VOC在整个涂料领域中所占的比例不到7%，但为了保护环境，近年来降低VOC成为各大汽车修补涂料供应商开发和推广新产品的主要方向。

三、降低涂料中VOC的方法

降低涂料中VOC的方法一般有以下三种。

1. 提高固体含量

固体含量越高，溶剂含量相对越低，VOC含量相对降低。

在汽车修补涂料中，提高固体含量以降低VOC，对底漆、素色漆和罩光清漆来说比较明显。因此，各大汽车修补涂料供应商纷纷推出高固体含量的底漆、素色漆和罩光清漆产品。

欧美国家普遍以高固体含量产品和水性漆产品来满足限制VOC排放的相关法规要求。美国国家标准是以中固体含量技术为最低标准，用提高涂料产品固体含量的方法来降低VOC排放。而加利福尼亚州州立标准更严格地限制VOC的排放，但用“免除溶剂技术”，即某些溶剂不受VOC法规限制的方法来适当调节。

2. 使用粉末涂料

使用粉末涂料是涂料行业降低VOC最行之有效的方法之一，却非常难以运用于汽车修补涂料，主要因为汽车修补的各种面漆效果和高标准的流平要求是目前粉末涂料难以达到的。

3. 使用水性涂料

水性涂料可有效保护环境。近20年来，全球各大涂料生产商不断推出各种水性漆技术以满足行业需求。

水性涂料被广泛应用在汽车原厂涂料和汽车修补涂料的底色漆技术中，开创了汽车涂料技术的新纪元。

四、汽车涂料的发展

近年来，各国际品牌汽车涂料供应商的产品不断革新和发展，高固体含量涂料和水性涂料是两大主要发展趋势。

高固体含量和水性涂料产品的普遍缺点在于风干性能较差，必须使用高效率的烘烤设备或改进烤漆房，即加强升温和气流才能达到比较理想的硬度或缩短烘烤时间，相对目前的系统来说产品成本也较高。

第 2 节　水 性 涂 料

学习目标

通过本节的学习培训，学员能够：

(1) 了解水性涂料在汽车修补行业的发展前景。

(2) 熟悉水性涂料的储存条件。

(3) 掌握水性涂料的施工性能。

一、在汽车修补行业的发展前景

随着环保法规的施压，以及消费者环保意识的不断提升，全国多个省市出台了 VOC 排放限量标准，鼓励使用非溶剂型涂料，给水性涂料等环保涂料的发展带来了机遇。

目前，虽然传统汽车涂料依然占据较大的市场份额，但水性涂料是绿色产品，是汽车涂料未来发展的重要方向，国内水性涂料企业正在崛起。水性涂料发展迅速，其所占市场份额在逐年增长，一些企业已经意识到水性涂料广阔的市场潜力，纷纷进军、扩张水性涂料市场。

二、应用局限性

采用水性涂料是降低 VOC 的最佳方法之一。

水性涂料技术目前还存在一定局限性，难以在各个领域全面推广。例如，汽车修补涂料中单工序纯色面漆就很难通过使用水性涂料达到和溶剂型涂料一致或接近的效果。在底色漆领域，水性涂料则被广泛应用。

三、储存条件

当涂料处于储存状态或用调漆尺搅拌时，涂料所受的外力属于低剪切作用，这时涂料处于高黏度状态。高黏度状态涂料的最大优点是能稳定其中高密度颜料（如银粉）的分散程度，使涂料处于优良的防沉淀状态。因此，没有开瓶的汽车修补涂装水性底色漆的色母是不需要搅拌的，所使用的储存架只要是普通的色母架即可，大大降低了用户的使用条件。

四、施工性能

涂料被喷涂时，在喷嘴处所受到的外力属于高剪切作用。这时涂料的黏度会迅速下降，容易达到理想的雾化状态，方便施工。当涂料被喷涂到工件表面后，黏度开始回升，使银粉沉降有序，形成理想的排列状态并能有效地防止垂流。

涂料储存时和喷涂至工件表面后处于低剪切作用的高黏度状态，而用喷枪喷涂的瞬间则处于高剪切作用的低黏度状态。因此，水性底色漆在储存时有优良的防沉淀性能，在喷涂时有优良的雾化和施工性能，被喷涂在工件表面后有优良的防垂流性能。

五、水性底色漆喷涂后涂面状况和干燥

水性底色漆的主要溶剂是水，和常见的有机溶剂相比不容易蒸发。喷涂水性底色漆后，在常规条件下，水从涂层中蒸发，当涂层表面空气中的水蒸气饱和后，水会停止蒸发，涂料不能很好地成膜。

为加快水性底色漆成膜，一般有两种方法：一是用专用吹风设备驱赶涂层表面的水蒸气，促进涂层中水的蒸发；二是使用加热装置使水加速蒸发。

为了加快涂层表面空气的流动，可采用固定在烤漆房房顶的吹风装置。这种装置可以调节吹风面积。当进行全喷时，开动所有的吹风装置；当进行板块修补时，可只开动其中一部分对准修补板块吹风。吹风装置结合烤漆房的加热装置可得到理想的涂层流平性，但这种装置价格昂贵，而且需要大功率的压缩机，若烤漆房内不够清洁还可能导致飞尘。因此，当进行小面积修补时，可使用站立式吹风筒或便携式吹风筒。水性漆吹风设备如图7—2 所示。

六、双工序面漆体系降低 VOC 的方法

水性底色漆的主要溶剂是水，其产品体系的 VOC 同传统溶剂型底色漆产品体系相比有非常显著的下降。

实践证明：和传统溶剂型产品体系相比，Aquabase ZK 结合溶剂型底漆产品体系可降低 50%的 VOC，而 Aquabase PLUS 结合水性底漆产品体系则可降低 72%的 VOC。

不同面漆体系 VOC 比较如图 7—3 所示。该数据是通过汽车修补涂装实际测量得到的，选择了同一个色彩的溶剂型和水性底色漆喷涂以达到完全遮盖，罩光清漆则选择了中固体含量、高固体含量和特高固体含量三种做比较。

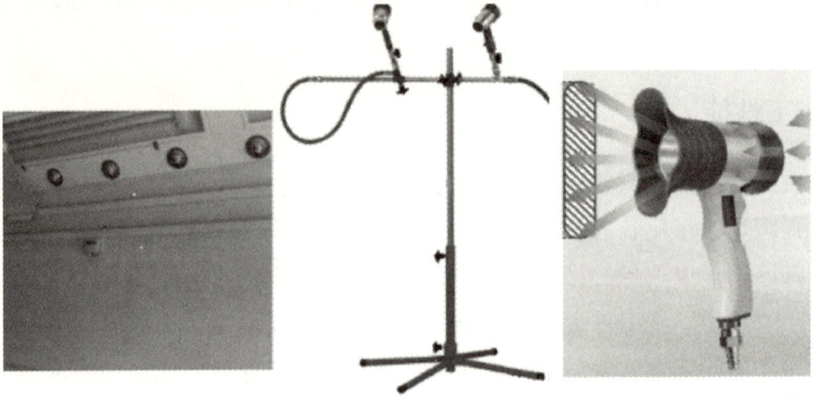

a)　　b)　　c)

图 7—2　水性漆吹风设备

a）烤漆房顶的吹风装置　b）站立式吹风筒　c）便携式吹风筒

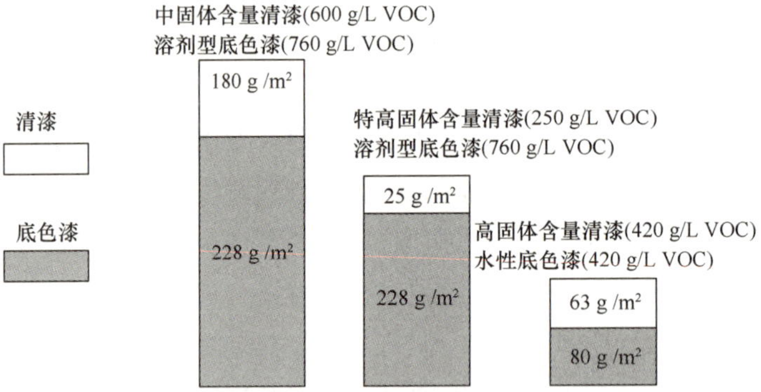

图 7—3　不同面漆体系 VOC 比较

第 3 节　紫外光固化涂料

学习目标

通过本节的学习培训，学员能够：

(1) 了解紫外光固化涂料的使用意义。

(2) 熟悉紫外光固化涂料的干燥原理。

（3）掌握紫外光固化涂料的特性和应用。

一、使用意义和特性

中固体含量的异氰酸酯固化双组分丙烯酸涂料是目前汽车修补涂料领域的代表性产品，但其 VOC 含量较高，含有异氰酸酯，且干燥需要依赖烘烤或红外线照射才能在较短时间内实现。

因此，汽车修补涂料的研究一直致力于降低 VOC、无异氰酸酯技术、缩短干燥时间及节省能源产品的开发，而紫外光固化涂料可以满足以上要求。目前，紫外光固化涂料在汽车修补涂料领域中正不断发展并逐渐开始应用。

紫外光固化涂料常常被制作成高固体含量甚至 100%固体含量的产品。与异氰酸酯固化双组分丙烯酸涂料相比，紫外光固化涂料可以极大限度地降低 VOC 含量。

由于异氰酸酯气雾对人类健康有较大的影响。因此，涂料领域研究发展方向之一是用单组分产品替代异氰酸酯固化双组分产品。而紫外光固化涂料可以使单组分产品达到甚至超过异氰酸酯固化双组分产品的性能。

除上述特性外，紫外光固化涂料还能满足汽车修补的以下特殊要求。

- 具有良好的附着力。同异氰酸酯固化双组分丙烯酸涂料一样，紫外光固化涂料在各种常见底材（如钢材、镀锌铁板、铝材、塑料等）上均有良好的附着力。
- 具有合适的硬度、韧性和良好的干磨、湿磨性能。
- 具有良好的保光性。
- 具有良好的填充性。

二、组成

紫外光固化涂料的组成比较特殊，除了树脂、颜料和少量溶剂外，一般还会添加阻聚剂、光引发剂、光敏剂等特殊材料。

树脂的选择主要是考虑其性能可满足汽车修补要求。在储存时，阻聚剂可阻止树脂发生交联反应，使涂料保持稳定。在喷涂时，空气中的氧气对树脂有阻聚作用，而光引发剂吸收了紫外光后可促使树脂发生交联反应。光敏剂的作用在于方便作业者在喷涂及使用紫外光照射时识别被喷涂的区域。

三、干燥原理

喷涂紫外光固化涂料后，只有涂料中光引发剂吸收了紫外光时才促使树脂发生交联反应而使涂层干燥。

采用异氰酸酯固化双组分丙烯酸涂料进行涂装时，一般需要在60℃条件下烘烤30 min后才能进行下道工序。而紫外光固化涂料的干燥时间一般较短。目前，用于汽车修补涂料领域的紫外光固化涂料，喷涂后在紫外线照射下，最短的干燥时间仅为2 min。

四、应用

紫外光固化技术广泛应用于印刷领域。从环保和节能的角度考虑，各大汽车修补涂料供应商均纷纷展开紫外光固化涂料的研究和应用。目前，紫外光固化技术已被应用于汽车修补底漆上，而用于面漆的技术正在发展中。

第4节　新型打磨材料

学习目标

通过本节的学习培训，学员能够：

（1）了解新型打磨材料的特点。

（2）熟悉新型打磨材料的分类和应用。

打磨在汽车修补涂装工艺中具有举足轻重的作用，打磨是修补的基础。多年来，众多专业公司不断研究及发展新型打磨材料，使汽车涂装打磨工艺日臻完善，而汽车修补打磨工艺则更是朝“艺术”方向发展。

一、分类

新型打磨材料按制造工艺可分为以下三类。

- 新型结合式打磨材料，如砂轮、磨片等。
- 新型涂层式打磨材料，如干磨、水磨砂纸等。
- 三维无纺打磨材料，如菜瓜布等。

其中，新型涂层式打磨材料和三维无纺打磨材料在汽车修补涂装中被广泛应用。下面简单介绍新型涂层式打磨材料和三维无纺打磨材料。

1. 新型涂层式打磨材料

新型涂层式打磨材料具有耐磨、持久耐用的特点，经过折叠也可反复使用，主要是其可逐渐增加树脂涂层的柔韧性。新型涂层式打磨材料的结构分为背衬材料、结合力涂层、打磨颗粒和控制打磨颗粒大小的涂层四部分。

背衬材料一般分为纸和布两类。常用的干磨砂纸是布背衬，而水磨砂纸则是纸背衬。一般背衬材料越硬，磨料打磨越有力。纸背衬材料强度常分为 A、B、C、D、E、F、T 级，其中 A 级为最轻级别；布背衬材料常分为 F、J、X、Y 级和聚酯布等级别，其中 F 级为最轻级别。

结合力涂层既提供结合力又控制打磨颗粒大小。该涂层常用黏合剂将打磨颗粒黏合在背衬材料上，如增强树脂涂层。

打磨颗粒通常为坚硬的合成材料，如氧化铝、碳化硅、金刚石等。氧化铝和碳化硅性能如图 7—4 所示。打磨颗粒大小范围常用 P 分级系统进行分类，如 P180、P600 等；每一种 P 分级定义该打磨颗粒大小范围，但不表示精确的颗粒尺寸。

生产打磨材料最常用的矿物质	
氧化铝	碳化硅

• 圆形块状 • 边缘较不锋利 • 坚硬	• 有棱角 • 边缘锋利 • 易碎

图 7—4　氧化铝和碳化硅性能

控制打磨颗粒大小的涂层用于将打磨颗粒固定，并使其具有一定的柔韧性。该涂层既可以控制打磨颗粒的分布方向，又可以控制打磨颗粒之间的排列距离。在控制打磨颗粒的分布方向时，通过机械分布的方式使打磨颗粒随机分布或静电分布。对打磨颗粒排列距离的控制方式有封闭式、半开放式、开放式等，适应各类底材的打磨需求。

2. 三维无纺打磨材料

三维无纺打磨材料是打磨颗粒附着在三维纤维或海绵上形成的。该类产品有非常好的柔韧性，方便打磨。

汽车修补涂装中，对外形复杂或特殊材料表面进行打磨所使用的菜瓜布，即为三维无纺打磨材料。三维无纺材料及其微观结构如图 7—5 所示。

二、发展方向

现代打磨材料的发展方向主要是方便使用、环保、提高打磨效果等方面。

对于涂层式打磨材料来说，通过背衬材料的选择、结合力涂层和控制研磨颗粒大小涂

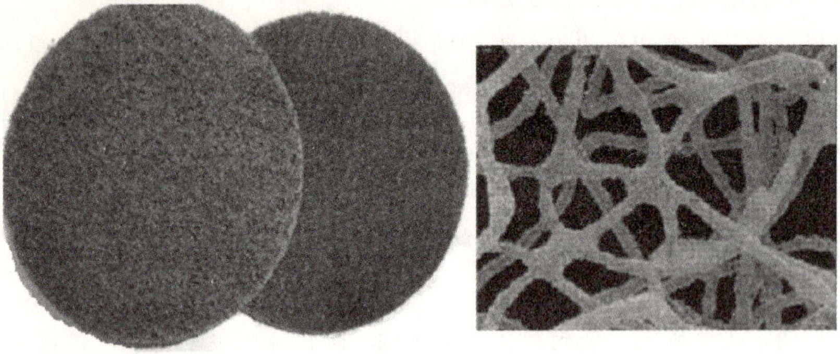

图 7—5　三维无纺材料及其微观结构

层的发展、打磨颗粒的分布方向和排列距离的控制，能同时提高砂纸的打磨强度和柔韧性，延长砂纸的使用寿命，减少涂料黏附砂纸等问题。

对于三维无纺打磨材料来说，进一步体现其柔韧性和透气性并加强打磨性是发展方向之一。在某些领域用三维无纺打磨材料替代传统的涂层式打磨材料，使磨料更耐用并达到“无尘”的效果，可使打磨工艺更上一个台阶。

练习与检测

一、判断题

1. 在涂料中，溶剂含量往往可以用质量分数来衡量，而 VOC 的衡量方式是“每升涂料中所含 VOC 的克数”。（　）

2. 从减少 VOC 角度来说，汽车涂装的发展趋势是使用水性涂料和高固体含量涂料。（　）

3. 汽车修补涂料的单工序纯色面漆就很难通过使用水性涂料达到和溶剂型涂料一致或非常接近的效果。（　）

4. 水性底色漆处于低剪切作用下时黏度很高。（　）

5. 紫外光固化涂料不含异氰酸酯，对人类健康危害减小，它的双组分产品达到甚至超过传统的单组分产品性能。（　）

6. 三维无纺打磨材料的打磨颗粒附着在三维纤维或海绵上，具有非常好的柔韧性，方便打磨外形复杂或特殊材料表面。（　）

二、单项选择题

1. VOC 和含义为（　　）。

A. 有机物　　B. 挥发物

C. 有害物　　D. 挥发性有机化合物

2. 传统汽车修补涂料中的有机溶剂是最典型的（　　）。

A. COV　　B. VOC　　C. OVC　　D. OCV

3. 水性涂料目前在汽车涂装的（　　）领域被广泛运用。

A. 底色漆　　B. 单工序纯色漆　　C. 清漆　　D. 彩色清漆

4. 水性涂料喷涂时有优良的雾化性能，被喷涂到物面时黏度回升有（　　）性能。

A. 干燥快　　B. 易垂流　　C. 防垂流　　D. 成膜迅速

5. 目前，用于汽车修补涂料领域的紫外光固化涂料喷涂后，在紫外线照射下最短的干燥时间仅为（　　）min。

A. 1　　B. 2　　C. 4　　D. 10

6. 目前，紫外光固化涂料技术已被应用在汽车修补（　　）上。

A. 面漆　　B. 银粉漆　　C. 清漆　　D. 底漆

三、多项选择题

1. 打磨材料按制造工艺通常分为（　　）。

A. 结合式打磨材料　　B. 涂层式打磨材料

C. 二维无纺打磨材料　　D. 三维无纺打磨材料

E. 以上皆是

2. 紫外光固化涂料特性有（　　）。

A. 降低 VOC　　B. 干燥慢　　C. 干燥快　　D. 无异氰酸酯

E. 节省能源　　F. 防垂流

3. 涂层式打磨材料的打磨颗粒通常为坚硬的合成材料，如（　　）。

A. 氧化铝　　B. 花岗石　　C. 碳化硅

D. 金刚石　　E. 云母石

四、简答题

1. 简述降低涂料中 VOC 的方法。

2. 简述紫外光固化涂料的干燥原理。

3. 涂层式打磨材料的结构有哪些？各有什么特点？

练习与检测答案

一、判断题

1. √　2. √　3. √　4. √　5. ×　6. √

二、单项选择题

1. D　2. B　3. A　4. C　5. B　6. D

三、多项选择题

1. ABD　2. ACDE　3. ACD

四、简答题

略

理论知识考试模拟试卷及答案

汽车维修工（车身涂装修复）（三级）理论知识试卷

注 意 事 项

1. 考试时间：90 min。
2. 请首先按要求在试卷的标封处填写您的姓名、准考证号和所在单位的名称。
3. 请仔细阅读各种题目的回答要求，在规定的位置填写您的答案。
4. 不要在试卷上乱写乱画，不要在标封区填写无关的内容。

	一	二	三	总 分
得 分				

得分	
评分人	

一、判断题（第 1 题～第 40 题。将判断结果填入括号中。正确的填"√"，错误的填"×"。每题 0.5 分，满分 20 分）

1. 轿车非承载式车身通过弹性支撑紧固在车架上，载荷主要由车架承受，所以这种车身的支柱一般较细，风窗玻璃也较大。（ ）

2. 轿车承载式车身是指在前后轴之间没有起连接作用的车架，车身直接承受从空气传来的力和动力系统传来的力，这种车身主要采用点焊结构。（ ）

3. 虽然轿车承载式车身碰撞后维修难度较大，但目前应用广泛的离合器前置前驱轿车大多采用这种车身。（ ）

4. 轿车车身的形状主要由座椅位置和数量、车门数量、顶盖形状、发动机和备胎的布置等因素决定。（ ）

5. 轿车直背式车身比折背式更趋流线型，但无法降低空气的阻力。（ ）

6. 土壤对材料的腐蚀主要源于土壤中的水、氧和氢。（ ）

7. 化学物质对材料的腐蚀表现在每一个行业。 (　　)

8. 金属在干燥气体和电解质溶液中发生化学反应而导致的腐蚀称为化学腐蚀。 (　　)

9. 金属在乙醇溶液中受到的腐蚀是电解质腐蚀。 (　　)

10. 电化学腐蚀的特征包括在电解质和水的作用下发生。 (　　)

11. 在实际调色工作中，蓝色只可能有两种偏向，即偏红或偏绿。 (　　)

12. 在实际调色工作中，黑色只可能有两种偏向，即偏橙或偏紫。 (　　)

13. 要改变一个色彩的色相，可尽量选用彩度低的色母，加入量不必太多，这样不会引起色彩明度和彩度太大变化，也能达到微调效果。 (　　)

14. 在实际调色工作中，调出来的蓝色金属漆不够蓝，要从两个方面考虑：一是蓝色色母少了，也就是彩度不够；二是银粉或珍珠色母加入过多或选用不当，也就是明度太高。 (　　)

15. 素色漆色母的一般要求是高遮盖力、高彩度、高干膜光泽度。 (　　)

16. HVLP 喷涂系统将涂料分解成小液滴的气压不超过 0.01 MPa。 (　　)

17. 影响 HVLP 喷涂系统的重要因素是空气管路系统的压缩空气压力、流量、含水量等。 (　　)

18. HVLP 喷涂系统主要包括大体积气源、供料系统和油水分离器。 (　　)

19. 在 HVLP 喷涂系统中，影响涂料雾化的是喷枪风帽处的空气压力。 (　　)

20. 静电喷涂在喷枪和被涂工件上施加直流高压电，喷枪带负电荷，被涂工件带正电荷，在喷枪和被涂工件之间形成一个高压静电场。 (　　)

21. 影响修理车间生产效率的因素包括产品、修补工艺、员工、设备、修理车间布局和管理。 (　　)

22. 工作流是指车间处理工作时单方向的流动系统，用以增加工作时车辆移动次数。 (　　)

23. 在汽车修理车间，为减少涂膜打磨区域的灰尘，地板一般采用平板式。 (　　)

24. 喷涂面漆是修理的最终步骤，因此烤漆房应放置在涂装车间靠近出口的位置，而且靠近喷涂准备区域。 (　　)

25. 汽车涂装的质量检验包括四个方面，即进货检验、工序检验、整车检验、出厂检验。 (　　)

26. 在涂料中，溶剂含量往往可以用质量分数来衡量，而 VOC 的衡量方式是“每升涂料中所含挥发性有机化合物的克数”。 (　　)

27. 汽车修补涂料所释放的 VOC 在整个涂料领域中所占的比例为 9.2%。 (　　)

28. 在汽车涂装领域，降低 VOC 的方法有降低涂料固体含量。（　　）

29. 固体含量越高，溶剂含量相对越低，VOC 含量相对降低。（　　）

30. 从减少 VOC 角度来说，汽车涂装的发展趋势是使用水性涂料和高固体含量涂料。（　　）

31. 安全鞋使用后应检查并保持清洁，存放于无污染、干燥的地方。（　　）

32. 在进行喷漆作业时，无须穿安全鞋。（　　）

33. 防静电工作服具有无尘和抗静电性能。（　　）

34. 防尘口罩一般用于腻子施工和打磨、除尘等操作环节，防止粉尘等空气中浮游颗粒物被人吸入。（　　）

35. 为防止溶液、底漆和外层涂料对手造成伤害，应佩戴棉纱手套进行操作。（　　）

36. 遮盖是一种保护方法，它的作用是防止漆雾喷到不该喷到的地方。（　　）

37. 遮盖时所需要的设备和工具有遮盖纸切纸架和美工刀。（　　）

38. 遮盖材料一般不会轻易产生灰尘。（　　）

39. 废旧报纸本身含有大量油墨、灰尘，很容易令漆面产生鱼眼、橘皮等缺陷。（　　）

40. 遮盖薄膜采用很薄的乙烯材料，其宽度一般比遮盖纸窄。（　　）

得分	
评分人	

二、单项选择题（第 1 题～第 120 题。选择一个正确的答案，将相应的字母填入题内的括号中。每题 0.5 分，满分 60 分）

1. 轿车（　　）车身通过弹性支撑紧固在车架上，载荷主要由车架承受，所以这种车身的支柱一般较细，风窗玻璃也较大。

A. 承载式　　B. 非承载式　　C. 悬挂式　　D. 非悬挂式

2. 轿车折背式车身是指背部有（　　）线条的车身，主要特征是车身由明显的头部、中部、尾部三部分组成。

A. 弧形　　B. 平行　　C. 折角　　D. 波浪

3. 轿车（　　）的后风窗和行李箱连接近乎平直，比折背式更趋流线型，有利于降低空气阻力。

A. 直背式车身　　B. 舱背式车身

C. 短背式车身　　D. 两厢式式车身

4. 轿车按车身材料主要分为钢板车身、轻金属材料车身、塑料车身等，而（　　）

车身是目前轿车车身的主流材料，近年来高强度低合金钢板所占比例逐渐增加。

A. 钢板　　B. 轻金属材料　　C. 塑料　　D. 混合

5. 轿车车身具有安置（　　）、装载乘客和行李的作用，车身壳体可分为开式和闭式两种。

A. 发动机　　B. 底盘　　C. 轮胎　　D. 车架

6. 目前，大部分轿车车身是指将冲压成型后的各种钣金件以（　　）等方式组合起来的一种钢铁制品。

A. 焊接　　B. 铆接　　C. 黏结　　D. 折接

7. 不同用途的客车车身差别主要体现在外观和（　　）上。

A. 长短　　B. 乘客数量　　C. 车室布置　　D. 承载形式

8. 长途客车的地板离地面高度一般在（　　）m 以上。

A. 0.4　　B. 0.5　　C. 0.8　　D. 1

9. 非承载式客车车身通过弹性元件的（　　）作用，吸收、缓和来自不平路面的冲击和振动。

A. 挠性　　B. 缓冲　　C. 弹性　　D. 及时性

10. 货车车身的结构一般按驾驶室与（　　）的相对位置分类。

A. 座椅　　B. 货箱　　C. 发动机　　D. 底盘

11. 平头式货车的驾驶室布置在发动机上，使汽车具有（　　）的特点。

A. 轴距短、总长短　　B. 轴距短、总长长

C. 轴距长、总长短　　D. 轴距长、总长长

12. 酸雨会腐蚀裸露金属，也可能透过涂膜腐蚀金属，尤其对含（　　）基颜料的涂料腐蚀作用最大。

A. 铝　　B. 铅　　C. 铁　　D. 铬

13. 空气中的二氧化硫、氮氧化合物与水和（　　）结合产生酸雨，一般把 pH 值小于 5.6 的自然降水称为酸雨。

A. 臭氧　　B. 一氧化碳　　C. 氧气　　D. 氢气

14. 车身损伤后的钣金维修是指对汽车外表的凹陷、凸起、变形等进行（　　），以恢复原来的几何形状。

A. 换车壳　　B. 整形校正　　C. 换配件　　D. 刮腻子

15. 随着生活水平与生活品质的不断提高，人们在审美上越来越讲究（　　）与环境的协调统一。

A. 质量　　B. 物品　　C. 品质　　D. 外观

16. 天然大气的主要腐蚀介质是（　　）。

A. 氧气和二氧化碳　　B. 二氧化碳和水

C. 氧气和水　　D. 二氧化碳和氢气

17. 金属在石油中所受到的腐蚀是（　　）。

A. 电化学腐蚀　　B. 化学腐蚀　　C. 电解质腐蚀　　D. 大气腐蚀

18. 电化学腐蚀的特征是在（　　）和水的作用下发生的腐蚀。

A. 油　　B. 乙醇　　C. 电解质　　D. 非电解质

19. 通常用标准（　　）电极电位作为基准电极电位，设定为零。

A. 氢　　B. 铁　　C. 铝　　D. 金

20. 在（　　）腐蚀条件下，金属的标准电极电位越负越容易被腐蚀。

A. 电化学　　B. 化学　　C. 硫　　D. 硫化氢

21. 当金属和电解质溶液接触时在交界面上形成双电层，金属带正电荷而溶液带负电荷形成电位差，这就是该金属在该电解质溶液中的（　　）。

A. 正极电位　　B. 负极电位　　C. 中性电位　　D. 电极电位

22. 通过化学反应将（　　）转换成电能的装置称为原电池。

A. 机械能　　B. 光能　　C. 化学能　　D. 热能

23. 将铜和锌浸入硫酸溶液中，用导线连接铜和锌，此时标准电极电位低的（　　）。

A. 锌是阳极　　B. 锌是阴极　　C. 铜是阳极　　D. 铜是阴极

24. 铝与镁构成原电池时，铝是（　　），不易被腐蚀。

A. 阳极　　B. 阴极　　C. 电极电位低　　D. 负极

25. 大气中形成腐蚀电池后，金属易遭受腐蚀，尤其是受热部分、（　　）等。

A. 粗晶粒　　B. 高应力部分　　C. 低温部分　　D. 浓溶液

26. 改变腐蚀环境主要是指改变腐蚀（　　）以达到防腐目的。

A. 介质　　B. 温度　　C. 电流　　D. 溶剂

27. 金属防腐方法一般有改变腐蚀环境、电化学防腐、涂层保护，其中（　　）之一是通过煮沸除去溶液中的氧。

A. 改变腐蚀环境　　B. 电化学防腐　　C. 涂层保护　　D. 改变温度

28. 护屏保护是指在腐蚀体系中附加一个金属，使被保护的金属变成（　　）而达到保护目的。

A. 阳极　　B. 零级　　C. 阴极　　D. 负极

29. 电化学防腐可分为（　　）。

A. 阴极保护和阳极保护　　B. 正极保护和负极保护

C. 阴极保护和负极保护　　　　　　　D. 阳极保护和正极保护

30. 在铁板上镀锌是阳极覆盖保护，在铁板上镀（　　）是阴极覆盖保护，在铁板上镀铜是阴极覆盖保护。

A. 银　　　　B. 铅　　　　C. 镁　　　　D. 铝

31. 在所有修补涂料的调色系统里，色彩色相一般分成四个主要的色相——红、黄、（　　）、蓝。

A. 橙　　　　B. 紫　　　　C. 绿　　　　D. 青

32. 在实际调色工作中，蓝色色相的变化只可能有两种偏向，即偏红或（　　）。

A. 偏绿　　　　B. 偏橙　　　　C. 偏黑　　　　D. 偏白

33. 要改变一个色彩的色相可尽量选用（　　）的色母，加入量不必太多，这样不会引起色彩明度和彩度太大变化，也能达到微调效果。

A. 彩度低　　　　B. 彩度高　　　　C. 明度高　　　　D. 明度低

34. 调色工作中使用浑浊色母时，色相改变的同时，明度和（　　）也降低了。

A. 亮度　　　　B. 对比度　　　　C. 透明度　　　　D. 彩度

35. 调配素色漆，往往只需要注意彩度和（　　），对明度的考虑不太重要。

A. 亮度　　　　B. 灰度　　　　C. 色相　　　　D. 明度

36. 一套完整的素色漆（　　）系统中还要求有低遮盖力的色母，这些色母常用于微调色彩。

A. 色相　　　　B. 色母　　　　C. 色度　　　　D. 色调

37. 喷涂因素对汽车素色漆色彩变化的影响（　　），因此素色漆调配较容易掌握。

A. 非常小　　　　B. 不影响　　　　C. 较大　　　　D. 非常大

38. 我们称使用了银粉的色漆是金属漆或银粉漆，在色彩外观上色母颗粒较粗，（　　）。

A. 正面反光能力强，侧视效果较暗　　　　B. 正面反光能力弱，侧视效果较暗

C. 正面反光能力强，侧视效果较亮　　　　D. 正面反光能力弱，侧视效果较亮

39. 把使用了云母粉的色漆称为（　　），在外观上其颗粒较细，光反射比较柔和，侧视色相稍浅、稍亮。

A. 银粉漆　　　　B. 铁粉漆　　　　C. 珍珠漆　　　　D. 纯漆

40. 对于每个色彩配方来说，银粉颜料决定了该色彩的（　　）和彩度。

A. 色相　　　　B. 色彩　　　　C. 明度　　　　D. 光泽

41. 调配色彩时，一般情况下主色母不要超过三种，构成主色相的色母越多，主色相的（　　）就越低。

A. 色彩　　B. 彩度　　C. 色调　　D. 色相

42. 在面漆上喷涂罩光清漆，这属于工厂实际操作中的（　　）。

A. 单工序喷涂　　B. 双工序喷涂　　C. 三工序喷涂　　D. 四工序喷涂

43. 红色金属漆在尽量保持正面色相不变的情况下，把侧视色相往（　　）方向调整比较难。

A. 红色　　B. 黄色　　C. 蓝色　　D. 绿色

44. 涂料厂生产颗粒大小不同的银粉颜料是为了增强调色能力，同一类型的银粉，颗粒（　　），侧视越暗。

A. 越粗　　B. 越适中

C. 越细　　D. 形状越不规则

45. 不规则形的银粉颜料对光线有漫反射作用，（　　）。

A. 正面的明度相对较低，而侧视的明度反而较高

B. 正面的明度相对较低，侧视的明度也相对较低

C. 正面的明度相对较高，侧视的明度也相对较高

D. 正面的明度相对较高，而侧视的明度反而较低

46. HVLP 中文意思是（　　），该喷涂系统将涂料分解成小液滴的气压不超过 0.07 MPa。

A. 高流量、低压力　　B. 高流量、高压力

C. 低流量、低压力　　D. 低流量、高压力

47. HVLP 喷枪漆雾反弹及散失少，涂料转化率在（　　）以上。

A. 85%　　B. 65%　　C. 50%　　D. 45%

48. 在 HVLP 喷涂系统中，影响涂料雾化的是（　　）。

A. 漆流　　B. 压力　　C. 喷涂距离　　D. 涂料品种

49. 使用 HVLP 喷枪时，喷涂距离应保持在（　　）cm，距离过长会导致喷涂发干且涂膜厚度不足。

A. 10~15　　B. 15~20　　C. 20~25　　D. 25~30

50. 静电喷涂是在喷枪和被涂工件上施加直流高压电，（　　），在喷枪和被涂工件之间形成一个高压静电场。

A. 喷枪带正电荷，被涂工件带负电荷　　B. 喷枪带负电荷，被涂工件带正电荷

C. 喷枪和被涂装工件都带正电荷　　D. 喷枪和被涂装工件都带负电荷

51. 静电喷涂由于涂料粒子带负电荷，受电场力作用沉积于带正电荷的工件表面，其涂料利用率可达（　　）以上。

A. 50%　　B. 60%　　C. 70%　　D. 80%

52. 工件的边角部分因表面张力作用会使喷涂后的涂膜变薄，但采用静电喷涂时，边角部位由于尖端效应，（　　），涂料沉积层厚，涂膜仍有足够的厚度。

A. 电压高　　B. 电压低　　C. 电荷密度高　　D. 电阻高

53. 采用静电喷涂时，电压过高可提高喷涂效率，但不安全；电压过低，涂料粒子带电性不好，影响喷涂效果。一般电压应在（　　）kV 之间。

A. 30~50　　B. 60~100　　C. 100~120　　D. 120~140

54. 对一般的静电喷涂设备而言，25℃条件下黏度为（　　）s（涂-4 黏度计）比较合适。

A. 13~15　　B. 15~25　　C. 25~30　　D. 30~35

55. 高压无气喷枪的喷嘴口径根据涂料黏度和（　　）来选择。

A. 喷涂气压　　B. 喷涂距离　　C. 喷涂角度　　D. 出漆量

56. 高压无气喷涂在汽车涂装修复行业主要用于涂装汽车底盘和（　　）。

A. 车顶　　B. 车身外表　　C. 前后盖外表　　D. 车身 PVC 密封

57. 改进型高压喷涂主要有空气辅助高压喷涂和加热高压喷涂，其中加热高压喷涂的加热系统可通过加热温度精确地控制（　　）。

A. 出漆量　　B. 涂料黏度　　C. 喷涂气压　　D. 扇面幅度

58. 粉末涂装是把粉末涂料喷涂在工件表面，在（　　）作用下粉末会慢慢地吸附在产品的表面，从而形成一个保护层。

A. 挥发　　B. 氧化　　C. 静电　　D. 紫外线光照

59. 环氧粉末涂料具有耐化学药品、（　　）、与金属附着力较好的优点。

A. 光泽度高　　B. 耐粉化　　C. 不失光　　D. 所得涂膜坚韧

60. 用粉末涂料进行涂装，其固体成分为 100%，可形成（　　）μm 厚的涂膜。

A. 50~300　　B. 300~550　　C. 550~600　　D. 600~800

61. 工作流是指车间处理工作时（　　）的流动系统，以减少工作时车辆移动次数。

A. 单方向　　B. 双方向　　C. 多方向　　D. 来自四个方向

62. 为了（　　），汽车修理车间涂膜打磨区域的地板一般采用格栅式。

A. 减少灰尘　　B. 增加湿度　　C. 降低湿度　　D. 空气流通

63. 喷涂面漆是修理的最终步骤，因此烤漆房应放置在涂装车间（　　）的位置，而且应靠近喷涂准备区域。

A. 靠近进口　　B. 靠近出口　　C. 中间　　D. 外面

64. 汽车涂装的质量检验包括四个方面，即进货检验、（　　）、整车检验、出厂检验。

A. 专职检验　　B. 自我检验　　C. 工序检验　　D. 互相检验

65. 汽车涂装施工质量检验应实行“三检制”，即作业人员自检、(　　) 与专职检验人员的专检相结合的检验制度。

A. 整车检　　B. 互检　　C. 工序检　　D. 出厂检

66. 我国汽车行业中执行的汽车涂装质量标准有汽车涂料涂层部标和 (　　)。

A. 车身涂料涂装评定方法　　B. 车面涂装方法

C. 车身涂料评定方法　　D. 车身涂装评定方法

67. 车间物料管理的基本内容包括制定材料间的规章制度，如领用材料规定、(　　) 和防火安全规定。

A. 劳动量规定　　B. 工时定额规定

C. 能源消耗规定　　D. 剩余材料回收规定

68. 涂装材料要专门设立材料间，由专人负责保管，材料保管员要熟悉各种涂料的配制方法、(　　) 和使用量。

A. 施工方法　　B. 施工技术　　C. 用途　　D. 施工条件

69. 涂装材料入库时应登记时间，按出厂日期分片存放，发料时应本着“先生产，先使用”的原则进行分发，涂料与配料不能放在一间房内，库房无直射阳光且通风，温度应控制在 (　　)℃。

A. 0~5　　B. 5~25　　C. 25~30　　D. 30~35

70. 修理车间成本核算包括 (　　)、动力消耗、物资消耗、材料消耗等相关数据，应以月为计算单位。

A. 劳动技术　　B. 劳动强度　　C. 劳动量　　D. 劳动时间

71. 在进行汽车涂装调色作业时，作业者必须配备工作服、(　　)、耳塞、防毒面具、安全鞋、耐溶剂手套等个人安全防护用品。

A. 防尘口罩　　B. 棉手套　　C. 护目镜　　D. 空气面罩

72. 汽车涂装工艺是取得较高 (　　) 的可靠保证，是每个作业者的施工依据。

A. 装饰性　　B. 面涂层　　C. 涂层质量　　D. 保护性

73. 涂装工艺内容中所采取的一切施工手段，操作全过程的一切工作都是围绕产品的涂装质量要求而制定的，(　　) 就是涂装工艺内容制定的最主要依据。

A. 涂装目的　　B. 保护性　　C. 装饰性　　D. 施工工序

74. 涂装工艺规程的编制既要着眼于 (　　)，又要考虑本单位设备和环境条件的可行性，是一个综合性考虑的过程。

A. 成本控制先进性　　B. 技术水平先进性

C. 普及性　　D. 大众性

75. 涂装工艺规程的编制要根据不同的涂层质量要求，经过认真的（　　）考察和反复的科学试验，验证工艺内容的可行性和工艺参数。制定的涂装工艺规程是正式技术文件，但它也不是一成不变的，随着科学技术水平的提高，它也在不断改进。

A. 技术性　　B. 客户　　C. 施工人员　　D. 领导

76. VOC 的含义为（　　）。

A. 有机物　　B. 挥发物

C. 有害物　　D. 挥发性有机化合物

77. 在汽车（　　）涂料中，有机溶剂是最典型的 VOC。

A. 修补　　B. 水性　　C. 粉末　　D. 树脂

78. 从减少 VOC 的角度来说，汽车涂装的发展趋势是使用水性涂料和（　　）。

A. 双组分涂料　　B. 油性涂料　　C. 硝基涂料　　D. 高固体含量涂料

79. 在汽车涂装中，使用 Aquabase PLUS 结合（　　）的涂装体系则可降低 72% 的 VOC。

A. 双组分清漆　　B. 水性底漆　　C. 彩色清漆　　D. 高固体含量清漆

80. 水性涂料在储存时有（　　）性能。

A. 防悬浮　　B. 防沉淀　　C. 易沉淀　　D. 易分离

81. 水性涂料被喷涂在工件表面时，（　　），有优良的防垂流性能。

A. 黏度回升　　B. 干燥迅速　　C. 黏度下降　　D. 成膜迅速

82. 水性底色漆在用喷枪喷涂的瞬间，涂料黏度会降低，到达物面后（　　）。

A. 干燥迅速　　B. 成膜快　　C. 易垂流　　D. 黏度升高

83. 水性底色漆被喷涂时黏度低，到达物面时涂层（　　）。

A. 干燥快　　B. 干燥慢　　C. 成膜慢　　D. 易垂流

84. 紫外光固化涂料常常可以制作成（　　）含量的产品。

A. 高液体　　B. 高气体　　C. 低固体　　D. 高固体

85. 目前，用于汽车涂料领域的紫外光固化涂料，喷涂后在紫外线照射下最短的干燥时间仅为（　　）min。

A. 1　　B. 2　　C. 4　　D. 10

86. 紫外光固化涂料喷涂后，只有涂料中光引发剂吸收了紫外光时才促使树脂发生（　　）而使涂层干燥。

A. 挥发　　B. 氧化反应　　C. 交联反应　　D. 加成反应

87. 三维无纺打磨材料的打磨颗粒是附在三维纤维或（　　）上形成的。该产品具有非常好的柔韧性，方便打磨外形复杂或特殊材料的表面。

A. 海绵　　B. 花岗石　　C. 活性炭　　D. 金刚石

88. 现代打磨材料的发展方向主要是（　　）、环保、提高打磨效果等方面。

A. 打磨速度　　B. 方便使用　　C. 价格　　D. 效率

89. 新型涂层式打磨材料具有耐磨、持久耐用的特点，经过折叠也可反复使用，主要是其可逐渐增强（　　）的柔韧性。

A. 树脂涂层　　B. 面漆层　　C. 底漆层　　D. 银粉层

90. 按制造工艺，打磨材料通常分为结合式打磨材料、（　　）、三维无纺打磨材料。

A. 涂层式打磨材料　　B. 涂料式打磨材料

C. 层进式打磨材料　　D. 混合式打磨材料

91. 在进行喷漆作业时，应穿带有金属脚尖衬垫和（　　）功能的安全鞋。

A. 防滑　　B. 防刺穿　　C. 绝缘　　D. 耐酸碱

92. 安全鞋内垫应具有（　　）功能，保护双脚免受振动。

A. 透气　　B. 防水　　C. 保暖　　D. 减振

93. 在进行喷漆作业时，工作服一般为（　　）款式。

A. 分体　　B. 连体　　C. 套头　　D. 可拆卸

94. 工作服必须使用衬里时，衬里的露出面积应不超过全部服装内面面积的（　　）。

A. 10%　　B. 20%　　C. 30%　　D. 40%

95. 佩戴（　　）手套，可有效防止底漆、面漆等涂料对手的伤害。

A. 棉质手套　　B. 丁腈手套　　C. 乳胶手套　　D. 橡胶手套

96. （　　）不能够有效防止有机溶剂的吸入。

A. 防毒面具　　B. 防尘口罩　　C. 焊接口罩　　D. 供气式面罩

97. 防尘口罩的使用时长一般为（　　）h，不能清洗。

A. 1~8　　B. 8~40　　C. 40~50　　D. 50~100

98. 在打磨旧涂膜过程中，需要佩戴（　　）眼镜。

A. 防尘　　B. 防漆雾　　C. 焊接　　D. 防化学

99. 涂装作业中使用的眼镜，建议采用（　　）镜片。

A. 无色　　B. 红色　　C. 灰色　　D. 黑色

100. 耳罩的噪声衰减量可达（　　）dB，适用于噪声较高的环境。

A. 10~20　　B. 10~30　　C. 10~40　　D. 10~50

101. 在去除旧涂膜过程中，可使用（　　）保护耳朵免受噪声影响。

A. 耳塞　　B. 耳罩　　C. 耳套　　D. 防噪声头盔

102. (　　) 是表面除油作业中所使用的个人安全防护用品。

A. 防尘口罩、棉纱手套　　B. 防毒口罩、棉纱手套

C. 防尘口罩、耐溶剂手套　　D. 防毒口罩、耐溶剂手套

103. 调色一般使用 (　　)。

A. 供气式面罩　　B. 防尘口罩　　C. 焊接口罩　　D. 防毒面具

104. 在封闭或不通风环境中进行大量和长时间的喷涂作业，佩戴 (　　)，可防止混有有机溶剂的空气通过口鼻吸入人体。

A. 防尘口罩　　B. 焊接口罩　　C. 供气式面罩　　D. 活性炭过滤面罩

105. (　　) 工作中，一般不采用遮盖方法保护相邻的表面。

A. 打磨　　B. 脱漆　　C. 抛光　　D. 部件喷涂

106. 为了达到良好的喷涂效果，(　　) 时还需要进行整车遮盖。

A. 点修补　　B. 点扩展修补　　C. 区域修补　　D. 大面积修补

107. 在喷涂作业结束后，建议 (　　) min 后清除遮盖材料。

A. 10　　B. 30　　C. 60　　D. 100

108. 遮盖纸的耐油渗透速度是报纸的 (　　) 倍。

A. 5　　B. 15　　C. 25　　D. 35

109. 进行喷漆前的遮盖工作时，建议在 (　　) 粘贴遮盖纸。

A. 调色间　　B. 前处理间　　C. 喷漆房　　D. 抛光区域

110. 遮盖纸具有耐溶剂性、耐油性、耐水性，且不会因温水而破损，适用于 (　　) 作业时遮盖用。

A. 打磨　　B. 调色　　C. 喷涂　　D. 烘烤

111. 遮盖纸沾湿后不会轻易破损，是报纸强度的 (　　) 倍。

A. 5　　B. 15　　C. 25　　D. 35

112. 遮盖薄膜采用 (　　)，其体积小巧，携带方便。

A. 自粘技术　　B. 膜体表面处理技术

C. 抗溶剂技术　　D. 折叠技术

113. 遮盖胶带常用于强制干燥涂料，可以承受 (　　) ℃的温度。

A. 20~40　　B. 40~60　　C. 60~80　　D. 80~100

114. 为了便于喷涂时辨色，遮盖胶带一般采用 (　　) 色。

A. 红　　B. 黄　　C. 绿　　D. 自然

115. 由于缝隙胶带呈 (　　)，因此可以防止出现喷涂台阶。

A. 圆柱形　　B. 圆锥形　　C. 三角形　　D. 圆形

116. 自粘式遮盖薄膜（　　）。

A. 靠静电吸附　　B. 靠水吸附　　C. 一面带粘胶　　D. 两面带粘胶

117. 关于正向遮盖的描述，正确的是（　　）。

A. 把遮盖胶带或遮盖纸间接贴在板件的边界处

B. 目的是尽可能地减少油漆喷涂边痕

C. 这种方法在点修补喷涂时使用最多

D. 容易引起“台阶”

118. 关于反向遮盖的描述，正确的是（　　）。

A. 这是一种使灰尘难以附着在油漆表面的遮护方法

B. 目的是尽可能地减少油漆喷涂边痕

C. 这种方法使喷涂的边痕清晰地显露出来

D. 容易引起“台阶”

119. 关于遮盖胶带的使用，不正确的说法是（　　）。

A. 粘贴遮盖胶带时不要用力压紧，防止遮盖胶带断裂

B. 遮盖胶带不得拉紧

C. 把遮盖胶带拉紧会加重其留在漆面上的印迹

D. 粘贴遮盖胶带时，用一只手拿遮盖胶带，另一只手导引方向

120. 对于遮盖不可拆卸零件的描述，正确的是（　　）。

A. 在油漆表面和遮盖胶带之间留出一个间隙，间隙与暴露的涂膜厚度相等

B. 不要在油漆表面和遮盖胶带之间留出间隙

C. 使用遮盖胶带稍微遮盖油漆表面

D. 由于该零件色彩将与车身相同，所以没有必要遮盖

得分	
评分人	

三、多项选择题（第1题~第20题。选择两个或以上正确的答案，将相应的字母填入题内的括号中。每题1分，满分20分）

1.（　　）不属于轿车车身形状因素。

A. 色彩　　B. 发动机布置　　C. 车门数量

D. 座椅数量　　E. 发动机排量

2. 汽车前部损坏的碰撞力大小取决于车重、（　　）因素。

A. 车壳　　B. 撞击物　　C. 撞击点

D. 撞击面积　　E. 车速

3. 构成原电池的必要条件是（　　）和阴阳两极有导体相连且形成闭合回路。

A. 活泼性不同的两种电极材料（一般情况）　　B. 有电解质溶液

C. 有非电解质溶液　　D. 一定温度

E. 相同电极电位

4. 酸雨对（　　）涂膜的破坏力较大。

A. 硝基漆　　B. 热固性环氧漆　　C. 氨基漆

D. 过氯乙烯漆　　E. 氨基醇酸漆

5. 涂料防腐具有（　　）的特点。

A. 选择多、用途广　　B. 永久性防腐

C. 涂装工艺方便、成本低　　D. 修复方便

E. 涂装设备复杂

6. 防腐膏一般不用于（　　）。

A. 机盖表面　　B. 保险杠　　C. 底盘

D. 外部钣金件　　E. 车门外表

7. 素色漆色母一般要求（　　）。

A. 高遮盖力　　B. 低遮盖力　　C. 低彩度

D. 高彩度　　E. 高干膜光泽度

8. 金属漆的侧视色相只能往浅、亮的方向调整，最常用的是选用（　　）等进行微调。

A. 绿色　　B. 白色　　C. 银色

D. 亮黄色　　E. 控色剂

9. 在云母粉表面镀一层二氧化钛，再在二氧化钛层外镀一层氧化铁的珍珠色母是（　　）。

A. 黄珍珠　　B. 红珍珠　　C. 珍珠红

D. 绿珍珠　　E. 珍珠铜

10. 特殊效果漆是指汽车内外装饰件、车门把手、仪表台等表面具有（　　）特点的涂料。

A. 珍珠色彩　　B. 银粉闪光　　C. 纹理

D. 低光泽度　　E. 高光泽度

11. 幻彩颜料特点是（　　）和高反射性。

A. 不透明　　B. 薄　　C. 透明

D. 扁平　　E. 遮盖力差

12. 幻彩颜料可添加在（　　）中使用。

A. 面漆涂层　　B. 中涂底漆涂层　　C. 清漆涂层

D. 防锈漆涂层　　E. 腻子层

13. 色彩色相、明度不同会使人产生不同的感觉，（　　）属于中性色彩。

A. 红色　　B. 绿色　　C. 黄色

D. 紫色　　E. 白色

14. HVLP 喷涂系统主要包括专用喷枪和（　　）。

A. 管道系统　　B. 供料系统　　C. 油水分离器

D. 空气冷冻机　　E. 压缩空气供给系统

15. 高压无气喷涂的优点是（　　）。

A. 涂膜装饰性好　　B. 涂装效率高

C. 可喷涂高、低黏度涂料　　D. 涂膜质量好

E. 环境污染减少

16. 高压无气喷枪的雾化状态、（　　）都是由喷嘴决定的。

A. 出漆量　　B. 喷涂气压　　C. 喷涂距离

D. 喷幅宽度　　E. 涂料品种

17. 汽车涂装常用的粉末涂料有（　　）涂料。

A. 环氧粉末　　B. 硝基　　C. 聚酯

D. 热固性丙烯酸树脂　　E. 过氯乙烯

18. 汽车修理车间的布局工作流有（　　）。

A. 线形　　B. C 形　　C. Y 形

D. P 形　　E. X 形

19. 涂层式打磨材料的打磨颗粒通常为坚硬的合成材料，如（　　）。

A. 氧化铝　　B. 花岗石　　C. 碳化硅

D. 金刚石　　E. 云母石

20. 喷涂过程中，需要使用（　　）等个人安全防护用品。

A. 护目镜　　B. 棉纱手套　　C. 防尘口罩

D. 耐溶剂手套　　E. 供气式全面罩

汽车维修工（车身涂装修复）（三级）理论知识试卷答案

一、判断题（第1题～第40题。将判断结果填入括号中。正确的填“√”，错误的填“×”。每题0.5分，满分20分）

1. √	2. ×	3. ×	4. √	5. ×	6. ×	7. ×	8. ×	9. ×	10. √
11. √	12. ×	13. ×	14. √	15. √	16. ×	17. √	18. ×	19. √	20. √
21. √	22. ×	23. ×	24. √	25. √	26. √	27. ×	28. ×	29. √	30. √
31. √	32. ×	33. √	34. √	35. ×	36. √	37. √	38. √	39. √	40. ×

二、单项选择题（第1题～第120题。选择一个正确的答案，将相应的字母填入题内的括号中。每题0.5分，满分60分）

1. B	2. C	3. A	4. A	5. A	6. A	7. C	8. D	9. A	10. C
11. A	12. B	13. A	14. B	15. B	16. C	17. B	18. C	19. A	20. A
21. D	22. C	23. A	24. B	25. B	26. A	27. A	28. C	29. A	30. A
31. C	32. A	33. B	34. D	35. C	36. B	37. A	38. A	39. C	40. C
41. B	42. B	43. C	44. A	45. A	46. A	47. B	48. B	49. B	50. B
51. D	52. C	53. B	54. B	55. D	56. D	57. B	58. C	59. D	60. A
61. A	62. A	63. B	64. C	65. B	66. A	67. D	68. C	69. B	70. C
71. C	72. C	73. A	74. B	75. A	76. D	77. A	78. D	79. B	80. B
81. A	82. D	83. B	84. D	85. B	86. C	87. A	88. B	89. A	90. A
91. A	92. D	93. B	94. B	95. B	96. B	97. B	98. A	99. A	100. C
101. A	102. D	103. D	104. C	105. D	106. D	107. A	108. C	109. C	110. C
111. B	112. D	113. C	114. D	115. A	116. B	117. D	118. B	119. A	120. A

三、多项选择题（第1题～第20题。选择两个或以上正确的答案，将相应的字母填入题内的括号中。每题1分，满分20分）

1. AE	2. BDE	3. AB	4. AD	5. ACD	6. ABDE	7. ADE	8. BDE
9. CE	10. CD	11. ABD	12. AB	13. BDE	14. BE	15. BCDE	
16. AD	17. ACD	18. ABD	19. ACD	20. ADE			

操作技能考核模拟试卷

注 意 事 项

1. 考生根据操作技能考核通知单中所列的试题做好考核准备。

2. 请考生仔细阅读试题单中具体考核内容和要求，并按要求完成操作或进行笔答或口答，若有笔答请考生在答题卷上完成。

3. 操作技能考核时要遵守考场纪律，服从考场管理人员指挥，以保证考核安全顺利进行。

注：操作技能鉴定试题评分表及答案是考评员对考生考核过程及考核结果的评分记录表，也是评分依据。

国家职业资格鉴定
汽车维修工（车身涂装修复）（三级）操作技能考核通知单

姓名：

准考证号：

考核日期：

试题 1

试题代码：1. 1. 2。

试题名称：金属漆微调。

考核时间：30 min。

配分：20 分。

试题 2

试题代码：2. 1. 2 。

试题名称：车门板或翼子板折筋处缺陷修复。

考核时间：60 min。

配分：20 分。

试题 3

试题代码：3. 1. 2。

试题名称：喷涂作业。

考核时间：60 min。

配分：20 分。

试题 4

试题代码：4. 1. 2。

试题名称：图案制作。

考核时间：90 min。

配分：20 分。

试题 5

试题代码：5. 1. 2。

试题名称：涂膜质量分析鉴定。

考核时间：30 min。

配分：20 分。

汽车维修工（车身涂装修复）（三级）操作技能鉴定

试　题　单

试题代码：1. 1. 2。

试题名称：金属漆微调。

考核时间：30 min。

1. 场地设备材料要求

（1）调色间（30~40 m^2）能放 8~10 个考位且光照充足，采光良好。

（2）电子秤、调色台、调色杯、调漆尺、色彩样板。

（3）红、黄、蓝、白、黑 5 种色彩的金属漆色母（见图卷—1、彩图 35）和配套稀释剂。

（4）车门板、翼子板。

图卷—1　5 种色彩的金属漆色母

2. 工作任务

（1）金属漆微调色彩以计算机随机抽取的微调色彩（见图卷—2、彩图 36）为依据。

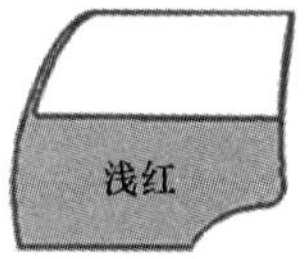

图卷—2　计算机随机抽取的微调色彩

（2）微调时在 5 种色彩的金属漆色母中，只能选择 1 种金属漆色母加入调配。

（3）在对色过程中，采用喷涂样板比对的方法，最多试喷 2 块样板，自选 1 块作为考件，供色彩评分鉴定使用。

（4）金属漆色彩调配后的质量应控制在（200±5）g。

3. 技能要求

（1）调配时色漆色彩选择准确，微调过程中方法正确。

（2）考试时间内只能调配 1 次。

4. 质量指标

（1）金属漆微调加入的色母不能超过 1 种。

（2）喷涂样板应无大面积流挂、漏喷、起花的现象。

（3）调配后的色漆质量控制在（200±5）g 以内。

汽车维修工（车身涂装修复）（三级）操作技能鉴定

试题评分表

考生姓名：　　　　　　　　　　准考证号：

试题代码及名称		1.1.2 金属漆微调			考核时间					30 min
评价要素		配分（分）	等级	评分细则	评定等级					得分（分）
					A	B	C	D	E	
1	个人安全防护： 1. 防毒面具 2. 防护眼镜 3. 工作服 4. 手套 5. 工作鞋	2	A	能正确佩戴防毒面具、防护眼镜、工作服、手套、工作鞋						
			B	有 1 项漏用或错用						
			C	有 2 项漏用或错用						
			D	有 3 项漏用或错用						
			E	差或未答题						
2	色漆选择： 1. 色母选用准确 2. 色母数量加入准确	3	A	根据样板色彩准确选择 1 种色母，无其他色母加入						
			B	根据样板色彩选择色漆准确，但色母加入量明显过多或过少，无其他色彩加入						
			C	根据样板色彩选择的色母多于 1 种，但量极少，色差不明显						
			D	根据样板色彩选择色母时，色母选择错误或加入其他色差明显的色母						
			E	未答题						
3	喷涂样板效果： 1. 表面光泽度较好 2. 无明显颗粒 3. 无流挂	5	A	目测表面明亮，无明显颗粒（不多于 5 个），无流挂						
			B	缺 1 项要求						
			C	缺 2 项要求						
			D	缺 3 项要求						
			E	未答题						

续表

试题代码及名称		1.1.2 金属漆微调			考核时间					30 min
评价要素		配分（分）	等级	评分细则	评定等级					得分（分）
					A	B	C	D	E	
4	金属漆用量控制： 1. 总量控制 2. 调漆次数控制	5	A	调漆用量在（200±5）g 范围内，只调 1 次						
			B	调漆用量在（200±10）g 范围内，只调 1 次						
			C	调漆用量在（200±15）g 范围内，只调 1 次						
			D	调漆用量超过或不足（200±15）g，只调 1 次						
			E	差或未答题						
5	调色准确性： 1. 色相 2. 明度 3. 彩度	5	A	调配后喷涂的金属漆样板同标准样板比对，在色相、明度、彩度上相同或相似						
			B	有 1 项存在不明显差异						
			C	有 2 项存在不明显差异						
			D	3 项均存在明显差异						
			E	未答题						
合计配分		20	合计得分							

考评员（签名）：

等级	A（优）	B（良）	C（及格）	D（较差）	E（差或未答题）
比值	1.0	0.8	0.6	0.2	0

“评价要素”得分=配分×等级比值。

汽车维修工（车身涂装修复）（三级）操作技能鉴定

试 题 单

试题代码：2.1.2。

试题名称：车门板或翼子板折筋处缺陷修复。

考核时间：60 min。

1. 场地设备材料要求

（1）腻子操作间（30~40 m^2）能放 6~8 个考位。

（2）考件：车门板或翼子板。

（3）腻子、磨块、水桶、抹布、砂纸。

2. 工作任务

（1）对车门板或翼子板折筋缺陷处进行缺陷修复（包括前处理，涂刮、打磨腻子，局部喷涂中涂底漆）。

（2）考生试题如图卷—3 所示，现场随机抽 1。

（3）试题中的车门板、翼子板形状（车型）只作为参考工件而非必须项，具体考核用车门板、翼子板只要符合表面有折筋缺陷即可，不专门指定品牌。

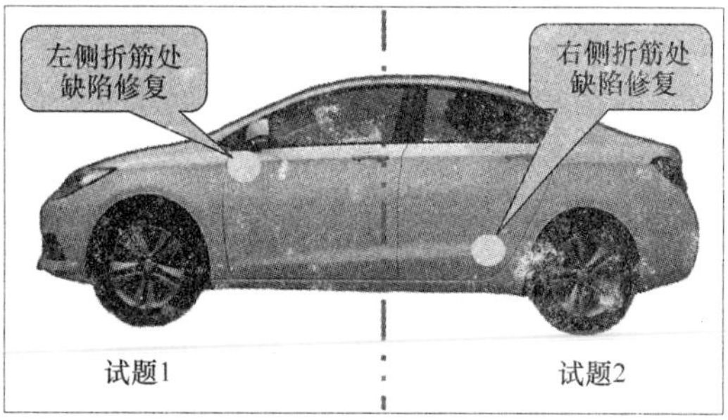

图卷—3　车门板及翼子板折筋处缺陷

3. 技能要求

（1）羽状边制作符合要求。

（2）腻子调配比例符合要求。

（3）刮磨操作规范，手法熟练。

（4）在规定时间内完成。

4. 质量指标

（1）通过刮、磨腻子使物面恢复原形。

（2）表面平整光滑无砂孔。

汽车维修工（车身涂装修复）（三级）操作技能鉴定

试题评分表

考生姓名：　　　　　　　　　　准考证号：

试题代码及名称		2.1.2 车门板或翼子板折筋处缺陷修复			考核时间					60 min
评价要素		配分（分）	等级	评分细则	评定等级					得分（分）
					A	B	C	D	E	
1	个人安全防护： 1. 防毒面具 2. 防护眼镜 3. 工作服 4. 手套 5. 工作鞋	2	A	能正确佩戴防毒面具、防护眼镜、工作服、手套、工作鞋						
			B	有 1 项漏用或错用						
			C	有 2 项漏用或错用						
			D	有 3 项漏用或错用						
			E	差或未答题						
2	前处理： 1. 清除缺陷处底漆 2. 表面除油、除污 3. 表面粗化 4. 制作羽状边	4	A	在清除缺陷处底漆，表面除油、除污，表面粗化，羽状边制作过程中方法正确，效果较好						
			B	缺 1 项要求						
			C	缺 2 项要求						
			D	缺 3 项要求						
			E	差或未答题						
3	调配腻子： 1. 方法熟练 2. 顺序规范 3. 调配比例正确	2	A	在腻子调配过程中方法熟练、顺序规范；调配比例（2%~3%）正确，每次腻子调配均匀						
			B	缺 1 项要求						
			C	缺 2 项要求						
			D	缺 3 项要求						
			E	未答题						
4	刮涂腻子： 1. 方法熟练 2. 手势规范	4	A	刮涂腻子的方法熟练，手势规范，操作流畅，刮涂后表面略高于缺陷部位						

续表

试题代码及名称		2.1.2 车门板或翼子板折筋处缺陷修复			考核时间					60 min
评价要素		配分（分）	等级	评分细则	评定等级					得分（分）
					A	B	C	D	E	
	3. 操作流畅 4. 刮涂后表面略高于缺陷部位		B	缺 1 项要求						
			C	缺 2 项要求						
			D	缺 3 项要求						
			E	差或未答题						
5	打磨后效果： 1. 无明显凹陷、凸点、厚边 2. 无明显刮刀痕迹 3. 无明显砂纸划痕 4. 清洁方法正确	4	A	表面缺陷恢复状况较好，无明显凹陷、凸点、厚边，无明显刮刀痕迹，无明显砂纸划痕，清洁方法正确						
			B	缺 1 项要求						
			C	缺 2 项要求						
			D	缺 3 项要求						
			E	差或未答题						
6	局部喷涂中涂底漆： 1. 喷前清洁 2. 喷枪调整 3. 无流挂 4. 无明显橘皮 5. 无露底	4	A	喷前清洁、喷枪调整正确，喷涂后表面无流挂、无明显橘皮、无露底						
			B	缺 1 项要求						
			C	缺 2 项要求						
			D	缺 3 项要求						
			E	差或未答题						
合计配分		20	合计得分							

考评员（签名）：

等级	A（优）	B（良）	C（及格）	D（较差）	E（差或未答题）
比值	1.0	0.8	0.6	0.2	0

“评价要素”得分=配分×等级比值。

汽车维修工（车身涂装修复）（三级）操作技能鉴定

试 题 单

试题代码：3.1.2。

试题名称：喷涂作业。

考核时间：60 min。

1. 场地设备材料要求

（1）喷涂房、喷枪、气源。

（2）除油剂、抹布、除尘布、调漆尺。

（3）供喷涂的涂料、稀释剂（配套）。

2. 工作任务

（1）局部打磨中涂底漆。

（2）局部喷涂金属漆。

（3）整喷罩光清漆。

（4）工件为试题 2.1.2 中考生修复完成的车门板或翼子板。

（5）局部喷涂金属漆涂料为试题 1.1.2 中考生调制的金属底色漆。

3. 技能要求

（1）个人安全防护符合规范。

（2）喷涂调整方法正确。

（3）在规定时间内完成。

4. 质量指标

（1）喷涂的车门板或翼子板应全部盖底，不应有漏喷或起花的现象。

（2）涂层表面应光滑，无明显橘皮和流挂现象。

汽车维修工（车身涂装修复）（三级）操作技能鉴定

试题评分表

考生姓名： 准考证号：

试题代码及名称		3.1.2 喷涂作业			考核时间					60 min
评价要素		配分（分）	等级	评分细则	评定等级					得分（分）
					A	B	C	D	E	
1	个人安全防护： 1. 防毒面具 2. 防护眼镜 3. 工作服 4. 手套 5. 工作鞋	2	A	能正确佩戴防毒面具、防护眼镜、工作服、手套、工作鞋						
			B	有 1 项漏用或错用						
			C	有 2 项漏用或错用						
			D	有 3 项漏用或错用						
			E	差或未答题						
2	中涂底漆打磨效果： 1. 表面平整 2. 无砂纸划痕 3. 边口无厚边 4. 无露底	4	A	表面平整，无凹陷凸点，无明显砂纸划痕，边口无厚边，无露底						
			B	缺 1 项要求						
			C	缺 2 项要求						
			D	缺 3 项要求						
			E	差或未答题						
3	喷枪调整： 1. 喷涂气压 2. 流量 3. 喷幅宽度	2	A	能正确、合理地调整喷涂气压、流量、喷幅宽度						
			B	缺 1 项要求						
			C	缺 2 项要求						
			D	缺 3 项要求						
			E	未答题						
4	喷涂过程： 1. 喷涂距离 2. 移动速度 3. 喷幅重叠 4. 层间干燥	4	A	在喷涂过程中能保持喷涂距离在 20~25 cm、移动速度在 50~80 cm/s、喷幅重叠在 1/3~1/2，喷涂时层间留有干燥时间						

续表

试题代码及名称		3.1.2 喷涂作业			考核时间					60 min
评价要素		配分（分）	等级	评分细则	评定等级					得分（分）
					A	B	C	D	E	
			B	缺 1 项要求						
			C	缺 2 项要求						
			D	缺 3 项要求						
			E	差或未答题						
5	金属底色漆喷涂效果： 1. 无流挂 2. 无明显橘皮 3. 无砂纸划痕 4. 无露底 5. 喷涂面积不能超过工件的 1/2	4	A	喷涂后表面无流挂、无明显橘皮、无明显砂纸划痕、无露底，喷涂面积不能超过工件的 1/2						
			B	缺 1 项要求						
			C	缺 2 项要求						
			D	缺 3 项要求						
			E	差或未答题						
6	罩光清漆喷涂效果： 1. 无流挂 2. 无明显橘皮 3. 无露底 4. 光泽度较好 5. 无咬底	4	A	在 0.5～1 m 内目测无流挂、无明显橘皮、无露底、光泽度较好、无咬底						
			B	缺 1 项要求						
			C	缺 2 项要求						
			D	缺 3 项要求						
			E	差或未答题						
合计配分		20	合计得分							

考评员（签名）：

等级	A（优）	B（良）	C（及格）	D（较差）	E（差或未答题）
比值	1.0	0.8	0.6	0.2	0

“评价要素”得分=配分×等级比值。

汽车维修工（车身涂装修复）（三级）操作技能鉴定
试　题　单

试题代码：4. 1. 2。

试题名称：图案制作。

考核时间：90 min。

1. 场地设备材料要求

（1）制作图案样本每人 1 张。

（2）工件：车门板或翼子板。

（3）可放 6~8 个考位的制作室（室内）。

（4）制作工具：刻刀、胶带、铅笔。

（5）喷涂室、喷枪、气源。

（6）喷涂所需涂料和配套稀释剂。

2. 工作任务

（1）按图样 1∶1 尺寸制作，图案样例如图卷—4、彩图 37 所示。

（2）考生拿到的图样为黑白色，图样色彩以考试现场张贴的彩色图样为依据。

图卷—4　试题 4. 1. 2 图案样例

3. 技能要求

（1）制作的图案尺寸与原形相符。

（2）图案漆色覆盖均匀。

（3）在规定时间内完成。

4. 质量指标

（1）各色分界线分明，无模糊不清现象，线条无缺口、粗细不均现象。

（2）整图尺寸准确。

汽车维修工（车身涂装修复）（三级）操作技能鉴定

试题评分表

考生姓名：　　　　　　　　准考证号：

试题代码及名称		4.1.2 图案制作			考核时间					90 min
评价要素		配分（分）	等级	评分细则	评定等级					得分（分）
					A	B	C	D	E	
1	个人安全防护： 1. 防毒面具 2. 防护眼镜 3. 工作服 4. 手套 5. 工作鞋	2	A	能正确佩戴防毒面具、防护眼镜、工作服、手套、工作鞋						
			B	有 1 项漏用或错用						
			C	有 2 项漏用或错用						
			D	有 3 项漏用或错用						
			E	差或未答题						
2	图案尺寸： 1. 形状 2. 尺寸	3	A	图案的形状、尺寸与标准样板相同						
			B	形状与尺寸基本符合要求，左右或上下的误差在 ±1 mm 以内						
			C	形状与尺寸基本符合要求，左右或上下的误差在 ±2 mm 以内						
			D	形状与尺寸基本符合要求，左右或上下的误差在 ±3 mm 以上						
			E	差或未答题						
3	图案线条： 1. 直线 2. 曲线 3. 位置	5	A	图案中直线应平直，曲线应柔和，总体上线条流畅、位置准确						
			B	缺 1 项要求						
			C	缺 2 项要求						
			D	缺 3 项要求						
			E	未答题						

续表

试题代码及名称		4.1.2 图案制作			考核时间					90 min
评价要素		配分（分）	等级	评分细则	评定等级					得分（分）
					A	B	C	D	E	
4	图案线条交界处效果： 1. 交界处 2. 色彩 3. 边口 4. 尺寸	5	A	图案各线条的交界处清晰分明、周边无杂色，线条边口无串色、尺寸正确，完全符合样板要求						
			B	缺 1 项要求						
			C	缺 2 项要求						
			D	缺 3 项要求						
			E	差或未答题						
5	整图效果： 1. 清晰状况 2. 整体色彩 3. 图案边口 4. 整体效果	5	A	整个图案目视清晰整洁、图案色彩正确、边口整齐、尺寸正确、无杂漆串色，图案 1 m 内目测基本无缺陷						
			B	缺 1 项要求						
			C	缺 2 项要求						
			D	缺 3 项要求						
			E	差或未答题						
合计配分		20	合计得分							

考评员（签名）：

等级	A（优）	B（良）	C（及格）	D（较差）	E（差或未答题）
比值	1.0	0.8	0.6	0.2	0

“评价要素”得分＝配分×等级比值。

汽车维修工（车身涂装修复）（三级）操作技能鉴定

试　题　单

试题代码：5. 1. 2。

试题名称：涂膜质量分析鉴定。

考核时间：30 min。

1. 场地设备材料要求

（1）涂膜缺陷的实物或图片。

（2）笔试试题单。

（3）教室。

2. 工作任务

（1）考生试题由计算机随机抽 1。

（2）按实物或照片分析其缺陷类型，此处以图片为例，请分析图卷—5 的缺陷类型。

（3）写出试题要求回答的内容。

图卷—5　涂膜缺陷

3. 技能要求

（1）正确写出涂膜的缺陷名称。

（2）按要求做好笔试题目。

4. 质量指标

（1）卷面清晰，字迹清楚。

（2）不得使用红笔或铅笔。

汽车维修工（车身涂装修复）（三级）操作技能鉴定

答 题 卷

试题代码：5. 1. 2。

试题名称：涂膜质量分析鉴定。

考核时间：30 min。

考生姓名：　　　　　　　　　　　　　准考证号：

1. 通过图卷—6 中照片及文字说明确认缺陷名称并填入括号内。

缺陷名称（　　）

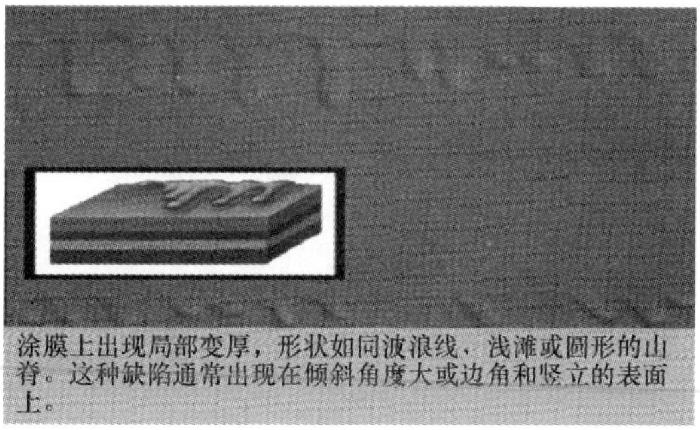

图卷—6　涂膜质量分析鉴定

2. 判断下面这段文字的描述是否正确（将判断结果填入括号中。正确的填“√”，错误的填“×”）。

调色时，往往加入白色或黑色以改变色彩的色相，如果黑色加入太多，即会出现图片中的现象。（　　）

3. 写出此缺陷的预防方法（5 条及以上）。

汽车维修工（车身涂装修复）（三级）操作技能鉴定

试题评分表及答案

1. 评分表

考生姓名：　　　　　　　　　　　准考证号：

试题代码及名称		5.1.2 涂膜质量分析鉴定			考核时间					30 min
评价要素		配分（分）	等级	评分细则	评定等级					得分（分）
					A	B	C	D	E	
1	涂膜质量分析鉴定	20	A	全部答对						
			B	答错 1 题						
			C	答错 2 题						
			D	答错 3 题及以上						
			E	未答题						
合计配分		20	合计得分							

考评员（签名）：

等级	A（优）	B（良）	C（及格）	D（较差）	E（差或未答题）
比值	1.0	0.8	0.6	0.2	0

“评价要素”得分=配分×等级比值。

2. 参考答案

试题代码及名称	5.1.2 涂膜质量分析鉴定	考核时间	30 min
1	流挂		
2	×		
3	涂料黏度不能调太低		
	喷枪距物面距离不能太近		
	一次喷涂不能太厚		
	喷枪移动速度不能太慢		
	稀释剂挥发不能太慢		